"十四五"时期国家重点出版物出版专项规划项目　新基建核心技术与融合应用丛书
中国通信学会5G+行业应用培训指导用书

5G DICT时代新基建与数字化转型关键技术

中国产业发展研究院　组　编
周　辉　编著

机械工业出版社

5G DICT 时代是由数据技术（DT）、信息技术（IT）及通信技术（CT）深度融合而成的大数据与人工智能时代，也是根植于社会经济数字化转型发展土壤之中，以数字技术体系与新基建融合创新应用为驱动力，以数据价值化为关键要素，以数字化、网络化、智能化为导向，经数字产业化与产业数字化等产业流程重构的数字经济时代。本书立足于 5G DICT 时代社会经济数字化转型背景，以新基建与数字化转型为主脉络，主要围绕数字经济基本概念、数字技术体系、新基建关键技术及社会经济数字化转型等核心内容，重点阐述以 5G 通信网络为数字经济时代的数字高速公路、以云计算为生产资料、以大数据为生产要素、以人工智能为生产力及以区块链为生产关系的数字生产力体系。本书概念深入浅出、观点新颖，对"元宇宙""数字治理"等社会热点、概念、现象及发展趋势进行了深度剖析。

作为"十四五"时期国家重点出版物出版专项规划项目，本书适合各级政府领导干部、企事业单位员工、新基建与数字经济领域从业人员以及高等院校相关专业的学生使用，有助于读者建立对 5G 数字经济时代新基建与数字化转型的三维认知。

图书在版编目（CIP）数据

5G DICT 时代新基建与数字化转型关键技术／中国产业发展研究院组编；周辉编著．—北京：机械工业出版社，2023.7
（新基建核心技术与融合应用丛书）
"十四五"时期国家重点出版物出版专项规划项目
中国通信学会 5G＋行业应用培训指导用书
ISBN 978－7－111－73128－3

Ⅰ．①5… Ⅱ．①中… ②周… Ⅲ．①信息经济－基础设施建设－研究－中国　Ⅳ．①F492.3

中国国家版本馆 CIP 数据核字（2023）第 080599 号

机械工业出版社（北京市百万庄大街 22 号　邮政编码 100037）
策划编辑：张雁茹　　　　　　责任编辑：张雁茹　张翠翠　侯宪国　周晓伟
责任校对：潘 蕊　邵鹤丽　　责任印制：常天培
北京机工印刷厂有限公司印刷
2023 年 7 月第 1 版第 1 次印刷
184mm×240mm・17.25 印张・373 千字
标准书号：ISBN 978－7－111－73128－3
定价：79.00 元

电话服务　　　　　　　　　　网络服务
客服电话：010－88361066　　　机　工　官　网：www.cmpbook.com
　　　　　010－88379833　　　机　工　官　博：weibo.com/cmp1952
　　　　　010－68326294　　　金　　书　　网：www.golden-book.com
封底无防伪标均为盗版　　　　机工教育服务网：www.cmpedu.com

中国通信学会 5G+行业应用培训指导用书编审委员会

总 顾 问 艾国祥

主 任 委 员 史卓琦

副主任委员 鲍　泓　刘大成　梁军平　邓海平　赵继军

策 划 人 李晋波　陈玉芝

编 写 组 （按姓氏笔画排名）

于　艳　于志勇　于婉宁　王　丽　王　晓　王　晨　王文跃　王栋浩
方　林　朱建海　刘　凡　刘　涛　刘　毅　刘　懿　刘红杰　刘沐琪
刘海涛　刘银龙　齐　悦　孙雨奇　李　婷　李永峰　李振明　李效宁
李朝晖　李翔宇　李婷婷　杨　旭　肖　巍　吴海燕　何　杰　张　欣
张　硕　张　程　陈海波　周　辉　周文婷　赵　珂　赵媛媛　郝　爽
段云峰　段博雅　姜雪松　洪卫军　贺　慧　耿立茹　徐　华　徐　亮
徐　越　郭　健　龚　萍　盛凌志　常　义　崔　强　梁　杰　梁　藉
葛海霞　蒋志强　韩　镝　曾庆峰　蔡金宝　籍　东

序 一

以 5G 为代表的新一代移动通信技术蓬勃发展，凭借高带宽、高可靠低时延、海量连接等特性，其应用范围远远超出了传统的通信和移动互联网领域，全面向各个行业和领域扩展，正在深刻改变着人们的生产生活方式，成为我国经济高质量发展的重要驱动力量。

5G 赋能产业数字化发展，是 5G 成功商用的关键。2020 年被业界认为是 5G 规模建设元年。我国 5G 发展表现强劲，5G 推进速度全球领先。5G 正给工业互联、智能制造、远程医疗、智慧交通、智慧城市、智慧政务、智慧物流、智慧医疗、智慧能源、智能电网、智慧矿山、智慧金融、智慧教育、智能机器人、智慧电影、智慧建筑等诸多行业带来融合创新的应用成果，原来受限于网络能力而体验不佳或无法实现的应用，在 5G 时代将加速成熟并大规模普及。

目前，各方正携手共同解决 5G 应用标准、生态、安全等方面的问题，抢抓经济社会数字化、网络化、智能化发展的重大机遇，促进应用创新落地，一同开启新的无限可能。

正是在此背景下，中国通信学会与中国产业发展研究院邀请众多资深学者和业内专家，共同推出"中国通信学会 5G + 行业应用培训指导用书"。本套丛书针对行业用户，深度剖析已落地的、部分已有成熟商业模式的 5G 行业应用案例，透彻解读技术如何落地具体业务场景；针对技术人才，用清晰易懂的语言，深入浅出地解读 5G 与云计算、大数据、人工智能、区块链、边缘计算、数据库等技术的紧密联系。最重要的是，本套丛书从实际场景出发，结合真实有深度的案例，提出了很多具体问题的解决方法，在理论研究和创新应用方面做了深入探讨。

这样角度新颖且成体系的 5G 丛书在国内还不多见。本套丛书的出版，无疑是为探索 5G 创新场景，培育 5G 高端人才，构建 5G 应用生态圈做出的一次积极而有益的尝试。相信本套丛书一定会使广大读者获益匪浅。

中国科学院院士

艾国祥

序 二

在新一轮全球科技革命和产业变革之际，我国发力启动以5G为核心的"新基建"以推动经济转型升级。2021年3月公布的《中华人民共和国国民经济和社会发展第十四个五年规划和2035年远景目标纲要》（简称《纲要》）中，把创新放在了具体任务的第一位，明确要求坚持创新在我国现代化建设全局中的核心地位。《纲要》单独将数字经济部分列为一篇，并明确要求推进网络强国建设，加快建设数字经济、数字社会、数字政府，以数字化转型整体驱动生产方式、生活方式和治理方式变革。同时，在"十四五"时期经济社会发展主要指标中提出，到2025年，数字经济核心产业增加值占GDP比重提升至10%。

5G作为支撑经济社会数字化、网络化、智能化转型的关键新型基础设施，目前，在"新基建"政策驱动下，全国各省市积极布局，各行业加速跟进，已进入规模化部署与应用创新落地阶段，渗透到政府管理、工业制造、能源、物流、交通运输、居民生活等众多领域，并逐步构建起全方位的信息生态，开启万物互联的数字化新时代，对建设网络强国、打造智慧社会、发展数字经济、实现我国经济高质量发展具有重要战略意义。

中国通信学会作为隶属于工业和信息化部的国家一级学会，是中国通信界学术交流的主渠道、科学普及的主力军，肩负着开展学术交流，推动自主创新，促进产、学、研、用结合，加速科技成果转化的重任。中国产业发展研究院作为专业研究产业发展的高端智库机构，在促进数字化转型、推动经济高质量发展领域具有丰富的实践经验。

此次由中国通信学会和中国产业发展研究院强强联合，组织各行业众多专家编写的"中国通信学会5G+行业应用培训指导用书"系列丛书，将以国家产业政策和产业发展需求为导向，"深入"5G之道普及原理知识，"浅出"5G案例指导实际工作，使读者通过本套丛书在5G理论和实践两方面都获得教益。

本系列丛书涉及数字化工厂、智能制造、智慧农业、智慧交通、智慧城市、智慧政务、智慧物流、智慧医疗、智慧能源、智能电网、智慧矿山、智慧金融、智慧教育、智能机器人、智慧电影、智慧建筑、5G网络空间安全、人工智能、边缘计算、云计算等5G相关现代信息化技术，直观反映了5G在各地、各行业的实际应用，将推动5G应用引领示范和落地，促进5G产品孵化、创新示范、应用推广，构建5G创新应用繁荣生态。

中国通信学会秘书长

前　言

5G DICT 时代，以 5G、云计算、大数据、人工智能、区块链为核心的数字体系融合创新发展，"新基建"重构社会经济基础、加速新旧动能转换，边缘计算、工业互联网、Web3、元宇宙、数字治理等新理念、新技术层出不穷，加速构建以物理—精神—信息为认知维度的三维数字原生空间，激活数据要素潜能，推进网络强国建设，加快建设数字空间、数字社会、数字政府，以数字化转型整体驱动社会生产方式、生活方式和治理方式变革，开启"数据+算力+算法"的数字经济时代。

本书立足于 5G DICT 时代背景，以数字新基建与社会经济数字化转型为主线，重点阐述数字经济相关概念、数字技术体系、新基建关键技术及社会经济数字化转型等核心内容。全书共分三大部分，由 13 章组成，各部分主要内容如下：

第 1 部分（第 1~5 章）属于基础理论环节，分别从 DICT 时代的形成与发展、数字化转型基础、数字经济、数字新基建及数字治理等方面介绍 5G DICT 时代数字化转型与新基建相关概念，透视数字产业化与产业数字化、元宇宙、数字孪生、数字规则等社会热点，揭示 5G DICT 时代数字经济、新基建、数字化转型之间的内在逻辑。

第 2 部分（第 6~10 章）属于关键技术环节，主要从生产力与生产关系的角度分析 DICT 时代数字技术体系，重点阐述"5G 通信网络为数字经济时代的数字高速公路、云计算为生产资料、大数据为生产要素、人工智能为生产力及区块链为生产关系"的核心思想。

第 3 部分（第 11~13 章）属于行业应用及案例分析环节，通过工业互联网、社会数字化转型、企业数字化转型及案例，重点阐述工业互联网依托人、机、物的万物互联，构建全要素、全产业链、全价值链泛在连接的先进制造业体系和现代服务业体系，赋能社会经济商业新形态、业务新模式、产业新组织、价值新链条。

最后，非常感谢为本书提供各类帮助、贡献真知灼见的各行业专家朋友。在 5G DICT 时代数字经济拉开帷幕之际，希望本书能够帮助读者快速掌握数字经济与新基建、数字化转型等的内在联系，了解数字技术体系的融合与创新。

由于编者水平有限，书中难免有不足之处，欢迎广大读者批评指正。

编著者

目 录

序一
序二
前言

第 1 部分 DICT 数字化转型构建数字经济新基建

第 1 章 DICT 时代的形成与发展 /002
- 1.1 移动互联网 ICT 的演变与形成 /002
  - 1.1.1 通信发展简史 /002
  - 1.1.2 2G/3G 时代的信息技术与通信技术 /004
  - 1.1.3 4G 全 IP 化变革构筑移动互联网 ICT 时代 /004
- 1.2 5G 开启 DICT 新时代 /005
  - 1.2.1 5G 推动 DICT 时代来临 /005
  - 1.2.2 DICT 时代的数字业务 /006
- 1.3 DICT 时代下的数字技术体系 /007
  - 1.3.1 4G 改变生活,5G 改变社会 /007
  - 1.3.2 5G + ABCDE 构筑 DICT 时代数字技术体系 /008
  - 1.3.3 数字技术体系加速社会数字化转型 /009

第 2 章 DICT 时代数字化转型基础 /010
- 2.1 DICT 数字技术体系构建三维认知空间 /010
  - 2.1.1 坐标系 /010
  - 2.1.2 二维认知坐标系 /011
  - 2.1.3 DICT 数字技术体系构建认知坐标新维度 /012
- 2.2 5G DICT 时代数字化转型 /014
  - 2.2.1 数字化转型的特征 /014
  - 2.2.2 数字化转型的基本概念 /015
  - 2.2.3 数字化转型的内涵与特征 /016
  - 2.2.4 数字化转型的发展趋势 /017
  - 2.2.5 数字化转型发展的不利因素 /019

2.2.6 数字化转型的政策 / 021
2.2.7 数字化转型的意义 / 025
2.3 数字孪生 / 026
2.3.1 数字孪生内涵与发展历程 / 026
2.3.2 数字孪生典型概念与特征 / 027
2.3.3 数字孪生发展现状 / 028
2.3.4 数字孪生助力 DICT 时代数字化转型 / 029
2.4 元宇宙 / 030
2.4.1 "元宇宙"发源于科幻，成型于娱乐，引爆于社交 / 030
2.4.2 什么是"元宇宙"——一元初始万象更新 / 032
2.4.3 元宇宙与数字孪生、虚拟现实的区别与联系 / 033
2.4.4 元宇宙与数字化转型 / 034

第 3 章 数字经济 / 036
3.1 数字经济发展历程 / 036
3.1.1 数字经济萌芽——信息经济阶段 / 036
3.1.2 数字经济的提出 / 037
3.1.3 数字经济的探索与实践 / 039
3.2 数字经济基本概念 / 041
3.2.1 数字经济的定义 / 041
3.2.2 数字经济的构成与内涵 / 042
3.2.3 数字经济特征 / 045
3.3 数字经济新业态 / 047
3.3.1 数字经济新业态、新模式 / 047
3.3.2 数字产业化 / 048
3.3.3 产业数字化 / 049
3.3.4 数据要素价值化 / 050
3.3.5 数字经济治理 / 051
3.3.6 数字货币 / 052
3.4 全球数字经济发展现状与模式 / 053
3.4.1 全球数字经济发展现状 / 054
3.4.2 我国数字经济发展现状 / 056
3.4.3 全球数字经济发展典型模式 / 058
3.5 数字化转型与数字经济 / 059

第 4 章 DICT 时代数字新基建 /061
4.1 新基建 /061
4.1.1 什么是"新基建" /061
4.1.2 新基建的内涵与特征 /064
4.1.3 新基建实施的意义 /066
4.2 数据新基建 /067
4.2.1 数据的概念及内涵 /067
4.2.2 数据价值化与数据要素市场 /068
4.2.3 数据新型基础设施的概念及特征 /069
4.3 算力新基建 /070
4.3.1 算力的概念、内涵与发展框架 /070
4.3.2 算力特征与算网网络 /072
4.3.3 "东数西算"打造算力新基建 /074
4.4 电力新基建 /077
4.4.1 电力新基建的概念与内涵 /077
4.4.2 电力新基建的特征 /078
4.4.3 电力新基建的发展现状 /079
4.4.4 电力新基建的发展模式 /080
4.5 新基建赋能传统产业数字化转型 /081

第 5 章 DICT 时代面临的挑战、信息安全与数字治理 /082
5.1 5G DICT 时代面临的挑战 /082
5.1.1 工业革命初期圈地运动与"羊吃人" /082
5.1.2 "数字霸权"——DICT 时代"羊吃人"现象 /083
5.1.3 "数字霸权"典型案例 /084
5.1.4 DICT 时代亟须国家数字经济治理 /086
5.2 DICT 时代数据与信息安全 /087
5.2.1 网络安全与总体国家安全观 /087
5.2.2 数据与信息安全 /088
5.2.3 个人信息保护与隐私计算 /090
5.3 数据安全治理与数字治理体系 /091
5.3.1 数据治理与数据安全治理 /091
5.3.2 数字治理体系与数字规则 /094
5.3.3 数字治理法制化 /097
5.4 数字治理与数字化转型 /097

第 2 部分　DICT 时代数字技术体系

第 6 章　5G 构建 DICT 时代数字高速公路　/ 100
6.1　5G 三大应用场景与服务化网络　/ 100
6.1.1　5G 三大应用场景　/ 100
6.1.2　5G 之花　/ 102
6.1.3　5G 服务化网络　/ 104
6.2　5G 通信关键技术　/ 104
6.2.1　SDN 与 NFV　/ 105
6.2.2　算网融合　/ 107
6.2.3　5G 网络架构与组成　/ 111
6.2.4　网络切片　/ 115
6.2.5　网络能力开放　/ 116
6.3　5G 构筑 DICT 时代数字高速公路　/ 117

第 7 章　云计算构建 DICT 时代数字生产资料　/ 118
7.1　云计算的基本概念　/ 118
7.1.1　什么是云计算　/ 118
7.1.2　云计算的特征　/ 120
7.1.3　云计算的内涵与优势　/ 120
7.2　云服务　/ 122
7.2.1　基础设施即服务　/ 122
7.2.2　平台即服务　/ 123
7.2.3　软件即服务　/ 123
7.3　云平台部署方式　/ 124
7.3.1　公有云　/ 124
7.3.2　私有云　/ 125
7.3.3　混合云　/ 125
7.4　云计算关键技术　/ 126
7.4.1　虚拟化　/ 126
7.4.2　分布式计算　/ 127
7.4.3　云计算架构　/ 127

         7.4.4　云原生技术 /128
　7.5　云计算重构 DICT 时代生产关系 /129

第8章　大数据构建 DICT 时代数字生产要素 /131
　8.1　大数据基础 /131
　　　8.1.1　大数据发展历程 /131
　　　8.1.2　大数据基本概念 /133
　　　8.1.3　大数据的单位 /134
　　　8.1.4　大数据的 5V 特征 /135
　8.2　大数据关键技术 /136
　　　8.2.1　大数据并行存储技术 /137
　　　8.2.2　大数据并行计算技术 /138
　　　8.2.3　大数据管理技术 /140
　　　8.2.4　大数据挖掘技术 /144
　8.3　大数据平台 /147
　　　8.3.1　大数据平台的概念 /147
　　　8.3.2　大数据平台的架构 /149
　　　8.3.3　数据中台与数据湖 /153
　　　8.3.4　城市大数据平台 /156
　8.4　大数据产业 /159
　　　8.4.1　大数据产业的概念 /160
　　　8.4.2　大数据产业的商业模式 /160
　　　8.4.3　"十四五"时期大数据产业的发展规划 /162
　8.5　数据成为数字经济时代的关键生产要素 /163

第9章　人工智能构建 DICT 时代数字生产力 /165
　9.1　人工智能 AI 基础 /165
　　　9.1.1　人工智能发展史 /165
　　　9.1.2　人工智能的定义 /166
　　　9.1.3　人工智能流派 /167
　9.2　人工智能关键技术 /168
　　　9.2.1　机器学习 /168
　　　9.2.2　深度学习 /170
　　　9.2.3　知识图谱 /171

　　　　9.2.4　自然语言处理　　　　　　　　　　　　　　　　　　　　　/ 173
　　　　9.2.5　人机交互　　　　　　　　　　　　　　　　　　　　　　　/ 174
　　　　9.2.6　计算机视觉　　　　　　　　　　　　　　　　　　　　　　/ 175
　　　　9.2.7　生物特征识别　　　　　　　　　　　　　　　　　　　　　/ 176
　　　　9.2.8　虚拟现实/增强现实　　　　　　　　　　　　　　　　　　 / 178
　　9.3　人工智能基础设施　　　　　　　　　　　　　　　　　　　　　　/ 178
　　　　9.3.1　智能基础设施构成　　　　　　　　　　　　　　　　　　　/ 179
　　　　9.3.2　智能基础设施架构　　　　　　　　　　　　　　　　　　　/ 180
　　　　9.3.3　智能数据与服务　　　　　　　　　　　　　　　　　　　　/ 181
　　9.4　人工智能重构 DICT 时代生产力　　　　　　　　　　　　　　　 / 181

第10章　区块链构建 DICT 时代数字生产关系　　　　　　　　　　　　　 / 183
　　10.1　区块链基础　　　　　　　　　　　　　　　　　　　　　　　　 / 183
　　　　10.1.1　区块链发展历程　　　　　　　　　　　　　　　　　　　 / 183
　　　　10.1.2　什么是区块链　　　　　　　　　　　　　　　　　　　　 / 184
　　　　10.1.3　区块链内涵与特征　　　　　　　　　　　　　　　　　　 / 185
　　　　10.1.4　区块链分类　　　　　　　　　　　　　　　　　　　　　 / 186
　　　　10.1.5　比特币　　　　　　　　　　　　　　　　　　　　　　　 / 187
　　10.2　区块链关键技术　　　　　　　　　　　　　　　　　　　　　　 / 187
　　　　10.2.1　分布式账本　　　　　　　　　　　　　　　　　　　　　 / 188
　　　　10.2.2　共识机制　　　　　　　　　　　　　　　　　　　　　　 / 188
　　　　10.2.3　密码学　　　　　　　　　　　　　　　　　　　　　　　 / 189
　　　　10.2.4　智能合约　　　　　　　　　　　　　　　　　　　　　　 / 190
　　10.3　区块链架构　　　　　　　　　　　　　　　　　　　　　　　　 / 192
　　　　10.3.1　区块链核心组件　　　　　　　　　　　　　　　　　　　 / 192
　　　　10.3.2　区块链即服务　　　　　　　　　　　　　　　　　　　　 / 196
　　　　10.3.3　企业级区块链系统案例　　　　　　　　　　　　　　　　 / 197
　　10.4　区块链基础设施　　　　　　　　　　　　　　　　　　　　　　 / 201
　　　　10.4.1　区块链基础设施的概念　　　　　　　　　　　　　　　　 / 201
　　　　10.4.2　区块链基础设施的属性与特征　　　　　　　　　　　　　 / 202
　　　　10.4.3　区块链基础设施的组成要素　　　　　　　　　　　　　　 / 204
　　　　10.4.4　区块链赋能经济社会数字化转型　　　　　　　　　　　　 / 206
　　10.5　区块链赋能社会经济数字化转型　　　　　　　　　　　　　　　 / 206

第 3 部分　DICT 时代社会经济数字化转型及案例

第 11 章　工业互联网赋能工业数字化转型　/ 210
- 11.1　工业互联网的概念　/ 210
  - 11.1.1　工业互联网的发展历程　/ 210
  - 11.1.2　工业互联网的内涵　/ 211
  - 11.1.3　工业互联网平台　/ 212
  - 11.1.4　工业互联网的产业经济　/ 213
- 11.2　工业互联网技术体系　/ 215
  - 11.2.1　工业互联网的网络体系　/ 215
  - 11.2.2　工业互联网的平台体系　/ 216
  - 11.2.3　工业互联网的数据体系　/ 217
  - 11.2.4　工业互联网的安全体系　/ 217
- 11.3　数字技术＋工业互联网赋能行业数字化转型　/ 219
  - 11.3.1　5G 行业专网　/ 219
  - 11.3.2　工业大数据　/ 220
  - 11.3.3　工业智能　/ 221
  - 11.3.4　工业区块链技术　/ 222
  - 11.3.5　5G＋工业互联网赋能工业数字化转型新模式、新业态　/ 223

第 12 章　5G DICT 时代社会数字化转型　/ 224
- 12.1　社会与经济数字化转型　/ 224
  - 12.1.1　数字技术体系赋能社会数字化转型　/ 224
  - 12.1.2　生产方式数字化转型　/ 225
- 12.2　政府数字化转型　/ 227
  - 12.2.1　政府数字化转型与数字治理　/ 227
  - 12.2.2　数字政府　/ 228
  - 12.2.3　数字技术加速数字政府建设　/ 230
- 12.3　城市数字化转型　/ 231
  - 12.3.1　数字技术赋能城市数字化转型　/ 231
  - 12.3.2　智慧城市　/ 233
  - 12.3.3　数字孪生城市　/ 235

12.4 农业农村数字化转型 /236
12.4.1 农业数字化转型——数字农业 /237
12.4.2 农村数字化转型——数字乡村 /238
12.4.3 乡村数字治理 /239

第13章 5G DICT 时代企业数字化转型及案例 /240
13.1 企业数字化转型 /240
13.1.1 我国企业转型历史 /240
13.1.2 企业数字化转型概念 /241
13.1.3 企业数字化治理 /242
13.2 中小企业数字化转型 /242
13.2.1 中小企业的类型及特点 /242
13.2.2 中小企业数字化转型难点 /243
13.2.3 中小企业数字化转型策略 /245
13.3 国有企业数字化转型 /245
13.3.1 国有企业的类型与地位 /246
13.3.2 国有企业数字化转型背景 /247
13.3.3 国有企业数字化转型现状与核心 /248
13.3.4 国有企业数字化转型原则 /249
13.3.5 国有企业数字化转型总体思路 /250
13.4 国有企业数字化转型案例 /252

参考文献 /262

第 1 部分

DICT 数字化转型
构建数字经济新基建

20 世纪末，随着信息技术（IT）和通信技术（CT）的发展，信息的传输、处理以及交互方式发生颠覆性的变化，以计算机和网络为核心的信息世界进入人们的视线，打开了人们认识世界的新视线。进入 21 世纪以来，以 5G、云计算、大数据、人工智能、区块链为核心的数字技术体系快速发展，全方位渗透到社会各个环节，使人类社会由信息经济时代上升到 DICT 数字经济时代。与 4G ICT 时代不同，DICT 数字经济时代是以 5G 通信技术为基础设施（数字高速公路）、云计算为社会生产资料、大数据为社会生产原料和生产要素、人工智能为社会生产力、区块链技术为社会生产关系的数字经济时代。作为数字生产力与生产关系体系，它们相互影响、相互协同，将重构信息社会发展方式，优化经济结构，转换新旧动能，赋能社会经济数字化转型。5G DICT 时代是由数据技术（DT）、信息技术（IT）与通信技术（CT）有序融合而成的数字经济时代，也被称为大数据和人工智能时代。以 5G、云计算、大数据、人工智能及区块链为核心的数字生产力与生产关系建设称为新型基础设施建设，简称新基建。

第1章 DICT 时代的形成与发展

随着 5G 网络的大规模商用，移动通信不仅深刻改变了人们的生活方式，更成为赋能社会经济数字化转型发展的新基建之基，将开启一个万物互联的 DICT 数字经济新时代。本章将重点阐述 5G DICT 时代的形成过程。

1.1 移动互联网 ICT 的演变与形成

从第一代移动通信系统（1G）到万物互联的第五代移动通信系统（5G），移动通信领域科技创新的步伐从未停歇。但与以往任何一次的通信网络演进升级不同，政府和社会对于 5G 的关注程度远远超过直接承担 5G 建设运营的电信运营商本身。

1.1.1 通信发展简史

全球新一轮数字技术革命和产业变革正蓬勃兴起，移动通信技术十年一周期，历经了第一代移动通信技术（1G）到第四代移动通信技术（4G）的迭代演进发展历程，目前正处于第五代移动通信技术（5G）阔步前进，构建高速率、低时延、高可靠、海量机器连接的新型网络基础设施的关键时期。但是每一次技术的革新，首先取决于用户需求，其次是用户感知体验。从 1G 到 4G，信息载体从 1G 的模拟语音通信、2G 的数字语音与短信（短消息）、3G 的多媒体，再到 4G 的流量，业务类型与信息载体一直都在围绕着用户通信需求与多维感知展开。2G 到 4G 移动通信演进历程如图 1-1 所示。

1. 1G

第一代移动通信技术（1G）自 20 世纪 80 年代起开始使用，其主要技术是模拟通信，将声音变为电波，通过电波传输，再还原成声音。终端手机就是我们熟知的"大哥大"，只能进行语音通话，且通话质量不高，安全性差，易受到干扰等。1G 有多种标准且互不兼容，其中一种标准称作北欧移动电话系统（NMT），曾在北欧国家、瑞士、荷兰、东欧国家使用。其他标准包括应用在美国及澳大利亚的高级移动电话系统（AMPS）、英国的全接入通信系统（TACS）等。

2. 2G

第二代移动通信技术（2G）标准由国际电信联盟（ITU）于 20 世纪 80 年代末开始制定，20 世纪 90 年代中期完成。其重要技术变革是采用数字通信，将声音信息变成数字编码,通过数字编码传输,然后用对方的解调器解开。终端手机除具有通话功能外,还增加了短信功能。如图 1-1 所示,2G 主要有两类标准:一种是基于 ITU 3GPP 项目阵营的全球移动通信系统(GSM),起源于欧洲,获得全球用户认可;另一种是基于 ITU 3GPP2 项目阵营的码分多址(CDMA)系统,起源于美国,在美国、加拿大和亚洲一些国家的应用较为广泛。

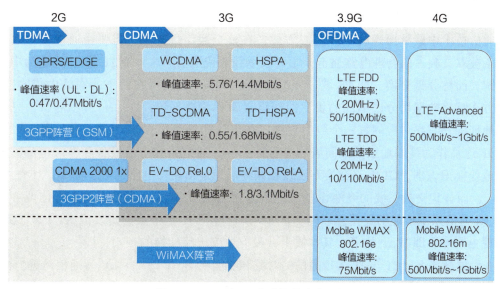

图 1-1 2G 到 4G 移动通信演进历程

3. 3G

第三代移动通信技术(3G)标准由 ITU 于 20 世纪 90 年代中期开始制定,20 世纪 90 年代末完成。相比 2G,3G 最大的优点是高速的数据下载能力。最初,3G 可支持 2Mbit/s 的传输速率,之后随着 3G 系统的不断演进,最高支持速率可达 42Mbit/s(WCDMA)。3G 的国际标准共有 4 个:时分同步码分多址(TD-SCDMA)、宽带码分多址(WCDMA)、多载波码分多址(CDMA 2000)以及 2007 年增补的宽带无线接入技术(WiMAX)。其中,TD-SCDMA 是源于我国的国际标准;WCDMA 和 CDMA 2000 分别是在 2G 的 GSM、CDMA 标准基础上发展起来的。

4. 4G

第四代移动通信技术(4G)标准由 ITU 于 21 世纪初开始制定。相比 3G,其数据传输速率又有了大幅提升,静态状态下的峰值速率可达到 1Gbit/s。ITU 颁发的 4G 国际标准为 LTE-Advanced 和 WiMAX-Advanced(WiMAX 802.16m)。其中,LTE-Advanced 包括两种制式:TDD-LTE-Advanced(时分双工)和 FDD-LTE-Advanced(频分双工)。

移动通信便捷了人们生产及生活的方方面面,从 4G 时代的手机购物、移动支付等新业务,到 5G 网络的无人驾驶、智能工厂、远程医疗等新场景、新业态,移动通信给社会、经济及生活带来了深远影响。

1.1.2　2G/3G 时代的信息技术与通信技术

4G 网络以前，通信技术（Communication Technology，CT）和信息技术（Information Technology，IT）一直都是两张平行发展的网络。它们具有不同的技术体制和发展脉络。

在技术体制上，CT 是以电路交换为核心的，被称为电路交换域，简称 CS 域。电路交换是通信技术中最早出现的一种交换方式，在整个通信过程中，需要在通信双方之间建立一条被双方独占的物理电路通道，主要以承载语音通信为主。而 IT 以 IP 地址为中心交换系统，简称分组交换，即 PS 域。分组交换允许多个发送者在共享的网络中传输数据，实现方式是将数据切分成不同的块，即分组（常称为数据包，Packet），然后将信息接收者的地址标识写在对应的每一个数据包中。在以计算机为核心的 IT 网络中，每一个设备都以 IP 地址作为终端地址。如同居民身份证一样，通信系统中的设备和终端也都需要被唯一地址标识识别。CT 电路交换系统设备和终端地址由硬件电路构成，如 2G/3G 时代的 SIM 卡，而分组交换系统的终端设备地址则是网络层 IP 地址。当然，以多媒体业务为核心的 3G 通信系统也能够连接互联网，但 3G 是通过把 IT 宽带数据封装成 ATM 或 TDM 格式实现上网的，即 WAP 技术，其本质上并没有改变电路交换的核心特征。

在发展脉络上，CT 与 IT 实现通信的对象和功能不同。CT 一直以语音通信演进为核心，无论早期的固话通信还是后来的 1G、2G 及 3G 移动通信，都以语音通信为首要任务。而 IT 从初期的有线通信到今天的 WiFi 无线通信，一律以计算机互联互通发展进程为关键要素。

1.1.3　4G 全 IP 化变革构筑移动互联网 ICT 时代

进入 4G 通信时代后，CT 与 IT 融合成为通信与信息领域的主题和发展趋势。随着 WiFi、WiMAX 等无线互联网及智能手机的出现，传统以电路交换为核心的 2G、3G 技术在带宽上无法与之抗衡，不能满足高速智能手机的业务需求，面临着被淘汰的危险。此时，ITU 审时度势，在 4G 中采用以分组交换为核心的 IP 技术全面代替电路交换技术，实现 CT 与 IT 采用同一张网络架构，即全 IP 化架构。从技术体制角度，CT 与 IT 都采用 IP 技术，实现手机和计算机在同一体制的互联互通。

相对传统通信技术而言，4G 通信技术最大突破之处在于采用全 IP 化技术，抛弃了电路交换技术，实现了 CT 和 IT 在技术体制上的融合，即 ICT（Information and Communication Technology，信息与通信技术）。从用户的角度看，4G 是手机与计算机融合、手机逐渐代替计算机的时代，即移动互联网时代。

一方面，全 IP 化技术突破了传统通信宽带提升的瓶颈；另一方面，随着多发多收 MIMO、正交频分复用 OFDM 及载波聚合 CA 等无线技术的广泛应用，4G 以速度快、信号稳定的特点赢得广大的市场。而传统以电路为核心的 2G、3G 通信系统逐渐被社会淘汰或正在被淘汰。当然，4G 淘汰的只是 2G/3G 电路交换系统，而非其支撑的语音业务，4G 采用

VoLTE（Voice over LTE）机制以数据的方式承载语音业务。所以，4G 移动互联网时代不单单是传统 IT 业务功能的迁移，还要承载传统 CT 的通信功能，既是计算机与手机的业务功能融合的过程，又是 IP 技术实现 IT 和 CT 通信架构融合的过程。

在业务应用上，无论是短消息盛行的 2G 通信还是多媒体崭露头角的 3G，90% 的业务是满足客户沟通交流的通信业务，其次是用来看小说之类的文本类型的数据业务。与以往的通信系统仅仅专注于通信业务不同，4G 将传统宽带互联网上的业务逐渐引入移动终端通信网络，90% 的业务用来解决人们的日常"衣食住行"相关需求，剩下 10% 的业务用来承载传统通信业务，开启了移动互联网时代。"4G 改变生活"作为移动互联网 ICT 时代的高度概括和总结，早已深入人心。

因此，通过 4G 全 IP 化演进，移动互联网 ICT 将 CT 与 IT 相关业务统一承载，继承了移动通信随时、随地与互联网分享、互动的优势，是一个全国性的以宽带 IP 为技术核心的可同时提供语音、传真、数据、图像、多媒体等高品质电信服务的新一代开放的电信基础网络，由运营商提供无线接入，互联网企业提供各种成熟的应用。

1.2　5G 开启 DICT 新时代

随着 5G 通信网络的成熟与商用，传统 IT 的领域和内涵不断扩充，CT、IT、DT 三者深度渗透融合，正在走向智能化、全泛在、万物互联的 DICT 时代。DICT 的形成与发展与 IT、CT 的发展过程密不可分，特别是移动通信网络的演进过程。

1.2.1　5G 推动 DICT 时代来临

相对于 4G，5G 将以增强型移动宽带（enhanced Mobile Broadband，eMBB）、海量机器类通信（massive Machine Type of Communication，mMTC）、超可靠低时延通信（Ultra-Reliable and Low-Latency Communication，URLLC）三大关键应用场景赋能社会数字化转型。

在体制上，5G 在 4G 的基础上演进与创新。首先，5G 采用 128 位的 IPv6 技术作为其核心关键技术，由 4G IPv4 演进而来，属于全 IP 架构的分组交换，即 PS 域。其次，5G 在接入网、承载网以及核心网上都大量采用软件定义网络（SDN）、网络功能虚拟化（NFV）、数据中心（DC）、多接入边缘计算（MEC）等新技术来构建新型网络基础设施。其中，最核心的技术创新是将云计算理念和技术引入 5G 系统架构，通过云网融合方式实现云、大数据与人工智能等新一代信息技术在通信系统和业务上的有机融合和统一。在业务上，因为云计算理念的引入，5G 业务不再是产品，而是依托云技术实现的资源共享服务模式，简称数字化服务。

相比 4G ICT 时代 IT 与 CT 业务浅层次的融合，5G 将在 4G 基础上实现 DT、IT 与 CT 等业务深度融合、统一承载的 DICT 时代，开启"数据+算力+算法"的数字经济时代。DICT（Data，Information and Communication Technology）的核心含义是 DT、IT 与 CT 的融合，即 IT

+CT+DT 的融合孕育了大数据时代与人工智能时代。其中，D 代表以数据关键生产要素为核心的大数据科技与应用；I 代表信息内容应用，包括应用软件、信息服务与收集等应用；C 代表通信网络与业务，主要包括移动和宽带业务以及在此基础上的增值业务，是运营商的传统业务；T 代表信息科技，包括数据处理与存储等技术。

在 DICT 时代，5G、云计算、大数据、人工智能以及区块链等数字技术相互影响、相互促进，逐渐重构信息社会的生产力与生产关系。5G 以高带宽、大连接及低时延实现人与人、人与物、物与物之间的互联互通（即万物互联），与物理社会中的公路、铁路相类似，被称为信息社会基础设施；云计算以其 PB 级的存储和计算能力为 5G 和信息社会提供算力平台，与农业时代的铁器和工业时代的机器相类似，构建信息社会先进的生产资料；与云计算相伴而来的大数据，因其蕴含着大量丰富有价值的信息而成了信息社会的"石油"，被称为信息社会的生产原料、生产要素。

当然，有了 5G、云计算、大数据等生产要素还不够，这些只是基础条件，真正发挥威力的当属生产力与生产关系。当前，作为一种数据加工方式，人工智能在云平台上采用数学机理对大数据进行分析，挖掘出其中有价值的隐含信息，从而当之无愧地成为信息社会的生产力。另外，作为"生产原材料"的关键生产要素，数据真实性和不可篡改性就成了生产关系需要解决的首要问题，这正是区块链技术的核心价值所在。

综上所述，5G 作为信息社会的数字基础设施，云计算作为生产资料，大数据作为生产原料和核心生产要素，人工智能作为生产力，区块链作为生产关系，这些信息技术要素之间相互协作、相互影响，重构了信息时代的生产力与生产关系体系，为 DICT 时代数字化转型提供了技术支撑。

1.2.2 DICT 时代的数字业务

作为 5G 时代的高度概括，DICT 象征着数字经济时代的全面到来，必将推动各行各业的数字化转型进入新高潮，带来社会经济数字化和智能化革命。从技术角度讲，DICT 是利用 5G、云计算、大数据、人工智能及区块链等数字技术将人与人、人与物、物与物等万物互联，并通过 DT、IT、CT 核心技术与业务相互影响、深度融合，实现社会各行各业由简单信息化向数字化、网络化、智能化方向的转型发展。从业务角度上看，在数字技术影响下的网络通信服务、信息内容应用以及信息技术产品等传统的彼此分立行业的融合交汇处即为 DICT 时代运营商核心业务内容，如图 1-2 所示。

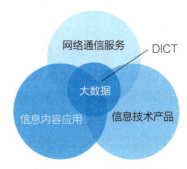

图 1-2　DICT 时代运营商核心业务内容

与 ICT、IT、CT 相比，DICT 时代运营商的核心业务差异具体表现在以下几方面：

1）构成要素不同。与传统电信业务不同，DICT 不是单个的单元产品，而是由一类或者多类单元产品形成的产品组合或者解决方案。电信运营商根据客户个性化的需求，对传统的单元产品进行定制开发，形成"一站式"的整体解决方案并提供给客户。DICT 业务是由电信服务、信息产品、信息技术产品及大数据产品共同构成的，其业务内涵相比传统电信服务和增值服务都要复杂得多。

2）服务过程不同。传统电信服务主要包括营销和业务办理、网络规划和设计、网络建设和安装、定价和收费、网络管理、客户服务等 6 个步骤。对于 DICT 业务而言，网络规划和设计、网络建设和安装已经成为 DICT 业务中最重要的部分，内涵也得到了极大的丰富；而基于外包、托管的业务运营管理则是传统电信业务服务过程中所不具备的。

3）营销手段不同。业务营销组织角色的复杂化：DICT 业务复杂性决定了前端营销人员无法单独完成，营销队伍中需要增加业务专家、技术专家、咨询顾问等不同职能的人员。业务营销规划制定的复杂化：DICT 业务是以集团客户为目标客户的业务，因而更需要重点考虑各地的产业结构、政治环境等区域性特征较强的影响因素。DICT 业务的营销活动要按照客户需求逐步深入发展，通过与客户进行不断的交互，分为不同的发展阶段来完成。

总之，DICT 时代以 5G 为核心的新一代数字技术体系将进一步解放和发展生产力与生产关系，重构社会经济基础，推动社会全面向数字经济时代发展。

1.3　DICT 时代下的数字技术体系

相比于 4G 移动宽带成就 ICT 移动互联网，5G 重在开拓 DICT 万物互联时代，助力各行业数字化转型，推动社会向高带宽、大连接、低时延的数字原生世界迈进。

1.3.1　4G 改变生活，5G 改变社会

4G ICT 技术通过采用全 IP 技术实现 IT 与 CT 技术的融合，将人们的"衣、食、住、行"搬到了网络空间，实现了"线上交易、线下消费"的 O2O 消费方式，因此 4G 网络通常被看成消费互联网。5G 通信技术在 4G 人与人互联的基础上，将物纳入了移动宽带互联网，将实现人与人、人与物以及物与物的 DICT 万物互联，集消费互联网与产业互联网于一体。5G 网络把人类社会的生产活动与制造逐渐迁移到网络平台空间，形成了前端消费带动后端制造生产的数字经济模式，如图 1-3 所示。

"4G 改变生活，5G 改变社会"印证了人们从未停止对更高性能的移动通信能力和更美好生活的追求。4G 时代是数据业务爆发性增长的时代，随着智能手机的普及和消费互联网的发展，从衣、食、住、行到医、教、娱乐，人类的日常生活实现了极大的便利。5G 将开启一个万物互联的新时代，它将实现人与人、人与物、物与物的全面互联，渗透各行各业，让整个社会焕发出前所未有的活力。

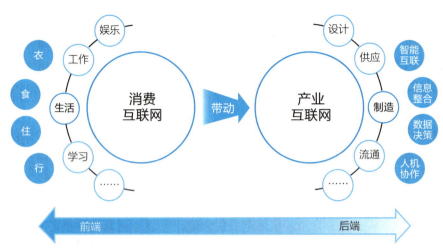

图1-3 4G消费互联网带动5G产业互联网的发展

1.3.2 5G+ABCDE构筑DICT时代数字技术体系

所谓"ABCDE"技术，指人工智能（Artificial Intelligence，AI）、区块链（Block Chain）、云计算（Cloud Computing）、大数据（Big Data）以及边缘计算（Edge Computing）等数字技术。数字技术体系是指5G、人工智能、区块链、云计算、大数据及边缘计算等多项数字技术相互协同、相互促进、各司其职、深度融合，构成DICT时代社会经济5G+ABCDE数字底座，推动各行各业的数字化转型。

5G是DICT时代数字化转型的数字高速公路，以高带宽、大连接、低时延的优势实现人联网与物联网的融合与承载，构建数字经济时代万物互联的数字信息交通新基础设施。因此，5G在新基建中是最根本的通信基础设施，不但可以为大数据中心、人工智能和工业互联网等其他基础设施提供重要的网络支撑，而且可以将大数据、云计算等数字科技快速赋能给各行各业，是数字经济的重要载体。

人工智能是研究、开发用于模拟、延伸和扩展人的智能的理论、方法、技术及应用系统的一门新的技术科学。利用机器学习、模式识别、数据挖掘等技术构建人工智能模型，可以实现信息的预处理、加工、提炼和增值服务，能够为相关单位提供决策知识，完善信息操作服务。DICT时代，人工智能基础设施作为新基建的重要部分，是数字经济社会的数字生产力，将为产业赋能经济社会数字化转型、加速迈向智能社会提供强大的牵引力。

区块链技术是分布式的网络数据管理技术，利用密码学技术和分布式共识协议保证网络传输与访问安全，实现数据的多方维护、交叉验证、全网一致和不易篡改。区块链通过运用基于共识的数学算法，在人与机器之间建立"信任"网络，通过技术背书来进行全新的信用创造，成为可支撑数字经济生产要素间传递信任和管理价值的关键，有利于构造5G DICT时代数字生产关系。

作为数字经济的生产工具与生产资料，云计算通过网络将分散的计算机资源（包括计算、网络、存储、应用等）集中起来，形成共享的资源池，并以动态按需和可度量的方式向用户提供强大的算力服务，成为企业数字化转型的充分必要条件。DICT 时代，以云计算为承载，融合大数据、人工智能、区块链等新一代数字技术于一体的平台底座，是当前企业数字化转型发展的重要方向。

与技术、人才、土地、资本等传统要素一样，数据作为数字经济时代的生产原料，具有基础性战略资源和关键性生产要素的双重角色。DICT 时代，大数据从一个新兴的技术产业，正在成为融入经济社会发展各领域的要素、资源、动力、观念，数据要素进一步提升了全要素生产率。有价值的数据资源是生产力的重要组成部分，是催生和推动众多数字经济新产业、新业态、新模式发展的基础。同时，数据区别于以往生产要素的突出特点是对其他要素资源的乘数作用，可以放大劳动力、资本等要素在社会各行业价值链流转中产生的价值。善用数据要素，解放和发展数字化生产力，有助于推动数字经济与实体经济深度融合，加速社会数字化转型，实现高质量发展。

边缘计算将云计算核心算力资源向设备和用户侧延伸，拓展云数据中心的外延，将云原生的统一编程模式通过边缘网关的能力应用到设备构成的边缘云，实现云边协同一体化。同时，边缘计算也将 IT 能力同基础网络承载与业务运营融合，以设备侧的边缘基础设施为中心，逐渐辐射到远端的数据中心，以满足低时延、智能化应用所需的新型边缘侧高性能网络与计算资源。

1.3.3　数字技术体系加速社会数字化转型

5G 技术不仅面向公众消费场景，而且面向行业生产场景，在速率、时延、可靠性、业务保障、安全等关键能力方面均有显著提升。作为新基建之首，5G 将加速行业的数字化转型，与实体行业的深度融合也必将成为数字经济发展的主战场。一方面，数字技术内部交叉融合来实现迭代创新。基于技术本身的发展规律，以及复杂社会问题对于技术集成的需求，数字技术通过重组和延伸不断实现着自身的迭代进化，从集成电路、互联网到物联网、云计算、大数据、5G、人工智能等，形成了交叉组合的数字技术簇群，创造出巨大的经济社会价值，推动数字经济时代的到来。另一方面，数字技术赋能实体经济激发跨界创新。数字技术进入深度扩散阶段，跨学科、跨行业的合作愈发频繁，融合研究成为促进科学技术发展的新范式。比特与原子的碰撞、交叉和融合释放着巨大的创新空间，成为诞生新技术、新产品、新模式的"竞技场"，如元宇宙、数字孪生、深空探索、类脑智能、基因编辑、智能仿生材料、智慧能源等。

随着 5G + ABCDE 数字技术体系和全球数字经济的发展，数字经济对 GDP 的整体带动作用日益凸显。同时，行业数字化转型升级成为各国战略布局的关键，美国、英国、德国、欧盟、日本等多个国家和地区纷纷加大支持力度，大力推进产业数字化变革。在此背景下，我国更是面临着发达国家高端产业回流、低端产业向第三世界搬移等多重挑战，加速各行业数字化、网络化、智能化转型，提升我国各类产品的全球竞争力更显迫切。

第 2 章　DICT 时代数字化转型基础

DICT 时代，以 5G、云计算、大数据、人工智能以及区块链为核心的数字技术体系创新进入密集活跃期，推动信息科技从自动化加速走向网络化、数字化、数据化与智能化，新技术、新产业、新模式、新业态大规模涌现，深刻影响着全球科技创新版图、产业生态格局和经济走向。同时，当前世界经济也亟须通过科技创新和产业革命大力发展数字经济，寻找世界经济繁荣的新增长点和重要动力。2021 年，《中华人民共和国国民经济和社会发展第十四个五年规划和 2035 年远景目标纲要》明确指出，我国要迎接数字时代，激活数据要素潜能，推进网络强国建设，加快建设数字经济、数字社会、数字政府，以数字化转型整体驱动生产方式、生活方式和治理方式变革。

2.1　DICT 数字技术体系构建三维认知空间

为深入理解当前数字化转型的紧迫性和必要性，这里将通过二维平面空间与三维立体空间坐标系从认知维度的差异来阐述三维认知空间的构成及其 DICT 时代信息量的变革。

2.1.1　坐标系

坐标系（Coordinate System）是数理定量认识中常用的辅助方法。一般来说，为了定量地描述物体的位置及位置的变化，需要在参考系或参照系上建立适当的坐标系。

常用坐标系可分为一维直线坐标系、二维平面直角坐标系和三维立体空间坐标系，如图 2-1 所示。二维平面直角坐标系可以由无限个一维直线坐标系组成，而三维立体空间坐标系又可以由无限个二维平面直角坐标系组成。一维坐标系指的就是一维空间，如直线。可以想象，如果人们生活在一维空间，那么就好像生活在一条直线上，永远只有前进和后退，不会有左右的观念。因此，一维空间的生命体完全无法体会什么是左右，没有面积和体积等的说法，只有直线的概念。二维空间是由 x、y 轴构成的平面直角坐标系，在这个平面上可以前进、后退、向左、向右，也就有了面积的定义。可以想象在 x、y 平面上有一个点圆，这个点圆可以前进、后退、向左、向右，也有面积大小，但是因为点圆本身没有办法上下，因此离不开这个二维平面，所以二维空间中的生命体没有上下，也完全无法体会体积的概念。三维坐标系就是由 x、y、z 轴构建出来的立体空间，可以想象有一个立方球体，这个球

在 $x-y$、$y-z$ 以及 $x-z$ 等二维坐标系上的投影都是只有面积没有体积的小圆。三维空间的物体可以体会到体积和深度这些一维、二维空间没有的概念。

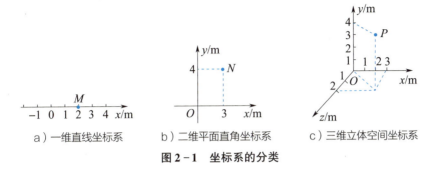

a) 一维直线坐标系　　b) 二维平面直角坐标系　　c) 三维立体空间坐标系

图 2-1　坐标系的分类

以上表明，相比低维度坐标系，高维度坐标系中的事物表征维度更多，被观测到的特征更加丰富，信息量更大，认识更全面。当对同一事物的表征从低维度坐标系到高维度坐标系进行对比时，该事物会不断有新特征和信息被挖掘出来，反之会有特征和信息丢失的风险。高维度空间可以包容低维度空间，而低维度却很难理解高维度。

2.1.2　二维认知坐标系

人类生活在典型的 3+1 时空四维空间（即三维立体空间+一维时间空间）之中，对很多事物在认知上没有是非差别，但却有高下之分。构建自己对事物的认知坐标系，将事物的本质看得更加清晰，对每个人来说显得格外重要。

作为认知的标杆，参照系是由一定维度构成的符号化的物质关系系统，是一种认知实践关系系统。它能在认知主客体相互作用中以一种具有符号意义的状态将认知客体的性质及状态表征出来，获得相应维度上的经验知识向量，并在认知坐标系变换中确定学科的理论体系。参照系具有界定世界对象及其认识范围的意义。同时，人类认识又能通过认知坐标系维度重构而超越旧有的界限，进入新的领域。

作为认知参照系中的定量认知过程和定性认知基础，认知坐标系以相互垂直正交的维度向量为坐标轴，构建具有对应维度的坐标系。坐标系与参照系的差别在于，参照系属于物理模型，而坐标系属于参照系的量化表征，是数学模型。坐标系构建得是否合理，维度是否完备，决定着提取事物的关键特征是否正确，信息量是否丰富。

哲学上认为，人活在两个世界，一个是现实世界，一个是精神世界，二者相互区别、相互作用，深刻影响着人类社会的认知活动。现实世界是存在于人脑之外的客观世界，属于物质的范畴，事物及其相互联系就处于现实世界之中，它是可感知的世界。精神世界即主观世界，通常属于意识范畴。它是以人类实践活动为中心产生的意识活动空间，而人的意识活动的结果则形成精神世界。精神世界是意识活动及其活动结果的总和，它在本质上揭示的是人的精神性。

人类认知过程中，现实世界和精神世界作为相互作用、相互影响的两个独立维度，形成二维认知坐标系，如图 2-2 所示。在人类社会发展史上，由于人类认识社会的手段和工具极其有限，无法把社会三维空间和一维时间内的自然现象（如雷电、地震等）合理地用精神世界和现实世界的二维认知空间解释出来（理论上也不可能），逐渐就形成了哲学和宗教两种不同的世界观。它们的终极目标是一样的，都是对于生命和世界的认知和探索。二者的根本区别在于认知过程，即哲学主要依靠客观规律，宗教主要依靠"神"的意志。因此，二维认知坐标系在人类社会发展史中具有极其重要的地位，诸如农业经济、工业经济等社会经济形态，皆坐落在本坐标系之内。

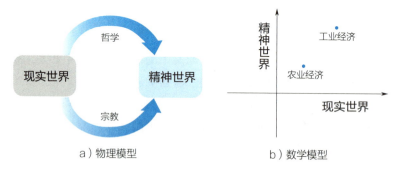

图 2-2 二维认知坐标系

基于现实世界与精神世界的二维认知空间，人们先从宏观上认识了动植物生长规律等自然现象，开始了定居生活，逐渐形成了以农牧业为核心的农耕文明；再从微观上认识了世界物质的物理与化学性质，开始了以机器为核心的社会化大生产，形成了工业文明。

2.1.3 DICT 数字技术体系构建认知坐标新维度

随着科技的发展，计算机、半导体以及网络通信等高新技术的发展推动着以数据为关键要素的信息世界从信息化社会、信息经济向数字化、智能化方向发展和转型。

信息化的概念起源于 20 世纪 60 年代的日本，首先是由日本学者梅棹忠夫提出来的，而后被译成英文传播到西方，西方社会在 20 世纪 70 年代后期开始普遍使用"信息社会"和"信息化"的概念。一般认为，信息化是指信息技术和信息产业在经济及社会发展中的作用日益加强，并发挥主导作用的动态发展过程。信息化社会也称信息社会，是脱离工业化社会以后信息将起主要作用的社会。在农业社会和工业社会中，物质和能源是主要资源，所从事的是大规模的物质生产。而在信息社会中，信息成为比物质和能源更为重要的资源，以开发和利用信息资源为目的的信息经济活动迅速扩大，逐渐取代工业生产活动而成为国民经济活动的主要内容。在信息社会中，信息、知识成为重要的生产力要素，和物质、能量一起构成社会赖以生存的三大资源。

在信息社会，互联网向经济、社会、生活各领域渗透，形成以信息产业为主导、以信息产品生产和信息服务为主体的经济模式——信息经济。信息经济是以电子信息技术为基础，以信息资源为基本发展资源，以信息服务性产业为基本社会产业，以数字化和网络化为基本社会交往方式的社会经济形态。所以，信息经济是以信息、知识为主导的经济，它有别于农业社会（以农业经济为主导）和工业社会（以工业经济为主导）。

当前，随着以 5G、云计算、大数据、人工智能以及区块链为核心的 DICT 数字技术体系的发展和深入应用，信息世界逐渐成为除现实世界和精神世界维度之外的第三个认知维度，并与现实世界维度、精神世界维度并列，一起构成三维认知坐标系。信息世界是信息社会的高级阶段，是数字技术体系各要素在发展的过程中相互联系、相互影响的必然结果。信息社会中，数字技术体系还处于萌芽和快速发展阶段，各要素技术彼此孤立，难以形成影响社会质变的生产力。随着 5G 通信技术的落地和商用，5G 就像黏合剂一样，以其高带宽、大连接、低时延的优异性能推动数字技术体系发生"核聚变"，形成以"数据+算力+算法"范式为数字底座、以数字生产力与生产关系为驱动力的数字经济架构，推动信息社会进入新的阶段——信息世界阶段。因此，信息世界是社会与信息技术在数字技术体系下发生质变后的数字 DICT 时代。

作为 DICT 时代的认知坐标新维度，信息世界具有完备的认知工具与范式，即以数字技术体系为认知工具和手段，以"数据+算力+算法"为认知范式。如图 2-3 所示，在传统二维认知坐标系的基础上增加信息世界维度，构成现实世界—精神世界—信息世界的三维立体认知空间，即三维认知坐标系。尽管三维认知坐标系依然难以描述三维立体空间和一维时间维度中的所有事物，但相比传统现实世界—精神世界构成的二维认知坐标系要高出一个维度。正是因为信息世界维度的诞生与发展，信息社会仅用几十年的时间就取得了之前几千年都难以比拟的成就。

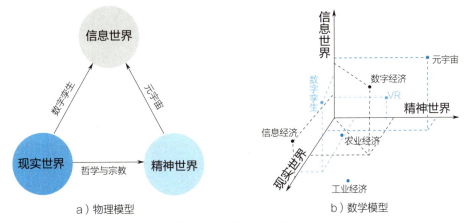

图 2-3 三维认知坐标系

三维认知坐标系中，三个维度之间相互区别又相互影响，辩证统一于人们所认知的社会事务和概念之中。三维认知坐标系下的概念分布见表 2-1。

表 2-1　三维认知坐标系下的概念分布

认知空间	认知维度	概念、模型
二维认知空间	现实世界—精神世界	农业经济、工业经济等
二维认知空间	现实世界—信息世界	OA（办公自动化）、信息经济等
二维认知空间	精神世界—信息世界	网络游戏、AR、VR 等
三维认知空间	现实世界—精神世界—信息世界	数字孪生、元宇宙、数字经济等

对于三维认知坐标系，对相关概念和模型的进一步分析如下：

1）现实世界—精神世界的二维认知空间：该空间只包含现实世界与精神世界两个维度，属于传统意义上的认知空间范畴。在该空间下先后诞生的农业经济、工业经济等经济模式对人类社会产生了极其重要的影响。

2）现实世界—信息世界的二维认知空间：该空间属于信息社会阶段，可把现实社会的实体对应到信息空间中的量化模型和记录中，典型的模型和概念有 OA、信息经济等。

3）精神世界—信息世界的二维认知空间：该空间也属于信息社会阶段，更加注重把精神层面上的生活映射到信息空间中，构建虚拟生活、娱乐等，典型代表有网络游戏、AR、VR 等。

4）现实世界—精神世界—信息世界的三维认知空间：该空间属于当前数字技术体系下的信息世界阶段的三维认知空间。通过三个维度，人们能够更加清晰地认识和分辨相关概念的机理及差别。例如，数字孪生和元宇宙同属于该三维认知空间，但数字孪生更多地体现在现实社会实体方面，而元宇宙则更多地体现出精神层面生活等，二者同属于数字经济的范畴，是信息世界社会经济发展的新模式、新阶段。

2.2　5G DICT 时代数字化转型

第一次工业革命以蒸汽机为颠覆性技术改变了世界；第二次工业革命以电力推动自动化生产技术革命；第三次工业革命以电子计算机等技术推动人类社会进入信息化阶段。如今，人们正在经历以数字技术体系为主导的第四次工业革命。5G、云计算、大数据、人工智能、区块链以及边缘计算等数字技术相互作用、相互影响，不断发展创新，共同推动 DICT 数字时代的到来，将彻底改变人们的工作与生活方式、业务运营方式以及企业与客户和世界的交互方式。

2.2.1　数字化转型的特征

当今世界正经历百年未有之大变局，在以 5G + ABCDE 为核心的数字技术体系的推动下，全球进入新一轮科技革命和产业变革中，正从工业经济向数字经济加速转型。社会经济数字化转型成为时代趋势，整体呈现出"变格局、高技术、强产业、优政策、新经济"的特征（见图 2-4），推动工业经济向数字经济加速转型过渡，从以专业化分工为核心的规模经济发展范式向以多样化创新为核心的数字经济发展范式转变，为实现中华民族伟大复兴提供了重大历史机遇。

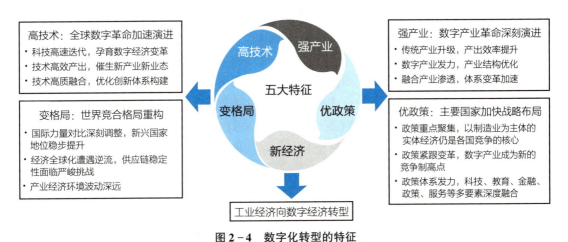

图 2-4 数字化转型的特征

2.2.2 数字化转型的基本概念

什么是数字化转型？数字化转型就是依托 5G、云计算、大数据、人工智能、区块链等数字技术，打破工业社会的生产与生活方式、原则、标准、产业链，建立以数据为关键生产要素、以人工智能为生产力的数字社会生产与生活的过程，实现数字生产力与生产关系在社会资源配置中的基础调节性作用，推动社会生产、生活和治理方式数字化、网络化、智能化变革。数字化转型的必要性分析如下。

首先，数字化转型是实现传统农业经济、工业经济向数字经济、数字社会发展的必由之路。在三维认知体系中，数字经济是现实世界—精神世界—信息世界三个维度共同作用下的、数字技术驱动的 DICT 时代社会经济范式。数字化转型也是由数字化技术触发的数字经济时代资本市场幂律化、社会供需复杂化、市场波动化的变革，企业为应对变革需进行发展模式、组织管理、工作模式、公众沟通与传播的转型。

其次，以数字技术体系为核心的新型基础设施部署加速，赋能社会与经济数字化转型。在 5G + ABCDE 数字技术体系的加持下，各行业的生产经营活动将在信息世界维度上向专业化纵深发展，对产业格局优化和产业链现代化形成深刻影响，促使产业数字化转型迈向"万物互联、数据驱动、平台支撑、软件定义、智能主导"的新阶段。数字孪生、工业互联网、元宇宙等新技术和新理念融合应用实现了数字化技术的全面渗透、交叉和重组，将不断催生新场景、新模式、新业态。

最后，数字化转型作为 DICT 时代国家战略，推动我国转变社会发展方式、优化经济结构、转换增长动能。党中央、国务院高度重视数字经济与数字化转型，并多次做出系列重大战略部署，全方位推进数字中国建设。《中华人民共和国国民经济和社会发展第十四个五年规划和 2035 年远景目标纲要》中明确提出，要"迎接数字时代，激活数据要素潜能，推进网络强国建设，加快建设数字经济、数字社会、数字政府，以数字化转型整体驱动生产方式、生活方式和治理方式变革"。国家系统部署、适度超前建设新型数字基础设施，构筑了经济社会发展的基石，充分发挥了数字基础设施的"头雁效应"，促进全领域数字化转型。

综上，数字化转型不仅是一种技术转型，还是一种文化和业务转型，通过彻底重构社会数字底座，实现客观规律在社会资源配置中起基础支配作用，提高社会生产效率。数字经济正在成为重组全球要素资源、重塑全球经济结构、改变全球竞争格局的关键力量。数字化转型作为推动数字经济发展的关键实现路径，不仅仅是 IT 变革，也是组织、业务、市场、营销、人力资源、产品研发、供应链、制造、财务等企业要素的一次全方位变革。

2.2.3 数字化转型的内涵与特征

1. 数字化转型的内涵

5G DICT 时代，数字化转型的核心要义是社会与经济发展方式的转变，主要聚焦于推动传统业务体系在数字技术体系下创新变革，形成 DICT 数字时代新产业、新业态、新模式，开辟数字化发展新空间，创造数字经济新价值。在 5G DICT 时代，"数据＋算力＋算法"成为数字技术体系支撑下的社会运行范式，无论是数据体量（EB、PB 级等）、算法模型（神经网络、深度学习等），还是算力系统（云计算、边缘计算等），复杂度都在呈指数级增加，带来了 DICT 数字时代社会与经济发展的不确定性。数字化转型的内涵是以数据驱动的数字化、网络化、智能化方式化解业务系统的复杂性和不确定，优化社会资源配置，推动社会经济绿色发展。具体体现在以下几点：

1）转型的根本目的在于提升企业竞争力。数字化转型过程中，数字技术体系的应用并不是目的，转型的根本目的是提升产品和服务的竞争力，让企业获得更大的竞争优势。

2）数字化转型本质上是业务转型。数字化转型本质上是数字技术体系驱动下的一场业务、管理和模式的深度变革重构，技术是支点，业务是内核。

3）数字化转型是一个长期系统工程。数字化转型面临的挑战来自方方面面：从技术驾驭到业务创新，从组织变革到文化重塑，从数字化能力建设到人才培养。因此，数字化转型的成功不可能一蹴而就。数字化转型是一项长期艰巨的任务，需要 3～5 年甚至更长的时间才能取得显著成果。

2. 数字化转型的基本特征

数字化转型在关键特征上主要体现为数字化、网络化、智能化。数字化转型在产业与数字技术全面融合过程中可提升经济转型效率，即利用数字技术体系，把产业各要素、各环节全部数字化，通过对数字世界的仿真模拟、设计优化等操作，推动技术、人才、资本等资源的配置优化，推动业务流程、生产方式重组变革，从而提高产业效率。数字化转型主要发生在网络化、智能化发展阶段，是一个以数字化为基础的主要创新和变革伴随网络化、智能化不断演进的螺旋式发展过程。具体体现在以下几点：

1）5G DICT 时代，数字化转型必须坚持以数字化为基础。社会经济全要素加速数字化方向发展，数字孪生、元宇宙成新风口。具体表现在以下几个方面：一是基础设施数字化，数字技术向基础设施建设运营全生命周期渗透赋能，使基础设施更加智能、高效。二是社会治理数字化，基于社会化大数据的应用创新和精细化管理决策贯穿于社会治理各环节，加速治理模式由人治向数治、智治转变。三是生产方式数字化，通过优化重组生产和运营全流程数据，推动产业由局部、刚性的自动化生产运营向全局、柔性的智能化生产运营转型升级。四是工作方式数字化，远程办公应用加速普及，使得线下集中的传统办公模式将向远程协同常态化的新办公模式不断演进。五是生活方式数字化，数字生活应用沿生活链条不断延展，从满足规模化、基础性的生活需求向满足个性化、高品质的生活体验升级。

2）5G DICT 时代，数字化转型必须坚持以网络化为载体。5G 网络发展推动社会经济各要素线上及线下一体化、云平台化，即在线打破物理空间和网络空间的边界，拉动连接规模持续增长。同时，云基础设施由"中心"向"中心+边缘"结合的立体布局转变，成为产品服务交付的基本载体。社会经济活动中的各种图像、视频及运行数据非常庞杂，需要通过 5G 的大带宽、低时延、高可靠性及海量连接将数据及时回传和下发，实现数字世界和物理世界的同步。通过网络化，企业自身的所有数字孪生体或元宇宙，以及客户、供应商等上下游产业的数字孪生体或元宇宙都连接起来了，相当于在信息世界构建了一个完整的线上数字模型系统。只要输入合适的启动数据，这个由数字孪生体或元宇宙组成的网络就像一个真正的组织一样，会自主运行起来，并不断根据目标进行自我优化，把优化成果投射到背后的实体上。

3）5G DICT 时代，数字化转型必须坚持以智能化为动能。数据驱动社会经济发展无人化、智能化，即全量数据挖掘重塑资源配置和生产运营逻辑，成为关键生产要素。智能经济是数字经济发展的高级阶段，是由"数据+算力+算法"定义的智能化决策、智能化运行的数字经济形态。数据是物理世界在数字化、网络化的信息世界中的客观映射和量化，是数字经济的核心生产资料和生产要素。没有数据支撑，数字经济就是无源之水、无本之木。在智能经济时代，物理世界和数字世界全面融合，人、事、物都在实时被数据化，使得线上及线下一体化成为常态。

2.2.4 数字化转型的发展趋势

1. 5G DICT 时代，数字化转型从被动到主动、从片段到连续、从垂直到协同

全球产业信息基础大幅加强，海量数据源源不断地持续产生，进一步推动劳动、技术、资本、市场等要素互联互通，数字化转型出现三大转变，如图 2-5 所示。一是从被动转变为主动，将数字化从用于提高生产效率的被动工具，转变为创新发展模式、强化发展质量的主动战略。二是从片段型转变为连续型，将数字化从对局部生产经营环节的参数获取和分析，转变为对全局流程及架构的诠释、重构及优化。三是从垂直分离转变为协同集成，将数字化从聚焦于单一环节、行业和领域，转变为对产业生态体系的全面映射。

图 2-5 数字化转型三大转变

2. 数字化转型呈现平台化、共享化新特征

数字化转型加速推动产业链各环节及不同产业链的跨界融合，实现了组织架构和商业模式的变革重塑，构建起核心优势独具特色、运作体系不拘一格的各大平台，将企业间的竞争重点从产品和供应链层面推向生态层面，对数字化转型底层技术、标准和专利掌控权的争夺更为激烈。同时，数字化转型的快速推进为供需实时计算及匹配提供了坚实基础，并通过高频泛在的在线社交及渐趋完善的信用评价体系，为部分产业提供了有效配置资源的低成本共享渠道，弱化"所有权"而强调"使用权"，促使共享经济快速兴起，如图 2-6 所示。

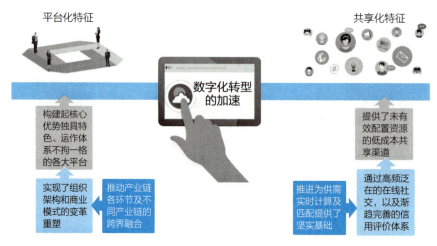

图 2-6 数字化转型新趋势

3. 数字化转型重塑开放协同的创新体系

产业数字化转型直接带动了技术开源化和组织方式去中心化，知识传播壁垒开始显著消除，创新研发成本持续大幅降低，创造发明速度明显加快，群体性、链条化、跨领域创新成果屡见不鲜，颠覆性/革命性创新与迭代式/渐进式创新相并行，如图 2-7 所示。产业创新

主体、机制、流程和模式发生重大变革，不再受既定的组织边界束缚，资源运作方式和成果转化方式更多地依托网络在线展开，跨地域、多元化、高效率的众筹、众包、众创、众智模式不断涌现，凸显出全球开放、高度协同的创新特质。

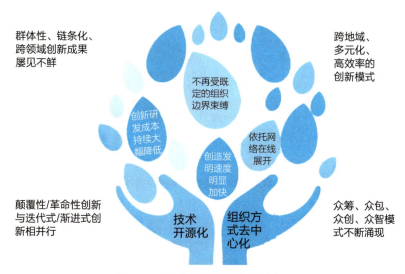

图 2-7 数字化转型重塑创新体系

4. 数字化转型引导消费者技能和素养升级

产业数字化转型的快速推进使得新兴的数字化产品、应用和服务大量涌现，对消费者的数字化资源获取、理解、处理和利用能力提出更高要求。符合用户根本需求、具备完整商业模式、持续迭代完善的各类数字化新兴产物，已开始有效引导消费者数字化技能和素养的提升及更新，更好地发掘数字化价值和享受数字化便利，逐步培育、形成及发展起新兴的数字消费群体和数字消费市场。世界各国将日益高度重视对公民数字技能和素养的教育及培养，并逐渐上升到维护国家打造新时代新型核心竞争力的战略高度。

2.2.5 数字化转型发展的不利因素

1. 不确定性下降和复杂性上升的经济均衡问题

持续采集和形成源源不断的海量信息，是产业数字化转型全面推进的首要表征，能够有助于更为直观、清晰、深刻地认知并掌握产业运转过程和深层机理，实现对产出数量和质量更为精准的控制与调整，大幅降低仅依赖于人工经验判断而造成的误差和不确定性。与此同时，信息处理、分析、应用的难度和复杂性也在大幅提升，软硬件购买、装置调试、架构重建、技能学习、人才配备等方面的投入会显著增加，较高的投入产出比在数字化转型前期将体现得尤为明显。如何合理设置投入模式和预估收益周期，采用最经济的方式来均衡由不确定性降低导致的复杂性上升，是产业数字化转型面临的首要问题，如图 2-8 所示。

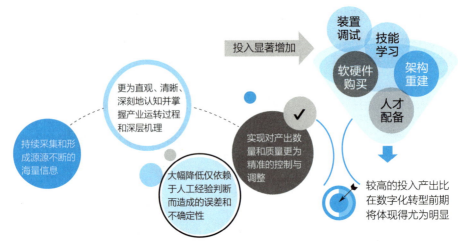

图 2-8　数字化转型需要解决的经济均衡问题

2. 供给碎片化和需求协同化的全局统筹问题

产业数字化转型的发轫可追溯到 60 年前,主要包括研发设计、生产制造、经营管理三大主要领域。研发设计经历了从二维到三维、从仿真到孪生的演进,以及从单一零部件延伸到整机和产品全生命周期的过程。生产制造经历了从获取生产数据到配置生产资源,再到协同生产过程及优化生产体系的持续进步。经营管理经历了以面向产、销、供的生产优化为中心,以面向企业内部的运营优化为中心,以面向供应链、价值链的资源优化为中心的三个阶段,已开始向云端迁移。但囿于技术架构和业务模式,绝大部分数字化转型的供给还是沿着从点到线的路径进行拓展,相对碎片化、封闭化,持续形成大量数据孤岛,与产业在当前全局优化协同集成的需求不匹配。如何着眼整体发展效益和质量的提升,统筹并引导碎片化供给和协同化需求相互匹配,是产业数字化转型要面对的基本问题,如图 2-9 所示。

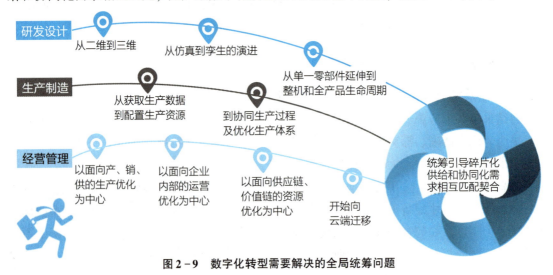

图 2-9　数字化转型需要解决的全局统筹问题

3. 前瞻技术大量涌现和现实需求尚待挖掘的市场培育问题

以 5G、人工智能、大数据、区块链、量子计算等为代表的数字技术体系蓬勃发展，竞相在关键环节和领域出现重大集中突破，从理论创新逐步延伸到实用创新，从科学研究加速迈进到产业应用，一批原本属于实验室范畴的前瞻性技术已经尝试性地走向市场和用户，并探索与部分应用场景进行结合的立足点和开拓方式，试图去培育、激发、引导新的市场需求。但在现实需求层面，大部分产业的工艺特性、业务流程和运营模式已经过长期沉淀，相对稳定，并非简单引入和嫁接前瞻技术就能获得进一步的效益和质量提升，既需要仔细梳理和挖掘真实的需求痛点，也需要对前瞻技术的成熟度和适配性有着清晰的认知与判断。如何挖掘及培育兼具实践应用价值和示范推广意义的多类型市场需求，充分发挥前瞻技术持续迭代和演进的创新特性，是产业数字化转型面临的现实问题，如图 2-10 所示。

图 2-10 数字化转型需要解决的市场培育问题

2.2.6 数字化转型的政策

"十四五"期间，数字化转型将面临重大利好和机遇，作为夯实数字化基建、畅通数字化循环、深化数字化应用、拓展数字化创新、激发数字化动能的核心领域与重要载体，数字社会与数字经济将随 5G、云计算、大数据、人工智能、区块链、工业互联网等数字技术体系的成熟及"新基建"的持续推进而迎来新一轮的蓬勃发展。

1. 国际数字化转型的政策与措施

1）美国：聚焦前沿技术和高端制造业，引领全球数字化转型浪潮。美国是全球最早布局数字化转型的国家，多年来持续关注新一代信息技术的发展及其影响，奠定了其数字化转型的领先地位。近年来，美国进一步聚焦大数据和人工智能等前沿技术领域，先后发布《联邦大数据研发战略计划》《国家人工智能研究和发展战略计划》《为人工智能的未来做好准备》及《美国机器智能国家战略》等文件，构建了以开放创新为基础、以促进传统产业转型为主旨的政策体系，有效促进了数字化转型的发展进程。

为引导实体经济复苏，金融危机后，美国进行再工业化，先后发布《智能制造振兴计划》《先进制造业美国领导力战略》文件，提出依托数字技术体系加快发展技术密集型的先进制造业，保证先进制造作为美国经济实力引擎和国家安全支柱的地位。

2）英国：强化战略引领作用，打造数字化强国。作为最早出台数字化相关政策的国家，英国先后实施多项战略，积极调整和升级产业结构，打造世界领先的数字化强国。英国政府于 2017 年发布了《英国数字战略》，提出了多项数字化转型战略，包括连接战略、数字技能与包容性战略、数字经济战略、数字转型战略、网络空间战略、数字政府战略和数据经济战略，为数字化转型做出了全面部署。同年，英国发布了《产业战略：打造适合未来的英国》，旨在与产业界合作来开展科技创新和应用研究，实现人工智能技术的创新应用，将英国建设为全球人工智能与数据驱动的创新中心。2018 年，英国政府出台了《产业战略：人工智能领域行动》，再次强调支持人工智能创新以提升生产力，使英国成为全球创立数字化企业的最佳之地。

3）德国：积极践行"工业 4.0"，明确五大行动领域。德国以"工业 4.0"为核心，逐步完善数字化转型计划，并为中小企业提供良好的发展环境，如图 2-11 所示。2016 年 3 月，德国联邦政府正式推出了《数字化战略 2025》，强调利用"工业 4.0"促进传统产业的数字化转型，提出了跨部门及跨行业的"智能化联网战略"，建立开放型创新平台，促进政府与企业的协同创新。德国还实施了中小型企业数字化改造计划，通过对中小企业投资补助、建设数字化试点，为中小企业更好地了解和运用新一代信息技术提供多项服务。2018 年 12 月，德国政府明确指出了数字化转型的 5 个行动领域，分别为数字技能、信息基础设施、创新和数字化转型、数字化社会和现代国家，旨在使数字化变革惠及每个公民，并针对数字革命带来的挑战提供具体解决方案。

图 2-11　德国数字化转型主要举措及行动领域

4）法国：明确工业转型和人才培养方案，打造欧洲经济中心。在经历"去工业化"阵痛后，法国实施了一系列创新驱动工业转型升级和提升数字技能的相关政策方案，旨在通过新一代信息技术带动经济增长模式变革，实现重返欧洲经济中心的战略目标。2018年9月20日，法国公布了《利用数字技术促进工业转型的方案》，提出加强法国本土工业生态系统建设，打造具有创新力的工业中心。2018年11月，法国宣布启动"工业版图计划"，通过对工业园区、土地资源、创新要素的整合促进产业迭代，建设更具竞争力的法国工业。为弥补数字人才缺口，法国提出"技能投资"培养计划，建立就业中心、高等院校及企业等合作培养机制，为提供数字人才培训的企业特殊补贴，支撑各行业数字化转型发展。

5）日本：以技术创新和"互联工业"为突破口，建设超智能社会。为在新一轮国际竞争中取得优势，日本制定和发布了一系列技术创新计划和数字化转型举措。2016年，日本发布《第五期科学技术基本计划（2016—2020）》，提出利用新一代信息技术使网络空间和物理世界高度融合，通过数据跨领域应用催生新价值和新服务，并首次提出超智能社会——"社会5.0"这一愿景。互联工业作为"社会5.0"的重要组成部分，得到政府的高度关注，日本经济产业省推动成立了工业价值链促进会并发布《日本互联工业价值链的战略实施框架》，提出的新一代工业价值链参考架构成为日本发展高端制造业的新抓手。2018年6月发布的《日本制造业白皮书》强调"通过连接人、设备、系统、技术等创造新的附加值"，正式明确将互联工业作为制造业发展的战略目标，并通过推进"超智能社会"建设抢抓产业创新和社会转型的先机。

6）韩国：以建设智能工厂为先导，为制造业转型积极布局。随着全球第四次工业革命浪潮的到来，韩国重新审视本国智能制造和信息技术的发展，大力推进智能工厂建设，为实现"制造业复兴愿景"全面谋划。2018年2月，韩国政府发布《第四期科学技术基本计划（2018—2022年度）》，提出将无人驾驶、智能城市、VR/AR、定制化医疗保健、智能机器人、智能半导体等领域作为第四次工业革命的创新增长引擎。随后，韩国政府通过了"中小企业智能制造创新战略报告会"，提出到2022年建设3万个智能工厂及10个智能产业园，成立3000亿韩元规模的智能工厂设计建设企业基金。2019年6月，韩国公布了人工智能产业的发展目标和投资计划，提出到2030年建设2000家"人工智能工厂"，并建立数据中心以促进关键软件、机器人、传感器等智能制造设施的发展。

7）新加坡：描绘数字化蓝图，助力服务业转型升级。新加坡为加快数字化步伐，推出了一系列"数字化蓝图"勾勒经济社会的整体转型发展计划，以服务业转型为重点寻求数字化新变革。2014年，新加坡公布"智慧国2025"发展蓝图，在该计划推动下，电子政务、智能交通等领域均达到全球领先。2016年，新加坡公布产业转型蓝图，提出涵盖能源化工、航空业、医疗保健、金融、教育等23个具体行业的转型措施及发展目标。2018年推出"服务与数字经济蓝图"，重点提升本国服务业领域的数字创新能力。为确保公民从数字化转型中获益，新加坡政府发布"数字化能力蓝图"，进一步提升本国人数字技能，并设立科技卓越中心来培育数据分析、人工智能和网络安全等领域的人才。

2. 国内的数字化转型政策

当前，我国数字化转型的政策工具更丰富，政策体系更完备，政策措施更具可操作性，可以从供需两方面展开。供给方面，5G、大数据、区块链、新基建、工业互联网、人工智能等数字技术体系加速推动和应用推广，为社会经济数字化转型奠定了数字基础。需求方面，国民经济三大产业，特别是面临互联网和疫情冲击之下的传统行业，都希望通过数字化转型抢占 DICT 数字时代战略高地，挖掘发展数字经济红利。特别是在 2020 年以来的疫情催化之下，国内各大企业的数字化转型更是热情高涨。

围绕数字化转型这一重要工作，中央和各地、各部门都出台了一系列政策，其中两个方面的政策动向值得关注。一是政策地位更高。过去虽然有很多政策推动数字技术与产业融合，但"数字化转型"直接写入政策的较少。2020 年以来，工业和信息化部、国务院国有资产监督管理委员会等相继出台推动"数字化转型"的政策文件。"十四五"规划纲要提出推动"产业数字化转型"，这标志着数字化转型正式上升为国家明确的政策方向。二是政策举措更实。当前，各地都在加强政策落地的力度，北京、上海、广东等地都出台了数字化转型的政策文件，纷纷推出数字化转型政策举措和一系列激励机制、特色做法，覆盖了从技术推动到应用拉动，从企业主导到产业赋能，从试点示范到规模化推广等各个方面，全面、系统、精细化、可操作，编织了一张推进数字化转型落地实施的政策网。

就国家政策而言，党中央、国务院高度重视数字经济发展，做出了一系列重大决策部署，如图 2-12 所示。

图 2-12 国家数字化转型主要政策

中共中央、国务院发布《关于构建更加完善的要素市场化配置体制机制的意见》，正式将数据明确为新型生产要素，并提出加快培育数据要素市场。作为国家基础性、战略性资源，数据的要素属性和资产属性已成为社会各界的共识及全球性趋势。十三届全国人大第四次会议通过的《中华人民共和国国民经济和社会发展第十四个五年规划和 2035 年远景目标纲要》明确指出，我国要加快数字化发展，建设数字中国，通过充分发挥海量数据和丰富的应用场景优势，促进数字技术与实体经济融合，赋能传统产业转型升级，催生新产业、新业态、新模式。同时，我国政府也在积极探索和实践，并走出一条具有中国特色社会主义的政府数字化转型之路。

2.2.7 数字化转型的意义

在 5G DICT 时代社会经济数字化转型与发展的浪潮下，以 5G + ABCDE 为核心的数字技术体系正在不断冲击和颠覆各级领导者传统的认知、思维和管理实践，积极推动经济社会数字化、网络化、智能化转型，响应国家数字经济发展战略的号召。

大力推动和发展数字化转型，对国家和社会来说，是转变社会发展方式、优化经济结构、转换新旧动能，践行"中国梦"的必然选择，如图 2-13 所示。

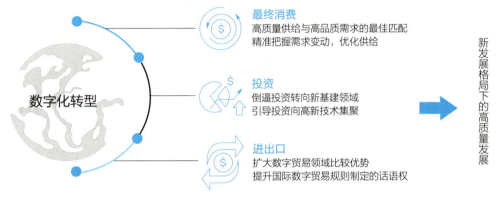

图 2-13 数字化转型推动新旧动能转换

随着国民经济和社会发展第十四个五年规划的开启，我国也进入了全面建设社会主义现代化国家的新发展阶段，未来要在坚持"创新、协调、绿色、开放、共享"的新发展理念下，在质量效益明显提升的基础上实现经济持续健康发展。持续的发展意味着国内生产总值年均增长保持在合理区间，而健康的发展则意味着经济结构的优化。这种结构的优化通常被解读为消费、投资以及贸易这"三驾马车"对经济增长拉动作用的此消彼长，充分提升最终消费对 GDP 的拉动作用。北京大学新结构经济学研究院院长林毅夫指出，新基建、技术创新、产业升级领域的有效投资，将进一步推动国内整体经济效率的提升。随着数字经济的飞速发展，数字化将成为推动这种更新和优化的最佳工具。曾任清华大学公共管理学院院长的江小涓表示，数字化消费将向新领域延伸，继续创造重量级新消费形态，数字化生产将加速发展，提高全要素生产率。数字经济下"三驾马车"的动力马达将被数字化更新。

数字化转型之于企业，既是发展趋势，也是发展工具。数字化转型的重要性正在逐渐被企业广泛接受。事实上，数字化转型对于企业来说，不仅仅是用技术投资来达到"赶潮流"的目的，更本质的作用是成为企业解决经营困难、强化核心竞争力以及创造价值的有力工具。因此，企业需要从本质上打破传统的经营管理模式，用数字化思维来思考工作，将企业业务运营和组织管理涉及的每一个环节产生的数据转化为企业生产要素，将先进的数字技术和分析手段作为生产工具，让企业在产品、服务、技术、商业模式、组织管理等多个领域都能够全方位地创新，在每一个领域都能降本增效，从而帮助企业创造可持续发展的竞争力。这对处于不同成长阶段、不同规模的企业来说都是一样的。单一产业环节的数字化，将助力生产效率的提升；产业环节间的数字化贯通，将催生新的价值。

国有企业作为国民经济的重要支柱，更应主动把握数字化发展机遇，扎实推动数字化转型，从工业时代引领者转变为数字时代领航者，为构建新发展格局、全面建设社会主义现代化做出更大贡献。

2.3 数字孪生

"数字孪生"的概念起源于航天军工领域，近年来持续向智能制造、智慧城市等垂直行业拓展，实现机理描述、异常诊断、风险预测、决策辅助等应用价值，已成为助力企业数字化转型、促进数字经济发展的重要抓手。

2.3.1 数字孪生内涵与发展历程

数字孪生是一种数字化理念和技术手段，它将数据与模型的集成融合为基础与核心，通过在数字空间实时构建物理对象的精准数字化映射，基于数据整合与分析预测来模拟、验证、预测、控制物理实体全生命周期过程，最终形成智能决策的优化闭环。其中，面向的物理对象包括实物、行为、过程，构建孪生体涉及的数据包括实时传感数据和运行历史数据，集成的模型涵盖物理模型、机理模型和流程模型等。

数字孪生经历了"技术探索、概念提出、应用萌芽、行业渗透"4个发展阶段。数字孪生发展历程如图2-14所示。数字孪生概念最早在1969年被NASA应用于阿波罗计划中，用于构建航天飞行器的孪生体，反映航天器在轨工作状态，辅助紧急事件的处置。

数字孪生可追溯至美国密歇根大学的Michael Grieves（迈克尔·格里夫斯）教授于2003年在其产品生命周期管理（Product Lifecycle Management，PLM）课程上提出的"与物理产品等价的虚拟化数字表达"的概念。虽然这个概念在当时并没有被称为数字孪生，但却具备了数字孪生的基本组成要素，因此可以被认为是数字孪生的雏形。受限于当时的数据采集技术、数字化描述技术、计算机性能和算法不够成熟，Michael Grieves教授所提出的早期概念并未受到广泛关注。

2010年，"数字孪生"才由美国国家航空航天局（NASA）首次正式提出。NASA在 *Modeling*, *simulation*, *information technology & processing roadmap* 中详细说明了航天器数字孪生的定义和功能，该路线图的草案最早在2010年就已出现并传播，但正式版直到2012年才发表。与此同时，2011年，美国空军研究实验室（Air Force Research Laboratory，AFRL）在一次演讲中也明确提到了数字孪生，并利用数字孪生来解决战斗机维护问题。2012年，NASA和AFRL合作，共同提出了未来飞行器的数字孪生体范例，以应对未来飞行器高负载、轻质量以及极端环境下服役更长时间的需求。

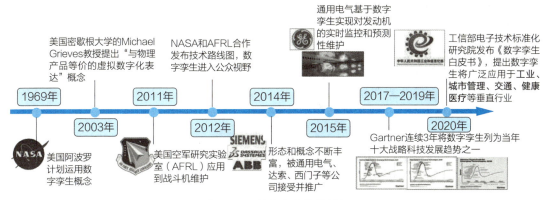

图 2-14 数字孪生发展历程

经历了概念演进发展后，数字孪生技术在各行业已呈现应用价值，美国军方基于数字孪生实现 F35 战机的数字仿真与数字伴飞，降低战机维护成本和使用风险；通用电器为客机航空发动机建立孪生模型，实现实时监控和预测性维护；欧洲工控巨头西门子、达索、ABB 在工业装备企业中推广数字孪生技术，进一步促进了技术向工业领域的推广。近年来，数字孪生技术在工业、城市管理领域持续渗透，并向交通、健康医疗等垂直行业拓展，实现机理描述、异常诊断、风险预测、决策辅助等应用价值，有望在未来成为经济社会产业数字化转型的通用技术。

2.3.2 数字孪生典型概念与特征

数字孪生是一种"实践先行、概念后成"的新兴技术理念，与物联网、模型构建、仿真分析等成熟技术有非常强的关联性和延续性。数字孪生具有典型的跨技术领域、跨系统集成、跨行业融合的特点，涉及的技术范畴广，自概念提出以来，其技术边界始终不够清晰。与既有的数字化技术相比，数字孪生具有四个典型的技术特征：

1）虚实映射。数字孪生技术要求在数字空间构建物理对象的数字化表示，现实世界中的物理对象和数字空间中的孪生体能够实现双向映射、数据连接和状态交互。

2）实时同步。基于实时传感等多元数据的获取，孪生体可全面、精准、动态反映物理对象的状态变化，包括外观、性能、位置、异常等。

3）共生演进。在理想状态下，数字孪生所实现的映射和同步状态应覆盖孪生对象从设计、生产、运营到报废的全生命周期，孪生体应随孪生对象的生命周期进程而不断演进更新。

4）闭环优化。建立孪生体的最终目的是，通过描述物理实体内在机理，分析规律、洞察趋势，基于分析与仿真对物理世界形成优化指令或策略，实现对物理实体决策优化功能的闭环。

数字孪生与一些技术概念有很强的关联性，但又不完全相同。一是仿真技术。仿真是一种基于确定性规律和完整机理模型来模拟物理世界的软件方法，是数字孪生的核心技术之一，但不是全部。仿真技术仅能以离线的方式模拟物理世界，主要用于研发、设计阶段，通常不搭载分析优化功能，不具备数字孪生的实时同步、闭环优化等特征。二是资产管理壳（AAS）。AAS的本质是基于德国"工业4.0"体系搭建的一套描述语言和建模工具，旨在提升生产资料之间的互联互通和互操作性。AAS是支撑数字孪生的基础技术之一，数字孪生与AAS在一定程度上代表了美国和德国工业数字化转型的不同理念。三是数字线程（Digital Thread）。数字线程起源并广泛应用于航空航天业，是覆盖复杂产品全生命周期的数据流，集成并驱动以统一模型为核心的产品设计、制造和运营。数字线程是实现数字孪生多类模型数据融合的重要技术。

2.3.3 数字孪生发展现状

从政策层面来看，数字孪生成为各国推进经济社会数字化进程的重要抓手，如图2－15所示。国外主要发达经济体从国家层面制定相关政策、成立组织联盟、合作开展研究，加速数字孪生发展。美国将数字孪生作为工业互联网落地的核心载体，侧重军工和大型装备领域应用；德国在"工业4.0"架构下推广资产管理壳（AAS），侧重制造业和城市管理数字化；英国成立数字建造英国中心，瞄准数字孪生城市，打造国家级孪生体。2020年，美国工业互联网联盟（IIC）和德国"工业4.0"平台联合发布数字孪生白皮书，将数字孪生纳入工业物联网技术体系。自2019年以来，我国政府陆续出台相关文件，推动数字孪生技术的发展。2021年又将数字孪生写入《"十四五"信息化和工业化深度融合发展规划》，作为建设数字中国的重要发展方向。工业互联网联盟（AII）也增设数字孪生特设组，开展数字孪生技术产业研究，推进相关标准制定，加速行业应用推广。

图2－15 国内数字孪生相关政策沿革

从行业应用层面来看，数字孪生成为垂直行业数字化转型的重要使能技术。数字孪生加速与DICT领域最新技术融合，逐渐成为一种基础性、普适性、综合性的理论和技术体系，在经济社会各领域的渗透率不断提升，行业应用持续走深向实。工业领域中，在石化、冶金等流程制造业中，数字孪生聚焦工艺流程管控和重大设备管理等场景，赋能生产过程优化；在装备制造、汽车制造等离散制造业中，聚焦产品数字化设计和智能运维等场景，赋能产品全生命周期管理。智慧城市领域中，数字孪生赋能城市规划、建设、治理、优化等全生命周期环节，实现城市全要素数字化、全状态可视化、管理决策智能化。另外，数字孪生在自动驾驶、站场规划、车队管理、智慧地铁等交通领域中，在基于 BIM 的建筑智能设计与性能评估、智慧工地管理、智能运营维护、安全应急协同等建筑领域中，在农作物监测、智慧农机、智慧农场等农业领域中，在数字人、身体机能监测、智慧医院、手术模拟等健康医疗领域中，都有不同程度的应用。

从市场前景层面来看，数字孪生是热度最高的数字化技术之一，拥有巨大的发展空间。Gartner 连续三年将数字孪生列入年度（2017—2019 年）十大战略性技术趋势，认为它在未来 5 年将产生颠覆性创新，同时预测到 2024 年，超过 25% 的全新数字孪生将作为新 IoT 原生业务应用的绑定功能被采用。根据 Markets and Markets 的预测，数字孪生市场规模将由 2020 年的 31 亿美元增长到 2026 年的 482 亿美元，年复合增长率为 58%。

从企业主体层面来看，数字孪生被纳入众多科技企业战略大方向，成为数字领域技术和市场竞争主航道。数字孪生技术价值高、市场规模大，典型的 IT、OT 和制造业龙头企业已开始布局。微软与仿真巨头 Ansys 合作，在 Azure 物联网平台上扩展数字孪生功能模块；西门子基于工业互联网平台构建了完整的数字孪生解决方案体系，并将既有主流产品及系统纳入其中；Ansys 依托数字孪生技术对复杂产品对象全生命周期建模，结合仿真分析，打通从产品设计研发到生产的数据流；阿里聚合城市多维数据，构建"城市大脑"智能孪生平台，提供智慧园区一体化方案，已在杭州萧山区落地；华为发布沃土数字孪生平台，打造 5G + AI 赋能下的城市场景、业务数字化创新模式。

从标准化层面来看，数字孪生标准体系初步建立，关键领域标准的制订及修订进入快车道。ISO、IEC、IEEE 和 ITU 等国际标准化组织推动数字孪生分技术委员会和工作组的成立，推进标准建设、启动测试床等概念验证项目。例如，2018 年起，ISO/TC 184/SC 4 的 WG15 工作组推动了《面向制造的数字孪生系统框架》系列标准（ISO 23247）的研制和验证工作。2020 年 11 月，ISO/IEC JTC1 的 SC 41 更名为物联网和数字孪生分技术委员会，并成立 WG6 数字孪生工作组，负责统筹推进数字孪生国际标准化工作。

2.3.4 数字孪生助力 DICT 时代数字化转型

长期以来，使用虚拟的模型来优化流程、产品或服务的想法并不新鲜。但随着具有更复杂的仿真和建模能力、更好的互操作性和 IoT 传感器以及可视化的数字化仿真平台和工具的广泛使用，使企业逐渐意识到创建更精细、更具动态感的数字化仿真模型成为可能。数字孪生是以数字化方式创建物理实体的虚拟实体，借助历史数据、实时数据以及算法模型等，模拟、验证、预测、控制物理实体全生命周期过程的技术手段。数字孪生技术在传统行业如服务业、数字经济等场景均有应用，具体如下：

1）构建全产业链的数字孪生体：促进产业向"服务型制造"转型。服务型制造是制造与服务融合发展的新型数字化产业形态，是未来制造业数字化转型升级的重要方向。

定制化生产是"服务型制造"的典型方式之一，主动将顾客引进产品设计、制造、应用和服务过程，主动发现顾客需求，展开针对性服务。企业间基于平台合作，主动为上下游客户提供生产性服务和服务性生产，协同创造价值。构建从顾客、市场需求、供应链和物流体系到维护保障等全产业链的数字孪生体，基于各领域模型的系统工程整合，有助于促进传统产业向定制化生产模式转变，实现更为敏捷和柔性的商业模式。例如，在消费品行业，Adidas、Nike 等制鞋头部企业成立其数字化战略部门，通过对 IT 和 DT 厂商的并购整合，建立围绕鞋产业的数字孪生体，实现定制化生产和网络营销。从传统分销运动鞋的商业模式，延伸至包括跑团社交、训练培训、相关装备营销、赛事活动组织等运动产业。

2）构建实体经济的数字孪生体：促进数字经济发展。数字经济可推动产业经济发展、提高劳动生产率、培育新市场、发掘产业新增长点、实现包容性增长和可持续增长等。通过建立实体经济的数字孪生体，对"数据"进行资产化，并建立一整套金融等数字化服务体系，在模拟决策、引导资源快速优化配置与再生等方面，可以极大地降低社会交易成本，提高资源优化配置效率，提高产品、企业、产业附加值，从而推动社会生产力快速发展。

2.4 元宇宙

作为 2021 年最受人瞩目的科技概念之一，"元宇宙"活跃于科技和资本行业。在国外，全球著名社交平台 Facebook 大规模地采用远距离虚拟人物形象进行会议交流。马克·扎克伯格在"Facebook Connect 2021"增强现实和虚拟现实发布会上，宣布将 Facebook 改名"Meta"（元宇宙 Metaverse 的前缀），并发表演讲称："元宇宙是下一个前沿，从现在开始，我们将以元宇宙为先，而不是以 Facebook 优先"。在国内，以建设"全球创作与交流平台"为愿景的新媒体平台字节跳动耗资 90 亿元收购 VR 创业公司 Pico，抢占"元宇宙"赛道。随后，国内腾讯、百度、360 等著名大厂及相关上市公司也纷纷采取不同方式入局"元宇宙"。

本节将就"元宇宙"的起源、"元宇宙"的基本概念与本质等进行梳理分析，以帮读者进一步认识元宇宙及其对数字化转型的意义。

2.4.1 "元宇宙"发源于科幻，成型于娱乐，引爆于社交

"元宇宙"一词最早起源于 1992 年 Neal Stephenson（尼尔·斯蒂芬森）的科幻小说 *Snow Crash*（中文译为《雪崩》）。小说描绘了一个庞大的虚拟现实世界，并将其命名为 Metaverse（元宇宙，汉译为"超元域"）。与传统互联网平台及虚拟空间不同，元宇宙是和社会紧密联系的三维数字空间，与现实世界平行。现实世界中，不在同一地理位置的人们可

以通过各自的"化身（Avatar）"进行交流娱乐。在这里，人们用数字化身来控制，并相互竞争，以提高自己的地位，现在看来，描述的是未来世界。*Snow Crash* 是 Neal Stephenson 写于 20 世纪 90 年代的小说，因当时的网络、计算及存储等计算机资源无法满足虚拟空间 Metaverse 的要求，因此只能被列入科幻小说。

Second Life 是第一个现象级的虚拟世界，发布于 2003 年，拥有更强的世界编辑功能与发达的虚拟经济系统，吸引了大量企业与教育机构。开发团队称它不是一个游戏，其中"没有可以制造的冲突，没有人为设定的目标"，人们可以在其中社交、购物、建造、经商。在 Twitter 诞生前，BBC、路透社、CNN 等报社将 Second Life 作为发布平台。IBM 曾在其中购买过地产，建立自己的销售中心；瑞典等国家在其中建立了自己的大使馆；西班牙的政党在其中进行辩论。

2010 年，美国国家航空航天局（NASA）将这样的虚拟空间赋予"物"，首次书面提出"数字孪生"，这在某种意义上，让"Metaverse"与现实更进了一步。

随着 5G 商业化发展，以 5G、云计算、大数据、人工智能、区块链为核心的数字技术体系重构社会基础设施，打造数字生产力与生产关系的 DICT 数字时代。数字技术的进步和发展为通过虚拟现实（VR）和增强现实（AR）在虚拟环境中体验现实世界铺平了道路，为"元宇宙"的落地与实现提供了技术保障。

"元宇宙"概念的雏形开始走进大众视野，被大众所熟知是通过 2018 年上映的电影《头号玩家》。《头号玩家》描述了一个名为"绿洲"的虚拟世界。在该电影中，2045 年，现实世界处于濒临崩溃的圆边缘，人们将希望寄托于"绿洲"，只需戴上 VR 头盔，就能以一个完全不同的身份进入虚拟世界。除了以玩家视角切入，以及描绘"元宇宙"和剧情走向外，还出现了 NPC 视角的电影《失控玩家》，故事讲述的是主角发现自己竟是大型游戏的 NPC 后，揭露游戏厂商老板阴谋，拯救"元宇宙"的故事。在这些涉及"元宇宙"概念的电影中，对"元宇宙"的描绘都极为相似：用户能快速进入一个与现实世界完全不同却又与现实世界一样的虚拟世界，遵守自定义规则的秩序，并且沉浸感极强；进入虚拟世界后，会拥有一个全新的身份；"元宇宙"只是平台，本身不生产也不产生任何东西，所有的"内容"均由用户产生，从而形成一个真正的虚拟社会。

2020 年，随着 5G DICT 数字技术体系推动社会新旧动能转换，人类社会进入数字化转型的临界点，主要体现在以下几点：

1）从例外状态到常态。线上生活由原先短时期的例外状态成了常态，由现实世界的补充变成了与现实世界平行。

2）认知改变。虚拟的并不是虚假的，更不是无关紧要的。

3）生活迁移。线上与线下打通，人类的现实生活开始大规模向虚拟世界迁移。

2021 年被称为"元宇宙"元年。

2.4.2 什么是"元宇宙"——一元初始万象更新

1. 争论不休的"元宇宙"概念

Metaverse 一词源于"meta"及"universe","meta"原意是"超越",它和"universe"(宇宙)组成"Metaverse",即代表"一个超越宇宙的世界"。牛津词典将其定义为一个虚拟现实空间,用户可在其中与计算机生成的环境以及其他人交互。

汉语中,"元"(Meta)有很多典故记载,通常解释为旧事物消亡到极限,孕育新事物的伊始的"混沌"期,多用来表示天地万物的本源。辞海引用《论衡·谈天》中"元气未分,浑沌为一"解释"元",为"始,第一"之意,也代表天地万物的本源。《春秋繁露·重政》说"元者为万物之本"。而汉语中,《公羊传》:"变一为元。元者,气也。"宇宙通常用"四方上下曰宇,往古来今曰宙"来解释。因此,从语义来看,Metaverse 译为"元宇宙",着实添加了不少浪漫色彩和古典气息。

目前关于元宇宙的概念尚未统一,社会各界有多种不同观点,例如:

1)学者朱嘉明认为,"元宇宙是一个平行于现实世界,又独立于现实世界的虚拟空间,是映射现实世界的在线虚拟世界,是越来越真实的数字虚拟世界"。

2)清华大学新媒体研究中心的《2020—2021年元宇宙发展研究报告》将元宇宙定义为"是整合多种新技术而产生的新型虚实相融的互联网应用和社会形态,它基于扩展现实技术提供沉浸式体验,基于数字孪生技术生成现实世界的镜像,基于区块链技术搭建经济体系,将虚拟世界与现实世界在经济系统、社交系统、身份系统上密切融合,并且允许每个用户进行内容生产和世界编辑",同时强调元宇宙是一个不断发展、演变的概念。

3)Roblox 公司的 CEO Dave Baszucki 认为,"元宇宙至少包括以下要素:身份、朋友、沉浸感、低延迟、多元化、随地、经济系统和文明"。

4)维基百科将元宇宙(Metaverse)描述为一个集体虚拟共享空间,由虚拟增强的物理现实和物理持久的虚拟空间融合而创造,包括所有虚拟世界、增强现实和互联网的总和。

其他一些观点还包括,有人认为元宇宙是"一个持久的、实时的数字世界,为个人提供代理感、社会存在感和共享空间意识,能够深入触达具有深远社会影响的广泛的虚拟经济";有人认为元宇宙是一个融合数字和现实世界的,内容由公司、用户以及 AI 多方创作的,实时体验和更新的,跨越平台和国界的平台;亦有人认为元宇宙即互联网成熟后的名字,即元宇宙其实是一个任何人都可以贯彻实施的协议(Protocols),而不是一个封闭世界(Verse),其开源、开放、互联且能够自由跨域调用,兼具多种媒介,有丰富的表达工具可供用户选择和创作,从高层到低层可以兼容各种外部性工具的创作,在不同终端上访问应用,有强大的存储、运算、传输的可拓展性,而这实质是互联网技术成熟后的样子;更有人从技术的角度认为"Metaverse = Create + Play + Display + Social + Trade"。

2. 透视"元宇宙"

尽管学术界与商业互联网公司对"元宇宙"争论不已,但是这些概念也存在一些共性。

下面从不同角度透视"元宇宙"的内涵与外延。

从发展历程上看,"元宇宙"是虚拟空间在数字技术体系支撑下逐渐与现实空间相结合的过程,是"Metaverse"由科幻变成现实的过程。

从三维认知理论上看,以 AR/VR 为核心的虚拟空间属于精神世界—信息世界的二维空间范畴,而"元宇宙"属于现实世界—精神世界—信息世界的 3 个维度相互作用的结果,具有三维属性。不能简单地将虚拟空间与"元宇宙"等价起来,它们不属于同一维度空间。因此,"元宇宙"能够把人的社会属性结合精神思想通过数字技术映射到信息虚拟空间中,通过三维视觉实现人与人之间的高效交流,使得人性更加丰富、社会关系更加复杂,这是社会经济数字化转型作用下的结果。

从时空性来看,元宇宙是一个三维立体空间维度上虚拟而时间维度上真实的数字世界;从真实性来看,元宇宙中既有现实世界的数字化复制物,也有虚拟世界的创造物;从独立性来看,元宇宙是一个与外部真实世界既紧密相连又高度独立的平行空间;从连接性来看,元宇宙是一个把网络、硬件终端和用户囊括进来的一个永续的、广覆盖的虚拟现实系统。

综上所述,在本质上,"元宇宙"是依托数字技术体系将人类社会关系、经济形态和生活方式实现虚实共生、线上及线下一体化的数字世界雏形,是信息世界维度视角下的现实世界与精神世界数字化转型的必然结果,是数字经济的核心载体。

2.4.3 元宇宙与数字孪生、虚拟现实的区别与联系

元宇宙、数字孪生及虚拟现实都是当前炙手可热的技术与应用。它们拥有共同的特点——都拥有信息世界维度,都是数字技术的具体应用场景。

1. 元宇宙与数字孪生、虚拟现实的区别

在概念上,虚拟现实技术(VR)是一种可以创建和体验虚拟世界的计算机仿真系统,利用信息世界和设备生成一种模拟环境,使用户沉浸到该环境中,体验"身临其境"的感知效果。它主要通过信息世界的数字技术实现精神世界上的身心五官感知,如视觉、听觉、触觉等。

数字孪生在本质上是客观现实世界在信息世界上的多学科、多物理量、多尺度、多概率的仿真过程,在虚拟空间中完成映射,从而反映相对应的实体装备的全生命周期过程。它更多地体现在现实世界与信息世界的客观维度上,精神世界维度几乎缺失,是工业互联网等行业数字化转型的数字基础,是数字技术体系相互融合的体现。

之所以说"元宇宙"是数字世界雏形,主要因为以下两点。①"元宇宙"当前相关应用场景更多地体现在精神世界与信息世界上,如游戏、电影等娱乐项目;②数字技术体系下的数字世界必将是以数据为生产要素、以数字经济形态为核心经济模式的有序、绿色、安全的线上及线下虚实结合的世界。而"元宇宙"作为一项新生事物,涉及数字世界的很多道德和法律问题有待解决,例如,数字化身(Avatar)是否享有姓名权、荣誉权或其他人身

权？用户个人信息、隐私是否能在元宇宙中得到充分的保护？数据的公共属性与财产属性在元宇宙时代会产生怎样的冲突？人工智能（AI）是否能成为法律上的主体，如著作权人、发明人等？若法律赋予其法律人格，那么应当如何设置其责任承担的机制？

所以，相比于虚拟现实侧重主观精神世界、数字孪生侧重客观现实世界，"元宇宙"作为一个新生概念，更多地被期待是一个主客观并重、虚实共生、现实—精神—信息三维的数字世界，尽管当前它还只用于游戏、电影等精神娱乐层面上。

2. 元宇宙与数字孪生、虚拟现实的联系

目前，社会主流的"元宇宙"系统或模型在数字技术体系上分两大类。一是 BIGANT 六维技术体系，其中，B 指区块链技术，I 指交互技术，G 指电子游戏技术，A 指人工智能技术，N 指网络及运算技术，T 指物联网技术。二是 6 层架构体系，涵盖底层硬科技（包括 5G、云计算、边缘计算、AI、计算机视觉、智能交互、数字孪生等）、硬件计算平台（AR/VR/MR、脑机交互、全息影像、PC、CPU/GPU 等）、操作系统、软件（3D 建模、实时渲染、AIGC、虚拟人等）、应用（工业互联网、智能工厂、社交、游戏、娱乐等）以及"元宇宙"经济系统（区块链等）。

在当前实现"元宇宙"的两大类技术上，数字孪生、区块链是其关键基础支撑系统。"元宇宙"作为连通现实世界与虚拟世界的通道和人类数字化生存的载体，根据其活动属性可划分为社会活动体系和经济运行体系两大层级。在社会活动体系中，基于数字孪生技术搭建"元宇宙"数字化逻辑空间，实现现实世界中的真实物体与数字化物理空间中的"虚拟镜像"——映射、同步运行、以"虚"控"实"，提升真实物理世界治理和服务平台运行效率，因此数字孪生是构成"元宇宙"社会活动体系的基础支撑系统。而区块链技术为"元宇宙"经济活动提供了分散结算平台和价值传递网络，为数字资产交易与流通监管提供安全认证技术，其不可替代、不可分割、独一无二、不可篡改等特点使得"元宇宙"中的任何"权利"都具备了金融属性和交易流通可行性，是构建"元宇宙"去中心化、开放式虚拟经济运行体系的"内核"系统。

2.4.4 元宇宙与数字化转型

"元宇宙"的出现不是数字化转型的终结，而是 5G DICT 数字技术体系下的社会关系、经济模式、生活方式数字化转型的必然结果。

1)"元宇宙"以"平台富生态+应用全场景+数字技术体系"为支撑，加速以数字科技革命和产业变革为核心的社会经济 DICT 数字化转型。一方面，"元宇宙"应以"体验为王"为己任，持续驱动底层技术创新（如数字原生、Web 3 等），融通显示、交互、区块链等大量数字应用产品和通信、计算等数字基础设施服务。同时，其超高的服务体验又驱动底层芯片、新材料、操作系统、算法模型等核心数字技术突破赛道，对技术创新攻关和数字基建拉动具有深远的影响。另一方面，"元宇宙"平台服务新模式有望对金融、教育、会展、

商贸、文体等服务行业产生深刻影响,从而拓展更多新的职业岗位和关联产业体系,如"元宇宙"规划师、架构师、"捏脸师"等。

2)"元宇宙"赋能实体经济产业数字化转型,做大、做强数字经济规模和体量。一方面,"元宇宙"作用于实体经济企业生产环节,通过三维建模和模拟分析,能够辅助企业进行优化设计、清理与维护、智能控制等,建立更加高效、低成本的业务优化流程与模式。另一方面,"元宇宙"作用于产业协同场景,有望为身处世界各地的人们提供更加高效的沟通与协作平台,基于共识标准协议实现智能设备全面联网和有效联动,赋能打造更加透明、高效的产业链协作新范式。例如,宝马基于英伟达发布的 Omniverse"元宇宙"仿真平台搭建了虚拟工厂,在其中进行生产线配置优化、工人动线、机器人与仓储管理等实验,让机器人操作开展工厂运营,进一步增强生产线柔性化、定制化生产能力。目前已有汽车、建筑、电信等行业的 400 多家企业与英伟达合作测试该平台。英伟达计划未来通过 USD 文件等统一标准规范描述虚拟世界,实现跨"元宇宙"平台访问和互操作。

3)"元宇宙"推动政府管理数字化转型,助力城市运行管理服务创新模式。依托"元宇宙"平台开发面向物理城市的管理场景,通过实体数据捕捉、实时加载和建模仿真,能够搭建物理城市的数字镜像,建立拥有高度一致性、实时性和同步性的数字城市,基于反馈控制有助于提升城市通信系统、交通系统、能源系统、生态系统、城市基建等运行效率。目前已有地区制定面向城市管理、公共服务等领域的"元宇宙"发展计划,探索开展相关场景应用,如韩国首尔提出打造"'元宇宙'首尔",向市民提供文化、旅游、教育、投诉等服务,并计划未来发布一批城市"虚拟旅游专区"。爱立信使用英伟达 Omniverse 仿真平台实时模拟 5G 通信在城市空间的传播,在人口密集的城市环境中更大限度地减少多路径干扰。

第 3 章 数字经济

自人类进入信息时代以来,数字技术日新月异,应用潜能全面迸发,数字经济正在高速增长、快速创新,并广泛渗透到其他经济领域,深刻改变世界经济的发展动力、发展方式,重塑社会治理格局。作为一种新型经济范式,数字经济也经历了起源、发展的过程,随着 5G IDCT 的发展正在走向成熟。

3.1 数字经济发展历程

科技是第一生产力。每一次科学技术革命都会推动生产力与生产关系的进步发展,进而给人类的生产生活带来巨大而深刻的影响。作为新的认识自然、改造自然的手段和工具,科学技术一直在不断提高人类认识世界、改造世界的能力。

3.1.1 数字经济萌芽——信息经济阶段

电子技术和计算机的诞生为数字经济的萌芽提供了物质基础。随着通信与信息技术的普及及应用,信息经济的发展为数字经济的诞生提供了生成环境与实践经验。

1. 信息经济的诞生

1962 年,美国经济学家马克卢普在《美国知识的生产和分配》一书中首次提出"信息经济"的概念,提出了一套关于信息产业的核算体系,奠定了研究"信息经济"概念的基础。1977 年,美国学者波拉特提出按照农业、工业、服务业、信息业分类的四次产业划分方法并得到社会的广泛认可。1985 年,美国企业家保罗·霍肯在《未来的经济》一书中提出"信息经济描述为一种以新技术、新知识和新技能贯穿于整个社会活动的新型经济形式,其根本特征是经济运行过程中信息成分大于物质成分而占主导地位"。2005 年,联合国在《2005 年信息经济报告》中指出"信息经济,不仅仅是 ICT,也不只包括 ICT 发挥重要作用的电子商务,还包括因 ICT(包括 Internet 和电子商业模式)的扩散和使用而带来的广泛的社会与经济影响"。2012 年,经济合作与发展组织(OECD)出版了《信息经济测度》报告,进一步提出"信息经济由内容创建行业以及保证内容的输送与显示得以实现的 ICT 行业的经济活动构成"。信息经济表现的是 ICT 更广泛意义上的影响。

同期,我国著名经济学家乌家培在《经济信息与信息经济》一书中将信息经济定义为"以信息技术为物质基础,以信息产业为部门构成,以信息活动作用的强化为主要特征"。

而且，他还进一步将信息经济理解为广义和狭义之分：广义信息经济是信息社会的经济，表明的是信息产业居主导地位的经济形态；狭义信息经济是信息部门的经济，主要表明信息部门经济本身。2015—2016年，中国信息通信研究院连续两年发布了《2015年中国信息经济研究报告》《中国信息经济发展白皮书（2016年）》，深度探讨了信息经济概念、特征及规模与结构，推动了信息经济快速、健康的发展，为探索数字经济机制提供了基础环境和社会实践。

2. 信息经济的概念与内涵

信息经济是以信息资源为核心生产要素，以互联网为主要载体，通过信息技术与其他领域紧密融合，形成的以信息产业以及信息通信技术对传统产业提升为主要内容的新型经济形态。

信息经济在结构上主要分为两部分。一是信息经济基础部分：基于信息的生产和使用环节，信息经济包括信息技术创新、信息产品和信息服务生产与供给。二是信息经济融合部分：基于信息与传统行业的融合，相关使用部门因信息辅助功能而带来的产出增加和效率提升。信息经济基础部分主要包括信息产业，主要体现为信息产品和信息服务的生产及供给，包括电子信息制造业、信息通信业、软件服务业和出现的新兴业态等；信息经济融合部分包括传统产业由于应用信息技术所带来的生产数量和生产效率提升，其新增产出构成信息经济的重要组成部分。

3. 数字经济是信息经济的高级阶段

信息经济是一种代表数字经济发展趋势的经济社会发展形态。具体而言，就是在信息通信网络泛在连接、广泛普及的基础上，充分发挥互联网等信息技术应用平台的优势，推动技术进步、效率提升、组织变革，形成更广泛的以信息为创新要素的数字经济社会发展的萌芽阶段。

信息经济为数字经济发展提供了更明确的实施路径和手段，为社会和经济全要素数字化转型提供基础。信息经济更侧重移动互联网、云计算、大数据、物联网等新技术在信息化发展中的基础性和创新性应用；更侧重跨企业、跨行业、跨区域的网络化连接和信息流动，打破信息不对称，实现供需精准对接，促进资源高效配置；更侧重平台化的数据汇集和深度应用，构建开放共赢的生态体系，集聚大众创业智慧，激发万众创新活力；更侧重跨界融合对推进改革深化、倒逼政府创新、助推社会进步、构建新型生产关系的驱动作用。

数字经济是信息经济、信息化发展的高级阶段。信息经济包括以数字化的知识和信息驱动的经济，以及非数字化的知识和信息驱动的经济两大类。未来社会生产全要素的数字化转型是不可逆转的历史发展趋势，数字经济既是信息经济的子集，又是未来发展的方向。信息化是经济发展的一种重要手段，数字经济除了包括信息化外，还包括在信息化基础上所产生的经济和社会形态的变革，是信息化发展的结果。

3.1.2 数字经济的提出

20世纪90年代，美国克林顿政府高度重视并大力推动信息基础设施建设和数字技术发展，引领世界进入数字时代。信息高速公路的正式名称是"全美信息基础设施（NII）"，是克林顿政府提出的计划。其目标是要建设一个遍布全美的高速光纤通信网络，其末端将伸入美国的每一个基层单位、每一个家庭，构成四通八达的通信"交通网"。美国也借此成为世界互联网经济、知识经济、信息经济等新型经济模式的领头羊，为数字经济的诞生提供了实践环境。其中，电子商务等新业态、新模式甚至超越了美国信息学家马克·波拉特提出的"第一信息部门"和"第二信息部门"，这时需要一个新的概念来描绘信息经济发展模式的新变化。于是，1996年，美国学者泰普斯科特在《数字经济时代》一书中正式提出数字经济的概念。

1998年1月，美国副总统阿尔·戈尔首次提出"数字地球"的概念，在全球引发一场热潮；同年7月，美国商务部发布《浮现中的数字经济》报告。从此，美国政府正式揭开了数字经济大幕。作为信息高速公路建设的主要负责方和数字经济的主要推动者，美国商务部在1998—2000年先后出版了名为《浮现中的数字经济Ⅰ》《浮现中的数字经济Ⅱ》和《数字经济》的研究报告。近年来，美国把技术和互联网相关政策放在首要位置，发布多份重磅报告，出台《数字经济日程》，成立数字经济咨询委员会，投入多种资源应对数字经济的机遇和挑战。

自1998年以来，美国商务部就数字经济和数字国家发布了多份重磅报告，探讨数字经济发展的前沿和热点问题。美国出台的数字经济相关政策文件见表3-1。从1998—2003年（除2001年外），商务部每年都会发布年度数字经济报告，这对早期数字经济理念的普及起到非常大的推动作用。特别是1998年，《浮现中的数字经济》在我国引起强烈反响，对我国数字经济的发展与建设起到重要的推动作用。2010年，美国商务部进一步提出"数字国家"（Digital Nation）的概念，进一步完善数字经济的理论。2020年以来，美国持续强化国家战略，先后发布《数字战略2020—2024》《2021年战略竞争法案》《2021美国创新与竞争法案》《数字资产行政令》等，旨在不断提升其数字经济发展实力。

表3-1 美国出台的数字经济相关政策文件

时间（年）	文件名称	发布机构
1998	浮现中的数字经济Ⅰ	美国商务部
1999	浮现中的数字经济Ⅱ	美国商务部
2000	数字经济2000	美国商务部
2002	数字经济2002	美国经济和统计管理局
2003	数字经济2003	美国经济和统计管理局
2010	数字国家	美国国家电信与信息管理局
2018	数字经济的定义和衡量	美国经济分析局
2020	数字战略2020—2024	美国国际开发署
2022	数字资产行政令	美国白宫

在我国，党的十八大以来，党和国家高度重视发展数字经济，将其上升为国家战略。党的十八届五中全会提出，实施网络强国战略和国家大数据战略，拓展网络经济空间，促进互联网和经济社会融合发展，支持基于互联网的各类创新。党的十九大提出，推动互联网、大数据、人工智能和实体经济深度融合，建设数字中国、智慧社会。党的十九届五中全会提出，发展数字经济，推进数字产业化和产业数字化，推动数字经济和实体经济深度融合，打造具有国际竞争力的数字产业集群。我国出台了《网络强国战略实施纲要》《数字经济发展战略纲要》，从国家层面部署并推动数字经济发展。近年来，我国数字经济发展较快，成就显著。根据2021全球数字经济大会的数据，我国数字经济规模已经连续多年位居世界第二。其中，2016年，我国作为二十国集团G20主席国首次将"数字经济"列为G20创新增长蓝图中的一项重要议题，在G20杭州峰会上通过的《二十国集团数字经济发展与合作倡议》是全球首个由多国领导人共同签署的数字经济政策文件。2017年，我国将"数字经济"首次写入《政府工作报告》，提出推动"互联网+"深入发展、促进数字经济加快增长，让企业广泛受益、群众普遍受惠。2018年的政府工作报告虽然没有提及"数字经济"，但首次提出了"数字中国"建设，这可以看成是"数字经济"的进一步延伸。随后的2019—2022年，"数字经济"又多次出现在《政府工作报告》中，相关概念更加清晰，措施更加具体。特别是2019年10月31日，中国共产党第十九届中央委员会第四次全体会议通过的《中共中央关于坚持和完善中国特色社会主义制度　推进国家治理体系和治理能力现代化若干重大问题的决定》中明确指出：健全劳动、资本、土地、知识、技术、管理、数据等生产要素由市场评价贡献、按贡献决定报酬的机制。数据作为关键生产要素的提出，标志着以数字技术体系创新为核心驱动力的数字经济理论走向成熟。

3.1.3　数字经济的探索与实践

由于数字技术发展过程与应用成熟度的不同，数字经济先后经历了信息经济、平台经济、共享经济等不同阶段的探索与实践。对数字经济理论与模式的认识也由浅入深、由表及里、层层递进，新型经济模式逐渐由数字工具革命发展到数字决策驱动。

1. 信息经济阶段

1993年9月，美国总统克林顿正式推出跨世纪的"国家信息基础设施"工程计划。该计划在世界范围内产生了极为广泛和深远的影响，可以看成是美国对信息经济新经济模式的积极探索，同时，也造就了美国信息经济的优势和辉煌。

随着Internet技术日益成熟，电子商务诞生并快速席卷全球，为数字经济理论与商业模式提供了深层次的初步探索与实践。电子商务建立在Internet技术上，利用简单、快捷、低成本的电子通信方式，实现买卖双方线上进行各种商贸活动，其核心内容是服务。作为数字及数字化产品的流通和消费方式，电子商务经营模式可分为B2B（Business to Business）、B2C

(Business to Consumer)、C2B（Consumer to Business）、C2C（Consumer to Consumer）、O2O（Online To Offline）等多种经营模式。典型电商平台代表有亚马逊、淘宝、天猫、京东、拼多多等，并在重构经济模式上意义深远。作为电子商务的重要组成部分，电子支付和第三方支付平台（如支付宝、微信支付等）的出现和广泛应用，大大推动了信息经济发展进程。

因此，在信息经济阶段，依靠互联网通信技术（CT）推动商业模式的创新，企业开始由线下转移到线上，服务内容与应用业务融合不断涌现，从书籍到字节、从光盘到 MP3，信息通信技术的普及与发展推动了商品经济向服务经济的转变，资源和能源耗费大大降低，生产领域就业的比例下降和服务领域就业比例的增加被视为信息资源取代了体力劳动，这些低成本的信息资源便是数字经济传播的基本条件。在这一发展阶段，电子商务被认为是实现社会经济繁荣的关键商业模式之一，是提高企业和公共组织效率的重要途径。B2B、B2C 的蓬勃发展，促使企业和个人之间可以进行各种形式的在线交易，使企业从根本上改变了组织和参与经济交换的方式，从而为客户提供更大的主动权和决策权。

2. 平台经济阶段

随着移动互联网时代的到来，社交媒体逐渐形成以媒介平台（如腾讯、Facebook、人人网等）为主要组织形态的趋势，由此引发越来越多的平台型企业快速崛起，运用各种技术手段实现资源聚合，开创了数字平台商业模式，进一步推动了数字经济的探索与实践。在平台商业模式下，产品或服务的接受者参与了价值创造的过程，更有甚者在某些领域变成了价值创造的主体，颠覆了传统商品经济社会的价值创造逻辑。社交媒体模糊了生产者和消费者的界限，将二者融合为一体，颠覆了传统的生产决定消费模式。用户通过传播自己的内容与消费情感，参与产品和知识的生产创造，从根本上改变了价值创造的来源机制。当产品信息或使用体验被人们口耳相传时，也是一个挖掘潜在客户、提升企业形象的过程。在这个过程中，产品或服务口碑越好，则品牌声誉越高，客户忠诚度也越强，因此，建立良好的品牌和口碑成了企业竞争的关键优势。

3. 共享经济阶段

随着物联网、云计算及移动互联网等数字技术的进一步发展，设备信息可以通过数字化、网络化实现人与物、物与物之间的信息交互。通过服务数字化实现以智能解决方案为基本特征的物联网平台已经成为可能，产生了基于云—网—端一体化、平台化等资源共享的经济模式。

在共享经济业态下，社交平台使得分享变得更加方便和开放，因此共享经济实际上是社交媒体平台进一步发展的产物，它把那些没有充分利用资产和愿意短期租赁这些资产的人聚集到一起，通过技术手段实现远程监测和控制。近年来，以共享单车、共享雨伞等为代表的新业态模式正在呈指数级增长，为我国经济带来了巨大活力。其共同特点都是共享的所有权、临时的使用权和物质商品的再分配，模糊了私人物品和公共物品的界限。共享经济在价格优势、环境可持续性、便捷性和新的消费体验等方面都有巨大潜力。

3.2 数字经济基本概念

人类社会经历了农业革命、工业革命，正在经历信息革命。农业革命增强了人类的生存能力，工业革命拓展了人类体力，信息革命则增强了人类脑力。每一次社会产业革命都会带来生产力和生产关系又一次质的飞跃。从人类历史的发展进程和社会经济学范式的角度看，产业革命中的关键技术创新会深刻影响社会经济结构、组织形态和运行模式，进而形成新的经济形态格局。从信息经济概念到数字经济概念的使用变化上可以看到这一规律依然有效。目前，社会经济形态正处于从传统的技术经济范式向数字技术经济创新应用推动的数字经济范式转变。

3.2.1 数字经济的定义

当今世界，数字科技革命和信息技术产业变革席卷全球，数据价值化加速推进，数字技术体系与实体经济深度融合，产业数字化应用潜能进发释放，新模式、新业态全面变革，国家数字治理能力现代化水平显著提升。人类历史已经全面进入数字经济时代。

什么是数字经济？数字经济是以数字化的知识和信息等相关大数据为关键生产要素，以5G、云计算、人工智能等数字技术体系融合应用及生产全要素数字化转型为核心驱动力，以5G高带宽低、时延网络为重要载体，推动数字技术与实体经济深度融合，不断提高传统产业数字化、网络化、智能化水平，加速重构经济发展与政府社会治理模式的新型经济形态。根据三维认知理论，数字经济是现实世界—精神世界—信息世界三维空间中的生产、流通、分配、消费等一切物质精神资料的总称，以数据为关键生产要素，具有更为先进的数字生产力与生产关系。

图3-1所示为产业革命演进和社会经济发展形态演进。数字经济是继农业经济、工业经济之后的更高级的经济阶段，是DICT时代最先进的生产力和生产关系的相互作用的结果，是促进公平与效率更加统一的经济模式。

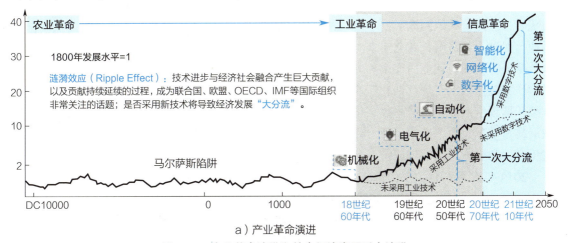

a）产业革命演进

图3-1 产业革命演进和社会经济发展形态演进

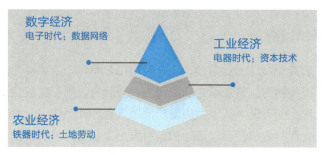

b）社会经济发展形态演进

图3-1 产业革命演进和社会经济发展形态演进（续）

数字经济发展速度之快、辐射范围之广、影响程度之深前所未有，正推动生产方式、生活方式和治理方式深刻变革，成为重组全球要素资源、重塑全球经济结构、改变全球竞争格局的关键力量。"十四五"时期，我国数字经济转向深化应用、规范发展、普惠共享的新阶段。

3.2.2 数字经济的构成与内涵

随着数字技术的不断发展与深度应用，社会经济数字化程度不断提升，特别是大数据与人工智能时代的到来，人们对数字经济的内涵和外延、产业结构等理论及实践的认识也在不断深化发展。

1. 数字经济结构框架

在数字经济的组成上，中国信息通信研究院在2017—2021年间发布了《中国数字经济发展白皮书》，并就相关概念展开了深入的讨论，先后提出了数字经济"两化""三化""四化"框架，拓展了人们对数字经济内涵与外延的认识。在2017年的《中国数字经济发展白皮书》中，结合数字经济发展特点，中国信息通信研究院从生产力角度提出了数字经济"两化"框架，即数字产业化和产业数字化，认为数字经济已经超越了信息通信产业部门范畴，应充分认识到数字技术是一种通用目的技术，已广泛应用到经济社会的各领域、各行业，促进了经济增长和全要素生产率的提升，开辟了经济增长新空间。在2019年的《中国数字经济发展与就业白皮书》中，随着数字经济组织和社会形态的显著变迁，中国信息通信研究院在数字经济"两化"框架的基础上，从生产力和生产关系的角度提出了"三化"框架，即数字产业化、产业数字化和数字化治理，认为数字经济蓬勃发展，不仅推动了经济发展质量变革、效率变革、动力变革，更带来政府、组织、企业等治理模式的深刻变化，体现生产力和生产关系的辩证统一。

2019年6月6日，工信部正式向中国电信、中国移动、中国联通、中国广电发放5G商用牌照。5G网络商用落地和数字技术体系融合应用，深入推进以数据驱动为特征的数字化、网络化、智能化，数据化的知识和信息作为关键生产要素在推动生产力发展和生产关系变革中的作用更加凸显，经济社会实现从生产要素到生产力再到生产关系的全面系统变革。

中国信息通信研究院在 2020 年的《中国数字经济发展与就业白皮书》中,进一步将数字经济修正为"四化"框架,如图 3-2 所示。数字经济体系"四化"框架:一是数字产业化,即信息通信产业,具体包括电子信息制造业、电信业、软件和数字技术服务业、互联网行业等;二是产业数字化,即传统一、二、三产业由于应用数字技术所带来的生产数量和生产效率的提升,其新增产出构成数字经济的重要组成部分;三是数字化治理,包括治理模式创新,利用数字技术完善治理体系,提升综合治理能力等;四是数据价值化,包括数据采集、数据标准、数据确权、数据标注、数据定价、数据交易、数据流转、数据保护等。

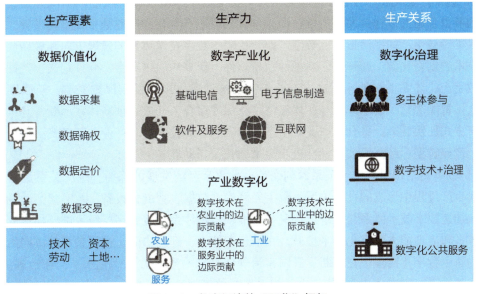

图 3-2 数字经济的"四化"框架

2. 数字经济内涵

数字经济发展是生产力和生产关系的辩证统一。发展数字经济,构建以数据价值化为基础、以数字产业化和产业数字化为核心、以数字化治理为保障的"四化"协同发展生态,既是重大的理论命题,又是重大的实践课题,具有鲜明的时代特征和辩证统一的内在逻辑。四者紧密联系、相辅相成、相互促进、相互影响,本质上是生产力与生产关系、经济基础与上层建筑之间的关系。处理好四者间的关系,是推动数字经济发展的本质要求。当前,数字技术红利大规模释放的运行特征与新时代经济发展理念的重大战略转变产生历史交汇,发展数字经济,构筑数字经济发展新优势,推动经济发展质量变革、效率变革、动力变革,正当其时,意义重大。

数字经济在内涵上主要体现在如下几点:

1）数字经济作为一种技术经济范式，超越了传统信息产业部门的范围。以 5G、云计算、人工智能为核心的 DICT 数字技术体系具有基础性、广泛性、外溢性、互补性特征，促使以数据为关键要素的传统信息产业快速崛起为社会经济中创新活跃、成长迅速的战略性新兴产业部门。数字技术体系相互融合、相互影响，通过不断创新，正在引爆社会经济新一轮的发展和变迁，推动经济模式变革，引发基础设施、关键投入、主导产业、管理方式、国家调节体制等经济社会最佳惯行方式的变革。另外，数字经济是当前最先进的社会经济形态，在基本特征、运行规律等维度出现根本性的变革。对数字经济的认识，需要拓展范围、边界和视野，是一种与工业经济、农业经济并列的经济社会形态。需要站在人类经济社会形态演化的历史长河中，全面审视数字经济对经济社会的革命性、系统性和全局性影响。

2）数字产业化和产业数字化重塑生产力，是数字经济发展的核心。生产力是人类创造财富的能力，是经济社会发展的内在动力基础。数字产业化和产业数字化蓬勃发展，可加速重塑人类经济生产和生活形态。数字产业化代表了数字技术体系的发展方向和最新成果，伴随着技术的创新突破，新理论、新硬件、新软件、新算法层出不穷，软件定义、数据驱动的新型数字产业体系正在加速形成。产业数字化推动实体经济发生深刻变革，互联网、大数据、人工智能等数字技术体系与实体经济广泛深度融合，开放式创新体系不断普及，智能化新生产方式加快到来，平台化产业新生态迅速崛起，新技术、新产业、新模式、新业态方兴未艾，产业转型、经济发展、社会进步迎来增长全新动能。

3）数字化治理引领生产关系深刻变革，是数字经济发展的保障。生产关系是人们在物质资料生产过程中形成的社会关系。数字经济推动数据、智能化设备、数字化劳动者等创新发展，加速数字技术体系与传统产业融合，推动治理体系向着更高层级迈进，加速支撑国家治理体系和治理能力数字化水平提升。在治理主体上，部门协同、社会参与的协同治理体系加速构建，数字化治理正在不断提升国家治理体系和治理能力现代化水平；在治理方式上，数字经济推动治理由"个人判断""经验主义"的模糊治理转变为"细致精准""数据驱动"的数字化治理；在治理手段上，云计算、大数据等数字技术体系在治理中的应用，可增强态势感知、科学决策、风险防范的能力；在服务内容上，数字技术体系与传统公共服务多领域、多行业、多区域融合发展，加速推动公共服务公平正义进程。

4）数据价值化重构生产要素体系，是数字经济发展的基础。生产要素是社会经济生产经营所需的各种资源总称。在农业经济条件下，技术（以农业技术为主）、劳动力、土地构成生产要素组合；在工业经济环境中，技术（以产业技术为引领）、资本、劳动力、土地构成生产要素组合；在当前数字经济下，技术（以数字技术体系为引领）、数据、资本、劳动力、土地构成生产要素组合。数据不是唯一的生产要素，但作为数字经济模式下全新的、关键的生产要素，贯穿于数字经济发展的全部流程，与其他生产要素不断组合迭代，加速交叉融合，引发生产要素多领域、多维度、系统性、革命性群体突破。一方面，价值化的数据要素将推动技术、资本、劳动力、土地等传统生产要素发生深刻变革与优化重组，赋予数字经济强大的发展动力。数据要素与传统生产要素相结合，催生出人工智能等"新技术"、金融科技等"新资本"、智能机器人等"新劳动力"、数字孪生等"新土地"、区块链等"新思想",生产要素的新组合、新形态将为推动数字经济发展不断释放放大、叠加、倍增效应。另一方面,数据价值化直接驱动传统产业向数字化、网络化、智能化方向转型升级。数据要素与传统产业广泛深度融合,乘数倍增效应凸显,对经济发展展现出巨大价值和潜能。数据推动服务业利用数据要素探索客户细分、风险防控、信用评价,推动工业加速实现智能感知、精准控制的智能化生产,推动农业向数据驱动的数字化生产方式转型。

总之,数字经济是数字及数字化产品和服务的生产、流通、消费的总称,是信息经济、数字技术体系发展的高级阶段。应充分认识到,以5G、人工智能为核心的数字技术体系作为一种通用目的技术,可以成为社会重要的生产要素之一,能够广泛应用到社会各行各业,促进全要素生产率的提升,开辟经济增长新空间。这种数字技术体系的深入融合应用全面改造经济面貌的数字化转型,塑造整个经济新形态。

3.2.3 数字经济特征

数字经济作为一种比较先进的技术经济范式,拥有丰富的内涵和外延。从内涵角度看,数字经济体现为数字产业化,即基础电信、软件服务、互联网技术等数字技术体系创新所带来的信息产业增加值的提升和发展。从外延角度看,这些数字技术体系创新与发展也为农业、工业和服务业传统三大产业带来了新的发展模式,加快数据要素与三大产业交叉融合,促进传统经济产业数字化转型。数字经济特征具体展开如下:

1)数字化的知识和信息(即大数据)成为最为关键的生产要素。社会经济学规律表明,每一次社会经济形态的重大变革,必然会催生和依靠更有生命力的生产要素。如同农业经济时代以劳动力和土地为生产要素、工业经济时代以资本和技术为新的生产要素一样,数字经济时代,数据成为新的关键生产要素。技术经济范式如图3-3所示。2020年,中共中央、国务院印发的《关于构建更加完善的要素市场化配置体制机制的意见》明确将数据列为五大生产要素之一,把数据在社会经济中的地位提高到一个前所未有的高度。将数据作为生产要素是最具时代特征的生产要素的重要变化。作为全球数字经济发展较为领先的国家之一,我国要高度重视数据这一新型生产要素的重要价值,加快将大数据转化为现实生产力,为经济社会发展注入新动能,增添新活力。

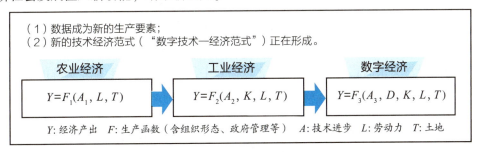

图3-3 技术经济范式

2）数字技术体系必须具有的网络化特征，其科技创新为数字经济发展提供源源不断的动力。数字经济的发展历程不仅与数字技术体系繁荣创新息息相关，而且与网络宽带从IT/CT到ICT时代再到DICT时代的演变有着不可分割的联系。而网络化、宽带化、无线化一直是数字技术体系发展的基本原则。数字技术体系是技术密集型产业，动态创新是其基本特点，强大的创新能力是竞争力的根本保证。一直以来，以信息、通信技术为核心的数字技术体系持续变革创新，不断拓展人类认知手段和知识空间，是数字经济发展的核心驱动力。人类社会发展的进程中，通用目的技术的进步和变革是推动社会经济跳跃式发展的关键要素。这一规律无论是对传统的农业经济和工业经济，还是对数字经济都是有效的。数字技术体系的变革创新及普及应用，正是当下时代变迁的决定性力量。

3）数字技术体系的基础性先导性作用突出，重塑了经济形态与产业模式。人类历史的每一次科技革命，总会诞生一些基础性产业，它们率先兴起、创新活跃、发展迅速、外溢作用显著，引领带动其他产业创新发展。与交通运输产业和电力电气产业成为前两次革命推动产业变革的基础先导产业部门类似，以信息产业为核心的数字技术体系是数字经济时代驱动发展的基础性先导性产业。信息产业早期快速扩张，现今发展渐趋稳定，已成为支撑国民经济发展的战略性产业。

4）产业融合是推动数字经济发展的主引擎。区别于以往农业经济和工业经济时代的通用技术，数字技术体系对社会经济的影响打破了线性约束的限制，呈现出指数级增长态势。这些主要体现在数字技术能力提升遵循摩尔定律，即每18个月综合计算能力提高一倍，存储价格下降一半、带宽价格下降一半等产业现象。近年来，大数据、物联网、移动互联网、云计算、边缘计算等数字技术体系的突破和融合发展推动数字经济快速发展。5G、人工智能、虚拟现实、区块链等前沿技术正加速落地，产业应用生态持续完善，不断强化未来发展动力。在此基础上，数字经济加速向传统产业渗透，不断从消费向生产、从线上向线下拓展，催生O2O、分享经济等新模式、新业态持续涌现，提升消费体验和资源利用效率。传统产业数字化、网络化、智能化转型步伐加快，新技术带来的全要素效率提升，加快改造传统动能，推动新旧动能接续转换。

5）平台经济成为数字经济时代产业组织的显著特征。近年来，诸如淘宝、京东等这些与衣、食、住、行密切相关的典型平台经济企业，大多数人都不陌生。研究这些企业，无一例外都是从与老百姓生活紧密相关的日常需求入手，快速吸引大量用户，逐渐推动业务系统平台化、生态化、数据化发展，抢占网络线上、线下资源制高点。平台经济是基于数字技术体系的由数据驱动、平台支撑、网络协同的经济活动单元所构成的数字经济系统，是基于数字平台的各种经济关系的总称。其中，平台成为数字经济时代协调和配置资源的基本经济组织，是价值创造和价值汇聚的核心。在本质上，平台经济就是市场在DICT时代的具体细化，是市场从看不见的手变成了利益诉求的手。

综上所述，数字经济是一种与工业经济、农业经济并列的社会经济形态，是DICT时代数字生产力与生产关系相互作用的结果，是经济发展的高级阶段。对数字经济的认识，不仅要从其概念、内涵及特征角度认识，还需要从数字技术体系和社会经济数字化转型方面，不断拓展范围、边界，开阔视野。

3.3 数字经济新业态

当前，我国正处于做大、做强数字经济的数字化转型期。在数字技术体系的驱动下，数字经济发展动力足、潜力大、空间广，呈现出新业态、新模式、新趋势。

3.3.1 数字经济新业态、新模式

科技是第一生产力，随着科技革命对社会经济模式与发展的影响不断加深，科技创新成为当前社会产业经济活动的支撑底座，社会产业生态的演进离不开对特定时代下社会创新模式与特征的认识。

5G DICT 时代，数字技术更新迭代和产业裂变升级空前加速，人类生产生活方式和社会治理结构面临深刻调整。面对日益严峻的全球性挑战，以及数字技术与实体经济的深度融合，塑造了纵横交错、多元合作的创新网络，催生出众多面向未来、影响深远的"硬核科技"，掀起了新一轮技术更深、专业更精、质量更高的创新创业浪潮。数字经济新形势下，社会产业革命活动的方向、模式、主体、路径以及相应的创新治理体系都呈现出新业态、新特征、新趋势。科技创新从过去的单点突破阶段进入多种技术协同推进、群体性演变的新阶段，横向上不同领域加大交叉，纵向上创新链的不同环节加快融合，释放叠加、倍增效应，大幅提升创新的辐射力和影响力。不同技术的集成与融合加速创新进程。

数字经济新业态、新模式是根植于社会经济数字化转型发展土壤之中，以数字技术体系融合创新应用为驱动力，以数据价值化为关键要素，以数字化、网络化、智能化为导向，经数字产业化与产业数字化等行业价值流程重构融合而形成的商业新形态、业务新模式、产业新组织、价值新链条。

结合波特钻石模型的产业竞争力分析理论，数字经济在生态上由数字基础设施、数字创新、数字产业以及数字治理等四大核心要素组成，如图 3-4 所示。在具体业务形态上，数字经济生态核心要素又可以进一步细化为不同的新型业态。数字产业主要由数字产业化与产业数字化构成；数字基础设施是 5G DICT 时代社会经济的数字底座，主要体现在以 5G、物联网、云计算、大数据、人工智能、区块链等为核心的数字技术体系，以数字货币（包括国家主权数字货币和无国家主权数字货币等）为中心的数字金融等基础业务形态；数字创新主要体现在数据作为数字经济关键生产要素时如何通过数字技术体系与实体经济融合应用创新实现数据要素价值化流程。

2020 年 7 月，国家发展和改革委员会、中央网信办、工业和信息化部等 13 个部门联合发布《关于支持新业态新模式健康发展 激活消费市场带动扩大就业的意见》，首次明确提出了 15 个新业态、新模式，并就支持鼓励新业态、新模式健康发展，打造数字经济新优势进

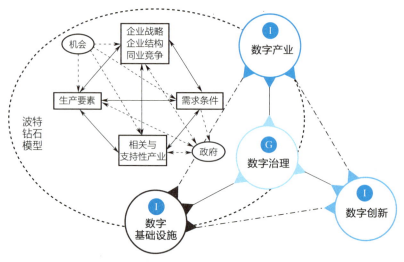

图 3-4 数字经济生态系统

行了全面部署。重点支持 15 种细分行业形态,包括在线教育、互联网医疗、线上办公、数字化治理、产业平台化发展、传统企业数字化转型、"虚拟"产业园和产业集群、"无人经济"、培育新个体经济支持自主就业、发展微经济鼓励"副业创新"、探索多点执业、共享生活、共享生产、生产资料共享及数据要素流通等。

2021 年 6 月,国家统计局发布《数字经济及其核心产业统计分类(2021)》,把数字经济产业范围确定为数字产品制造业、数字产品服务业、数字技术应用业、数字要素驱动业和数字化效率提升业等新业态、新模式。

3.3.2 数字产业化

数字产业化是指在数字技术的支撑和引领下,以数据为关键要素,以数字基础设施为底座,以数据要素价值化为核心,以数据赋能为主线,对产业链上下游的全要素数字化升级、转型和再造的过程,是数字经济基础部分。在业务构成上,数字产业化的核心为信息与通信产业,是数字经济发展的先导基础产业,为数字经济发展提供技术、产品、服务和解决方案等信息基础设施。

简而言之,数字产业化就是数字技术体系支撑的产业与服务,包括但不限于 5G、集成电路、软件、人工智能、大数据、云计算、区块链等数字技术、产品及服务。图 3-5 所示为数字产业化核心构成,包括电子信息制造业、电信行业、软件与信息技术服务业、互联网行业四大类。

在数字产业化发展方面,要按照国家"新发展模

图 3-5 数字产业化核心构成

式",着力提高我国产业链、供应链的稳定性和竞争力,特别是在5G、人工智能、工业互联网、高端芯片、高端工业软件等重点领域,加强精准研究,加快技术突破,提高自我控制能力。面对数字经济发展中的风险和挑战,要稳中求进,虚实相生,推动数字经济高质量发展。

3.3.3 产业数字化

与数字产业化强调数字技术体系革命创新不同,产业数字化注重数字技术体系对农业、工业及服务业等传统产业的贡献,即传统产业应用数字技术所带来的生产数量和效率提升,其新增产出构成数字经济的重要组成部分。其核心是运用数字技术对传统产业链的全要素进行数字化升级、转型和流程再造的过程,是数字技术发展规律的必然产物,也是当前世界经济发展的必然趋势。图3-6所示为产业数字化的构成,具体业务形式包括但不限于工业互联网、两化融合、智能制造、车联网、平台经济等融合型新产业、新模式、新业态。

图3-6 产业数字化构成

作为5G DICT时代社会经济数字化转型的主阵地,产业数字化是数字技术体系与传统三大产业深度融合的过程,可为数字经济发展提供广阔空间。产业数字化不是数字的经济,而是数字技术体系与传统三大产业融合应用的经济,是实体经济在数字时代的落脚点,是社会经济高质量发展的总要求。

图3-7所示为2016—2020年我国数字技术对三大产业的影响,产业数字化转型提速,融合发展向深层次演进。

图3-7 2016—2020年我国数字技术对三大产业的影响

3.3.4 数据要素价值化

每一次经济形态的重大变革，必然催生新的生产要素。如同农业经济时代以劳动力和土地为生产要素，工业经济时代以能源、资本和技术为新的生产要素一样，数据已成为世界各国的重要战略资源，是 5G DICT 时代驱动社会经济发展的新型生产要素。

数据、数据资源以及数据要素是数据要素价值化中三个不同的概念，存在细微的差别，需要加以区分。数据是对客观事物的数字化记录或描述，是无序的、未经加工处理的原始素材，可以是连续的值（即模拟信号，如声音、图像等），也可以是离散的数字信号值（如符号、文字）。数据资源是能够参与社会生产经营活动、可以为使用者或所有者带来经济效益、以电子方式记录的数据。数据要素是参与到社会生产经营活动、为使用者或所有者带来经济效益、以电子方式记录的数据资源。数据资源和数据要素都以数据为基础，是经过一系列数据治理措施后形成的数据集。数据与数据资源的区别在于数据是否具有使用价值，而数据资源与数据要素的不同点在于其是否产生了经济效益。

价值化的数据是数字经济发展的关键生产要素，加快推进数据价值化进程是发展数字经济的本质要求。数据可存储、可重用，呈现爆发式增长、海量集聚的特点，是实体经济数字化、网络化、智能化发展的基础性战略资源。

图 3-8 所示为数据要素价值化流程，数据价值化以数据资源化为起点，经过数据资产化与数据资本化环节。数据价值化重构生产要素体系，是数字经济发展的基础。数据资源化是使无序、混乱的原始数据成为有序、有使用价值的数据资源。数据资源化阶段包括通过数据采集、整理、聚合、分析等，形成可采、可见、标准、互通、可信的高质量数据资源。数据资源化是激发数据价值的基础，其本质是提升数据质量、形成数据使用价值的过程。数据资产化是数据通过流通交易给使用者或所有者带来经济利益的过程。数据资产化是实现数据价值的核心，其本质是形成数据交换价值，初步实现数据价值的过程。数据资本化主要包括

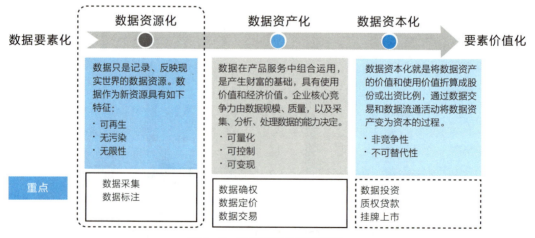

图 3-8 数据要素价值化流程

两种方式：数据信贷融资与数据证券化。数据信贷融资是用数据资产作为信用担保获得融通资金的一种方式，如数据质押融资。

在业务构成上，数据价值化可以分为数据采集、数据标准、数据确权、数据标注、数据定价、数据交易、数据流转、数据保护等，如图3-9所示。

数据是建设数字中国、发展数字经济的核心资源。数据在5G DICT时代的人民生产、生活活动中扮演着重要角色。将数据纳入社会生产要素，是经济理论的重大突破，对绿色、健康、有序发展壮大我国数字经济具有必要性和迫切性。党的十九届四中全会首次明确数据可作为生产要素按贡献参与分配，《关于新时代加快完善社会主义市场经济体制的意见》首次将数据与技术、人才、土地、资本等要素一起纳入改革范畴，《关于构建更加完善的要素市场化配置体制机制的意见》、十九届五中全会等历次重

图3-9 数据价值化的具体构成

要会议、文件都将数据要素作为重要内容，为加快数据要素市场发展确定了目标，指明了方向。"数据作为要素参与分配"的提出顺应了目前数字经济发展的大趋势，标志着我国已正式进入"数字经济"红利大规模释放的时代。

3.3.5 数字经济治理

数字经济无论是从生产组织形式，还是从生产要素等方面来看，都是一种与农业经济、工业经济等传统经济截然不同的经济形态。数字经济自身呈现出了数字化、网络化、智能化、平台化、生态化等一系列典型特征，重构了社会经济业态与模式，导致传统的治理理念、手段、工具等面临前所未有的挑战，引发了社会经济治理的根本性变革。

5G DICT时代，随着5G网络与应用的普及，数据体量将呈几何级数爆发式增长，将给社会经济深深打上数字化、网络化、数据化特征的时代烙印。一方面，作为5G DICT时代的关键生产要素，数据通过大数据、人工智能等数字技术分析与应用，释放其作为生产要素的价值，拓展人类认知世界客观规律的手段。另一方面，数据作为国家重要战略资源，关系到个人隐私、社会公共利益与国家安全，属于国家非传统安全的重要组成部分。随着数据要素价值化的发展，要做好数据资源安全，平衡数据本地化政策与企业发展需要，避免政府部门、企业、个人数据遭到窃取、滥用。同时，数字经济的智能化、平台化及生态化特征也为治理带来"算法黑箱""大数据杀熟""数据资源垄断""赢家通吃""一家独大""信息茧房"以及"多元主体共治"等诸多新挑战。

因此，探索数字经济治理理念、原则、手段及定位，构建适合数字经济自身发展规律与发展趋势的数字化治理体系，对弘扬社会主义正义，保障数字经济绿色、公正、健康发展，

具有极大的紧迫性与必要性。党的十八届三中全会首次提出了国家治理体系和治理能力现代化的重大命题，党的十九届四中全会第一次全面阐释了推进国家治理体系和治理能力现代化的总体要求、总体目标和重点任务，为构建 5G DICT 时代数字化立体治理体系指明了方向。

同时，我国正在加快完善数字治理法律法规，积极构建数字治理法律体系，"十四五"规划纲要提出促进发展与规范管理相统一，构建数字规则体系，营造开放、健康、安全的数字生态。为了保障数字经济公平、健康发展，我国集中出台《中华人民共和国数据安全法》《中华人民共和国个人信息保护法》等法律法规，《数据出境安全评估办法》《互联网信息服务算法推荐管理规定》等规则的征求意见稿，提出数据治理的方案。数字化治理作为推进国家治理体系和治理能力现代化的重要组成部分，是运用数字技术，建立健全行政管理的制度体系，创新服务监管方式，实现行政决策、行政执行、行政组织、行政监督等体制更加优化的新型政府治理模式。

3.3.6 数字货币

作为一般等价物，货币形态的演进经历了从自然实物到金属货币再到纸币等广泛使用的过程。货币演进的内在动力是提高货币流通效率，降低交易成本。随着数字技术体系与线上经济蓬勃发展，社会各界对线上支付的便捷性、安全性、普惠性、隐私性等方面的需求日益激增。以支付宝、财付通等为代表的电子支付、第三方支付平台快速发展，满足了互联网交易的便捷性、普惠性需求，但本质上并没有解决钞票印制、调拨、保管、投放、流通、回笼、销毁等诸多环节的复杂性、低效率、高成本问题。近年来，以比特币、以太币等为代表的加密数字货币的出现和发展令全球瞩目，其不可溯源、无国家主权、去中心化等特性给世界各国的主权货币系统与政策带来了极大的挑战和压力。不少国家和地区的中央银行或货币当局紧密跟踪数字技术体系与金融科技发展成果，积极探索法定货币的数字化形态，法定数字货币正从理论走向现实。

作为数字经济的流通媒介，数字货币是货币的一种存在形式，也是为适应 5G DICT 时代数字经济发展而产生的价值数字化标识。数字货币根据发行主体，通常可分为非主权数字货币与主权数字货币。数字货币打破了很多经济学中对货币的认知，形成了货币与技术紧密相连的颠覆性创新。

非主权数字货币通常是基于数字加密算法、节点网络的虚拟货币。作为价值的数字化表示，它不由央行或当局发行，也不与法定货币挂钩，但由于被公众所接受，所以可作为支付手段，也可以以电子形式转移、存储或交易。典型代表有比特币、以太币等。随着数字技术体系的不断创新与发展，数字货币更新迭代的速度加快，不断冲击着社会政策、经济、金融、科技的现有框架。同时，也对现有法律监管体系、数据主导权和国家主权货币形成了巨大挑战。

主权数字货币建立在国家信用基础上，是在传统主权货币基础上实现国家背书的主权货币数字化表示，通常以电子货币为代表。2020 年，全球有 86% 的国家的中央银行启动了数字货币的研发，原本对央行数字货币持谨慎观望态度的日本和美国等国家也逐渐放开限制，加大对央行数字货币的探索力度。

我国是主要经济体中第一家引入并试点主权数字货币的国家。2014年，中国人民银行开始对主权数字货币开展研究；2019年，明确提出中国央行数字货币的名称为"数字人民币"。数字人民币是人民银行发行的数字形式的法定货币，由指定运营机构参与运营，以广义账户体系为基础，支持银行账户松耦合功能，与实物人民币等价，具有价值特征和法偿性。

数字人民币是央行发行的法定货币，其主要含义是：

一是，数字人民币具备货币的价值尺度、交易媒介、价值贮藏等基本功能，与实物人民币一样是法定货币。

二是，数字人民币是法定货币的数字形式。从货币发展和改革历程看，货币形态随着科技进步、经济活动的发展不断演变，实物、金属铸币、纸币均是相应历史时期发展进步的产物。数字人民币的发行、流通管理机制与实物人民币一致，但以数字形式实现价值转移。

三是，数字人民币是央行对公众的负债，以国家信用为支撑，具有法偿性。

目前，中国人民银行在深圳、苏州、成都、雄安和北京等通过大型银行测试数字人民币。随着试点项目的规模扩大，可以想象数字人民币将逐渐替代实体人民币，甚至用于跨境交易。

3.4 全球数字经济发展现状与模式

当前，世界正经历百年未有之大变局，世界经济低迷，全球产业链受到非经济因素的冲击，国际形势中的不稳定、不确定因素增多，世界经济形势复杂、严峻。面对不稳定、不确定的世界经济复杂局面，数字经济展现出顽强的韧性，特别是远程医疗、在线教育、共享平台、协同办公、跨境电商等服务的广泛应用，对促进各国经济稳定发挥了重要作用。

数字技术体系推动数字经济时代到来，如图3-10所示。随着5G、云计算、大数据、人工智能、区块链为核心的数字技术体系的创新发展及广泛渗透，在持续催生新兴产业的同

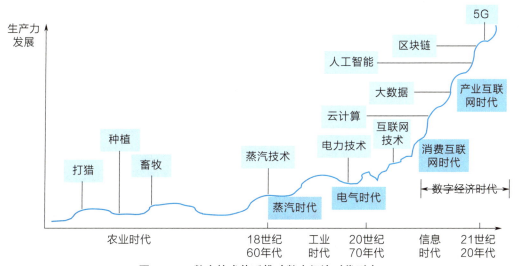

图3-10 数字技术体系推动数字经济时代到来

时，不断激发传统产业的发展活力，数字经济呈现出持续快速的增长态势，对经济增长的拉动作用愈加凸显，全球数字经济正向全面化、智能化、绿色化的数字经济时代加速前进。

3.4.1 全球数字经济发展现状

西方发达国家较早认识到数字经济的重要性，数字经济发展的战略布局起步较早。部分发达国家的数字经济发展策略如图 3-11 所示。美国是全球最早布局数字经济的国家。20 世纪 90 年代，美国总统克林顿率先启动了"信息高速公路"战略，之后相继发布了《浮现中的数字经济》《新兴的数字经济 1999》《数字经济 2000》《数字经济 2002》《数字经济 2003》等报告，奠定了美国在数字经济领域发展的领头羊地位。日本政府早在 2001 年出台了《e-Japan 战略》，随后又相继发布了《u-Japan》《i-Japan》《ICT 成长战略》《智能日本 ICT 战略》等，实现数字经济信息化、网络化、智能化各阶段的发展有章可循。英国是最早出台数字经济政策的国家之一，2008 年就发布了《数字英国》计划，是世界上首次把数字化以国家顶层设计的形式出现的国家。随后英国相继发布了《数字经济战略 2013》《2015—2018 数字经济战略》等，明确英国数字经济发展的短期方向和长期目标，旨在将英国建立为数字经济强国。

图 3-11 部分发达国家的数字经济发展策略

相比之下，发展中国家对于数字经济的布局相对滞后，多数发展中国家近几年才开始着手布局相关战略。2015 年，印度推出的"数字印度"计划主要包括普及宽带上网、建立全国数据中心和促进电子政务三个方面。2016 年，巴西颁布《国家科技创新战略（2016—2019 年）》，将数字经济和数字社会明确列为国家优先发展的领域。2017 年，俄罗斯将数字经济列入《俄联邦 2018—2025 年主要战略发展方向目录》，编制完成《俄联邦数字经济规划》，于 2018 年进入实施阶段，借助数字经济提升运营各环节的效率。尽管发展中国家发展数字经济起步较晚，但已经积极开展数字经济规划布局，营造数字经济发展的宽松环境，抓住数字经济发展新机遇,努力实现与发达国家并跑。

当前,面对经济恢复、全球产业链条重塑等多项挑战,世界主要国家纷纷加码数字经济相关政策,聚焦数字技术创新、新型基础设施建设、数字产业链重塑、数字化转型、数字化促进绿色化发展等。全球数字经济正向普惠化、数据化、智能化、绿色化的方向发展。

图 3-12 所示为 2020 年全球数字经济发展整体情况。数字经济已成为提振全球经济的关键力量,成为全球经济发展的主引擎。2020 年,数字经济增加值规模达到 32.6 万亿美元,占 GDP 比重为 43.7%,较上一年同比提升 2.5 个百分点。在产业构成上,全球数字产业化占数字经济比重为 15.6%,产业数字化占数字经济比重为 84.4%,数字产业化占比下降,产业数字化占比持续提升。其中,农业、工业及服务业三大产业数字经济增加值占行业增加值比重分别为 8.0%、24.1% 和 43.9%。

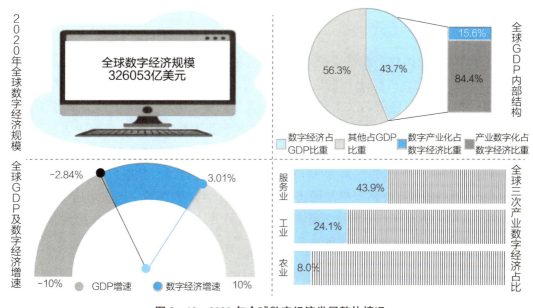

图 3-12 2020 年全球数字经济发展整体情况

当前,数字经济发展与各国经济实际情况高度相关,全球数字经济呈现三级梯队发展特征,如图 3-13 所示。美国作为全球最大经济体,数字经济总量及发展水平都遥遥领先于其他各国;中国、日本、德国、英国、法国、韩国积极布局数字经济关键领域,发展紧随其后;印度、巴西、加拿大、意大利、墨西哥、俄罗斯、澳大利亚、印度尼西亚与南非处于数字经济发展第三梯队。

总之,全球主要国家纷纷将数字经济视为实现经济复苏的关键举措,聚焦数据要素,强化政策引导,着力科技创新、产业融合应用,完善数字治理,驱动数字经济健康、有序、绿色发展。在技术赋能方面,以 5G、云、大数据、人工智能以及区块链为核心的 DICT 数字技术体系和产品创新融合,不断与垂直行业深度融合。在数字化转型方面,制造业数字化转型步伐加快,金融科技等服务业数字化快速成长,推动传统产业新兴裂变和升级演进。

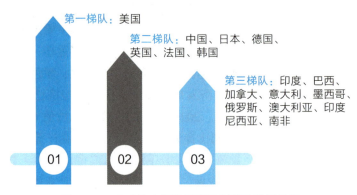

图 3-13　全球数字经济呈现三级梯队发展特征

3.4.2　我国数字经济发展现状

2000年以来，我国数字经济规模持续扩大。2019年，我国数字经济规模（增加值口径）达到35.8万亿元，占GDP比重达36.2%，占比同比提升1.4个百分点，按照可比口径计算，2019年我国数字经济名义增长15.6%，高于同期GDP名义增速约7.85个百分点，数字经济在国民经济中的地位进一步凸显。2020年，我国数字产业化规模达7.5万亿元，占数字经济比重达19.1%，占GDP比重达7.3%；产业数字化规模达31.7万亿元，占数字经济比重达80.9%，占GDP比重为31.2%，为数字经济持续、健康发展提供强劲动力。图3-14所示为我国数字经济规模与增速。2015—2020年，我国数字经济增速约为GDP增速的两倍。其中，2020年，我国数字经济规模达到了39.2万亿元，占GDP比重达38.6%，增速达到9.7个百分点，依然保持高位增长。

a）我国数字经济增速与GDP增速

图 3-14　我国数字经济规模与增速

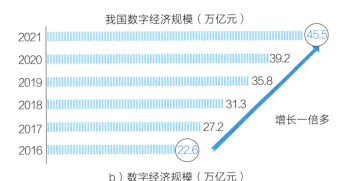

b）数字经济规模（万亿元）

图 3-14　我国数字经济规模与增速（续）

2021 年，数字经济作为宏观经济"加速器""稳定器"的作用愈发凸显。我国数字经济发展取得新的突破，数字经济规模达到 45.5 万亿元，较"十三五"初期增加了一倍多，同比名义增长 16.2%，高于 GDP 名义增速 3.4 个百分点，占 GDP 比重达 39.8%，较"十三五"初期提升了 9.6 个百分点。

在数字经济内部结构上，我国以信息通信产业为基础的数字产业化实力不断增强，为各行各业提供丰富的数字技术、产品和服务支持，奠定数字经济发展坚实基础；产业数字化蓬勃发展，数字经济与各领域融合渗透加深，推动经济社会效率、质量提升。我国数字经济内部结构如图 3-15 所示。2020 年，我国数字产业化规模达到 7.5 万亿元，占数字经济比重达19.1%，产业数字化规模达到 31.7 万亿元，占数字经济比重达 80.9%，数字经济结构呈现典型的"二八"比例。数字产业化部分占比逐步增加，表明我国数字技术、产品、服务正在加速向各行各业融合渗透，对其他产业的产出增长和效率提升的拉动作用不断增强。产业数字化成为数字经济增长主引擎。2021 年，随着数字技术体系与实体经济深度融合，产业

图 3-15　我国数字经济内部结构

数字化对数字经济增长的主引擎作用更加凸显。其中，我国数字产业化规模达到8.4万亿元，同比增长11.9%，占数字经济比重为18.3%，占GDP比重为7.3%，数字产业化发展正经历由量的扩张到质的提升的转变；而产业数字化规模达到37.2万亿元，同比增长17.2%，占数字经济比重为81.7%，占GDP比重为32.5%，产业数字化转型持续向纵深加速发展。

总之，数字经济对驱动社会增长的基本意义表现在以下三个方面。一是提高全要素生产率。数字经济与实体经济深度交叉融合，实现以信息流带动技术流、资金流、人才流、物资流，减少了信息流动障碍，加速了资源要素流动，提高了供需匹配效率，促进资源配置优化，为推动创新发展、优化经济结构发挥积极作用。二是培育新市场和产业新增长点。数字经济领域不断孕育出新模式、新业态，成为激发创新、创业的重要驱动力量，促进了大众创业、万众创新，柔性化、网络化、个性化生产将成为制造模式的新趋势，全球化、服务化、平台化将成为产业组织的新方式。三是推动实现包容性增长和可持续增长。数字经济有助于提高连接水平，降低要素流动障碍，推动实现经济与社会、物质与精神、城乡之间、区域之间的协调发展。同时，数字经济降低了经济主体与经济活动的壁垒，从而为落后地区、低收入人群创造了更多的经济机会，共享发展成果。

3.4.3 全球数字经济发展典型模式

2020年以来，为应对经济衰退，迎接国际格局重塑挑战，各国加快政策调整，推动社会发展新旧动能转换，发展数字技术体系，培植数字经济发展土壤，打造竞争新优势。全球数字经济正向全面化、智能化、绿色化方向加速前进，其发展受到数字基建、经济基础、产业结构、政策布局、资源及人才等多种要素的影响。当前，世界主要经济体依托自身国情及优势形成了各具特色的数字经济发展之路，这里以中国、美国、德国为例来分析发展数字经济的不同模式。

1）我国立足产业基础和市场活力强化数字经济创新发展模式。首先，立足国内体量巨大的国内市场和人口红利，依托完整的工业体系和丰富的应用场景，我国大力发展数字基建，打造数字经济新产业、新模式、新业态。其次，我国政府持续完善数字经济发展的政策法律体系，坚持包容审慎的监管态度，着力构建促进数字经济创新发展的制度环境。党和国家高度重视数字经济发展，将数字经济上升为国家战略，数字经济顶层设计、"十四五"规划等国家战略明确提出发展数字经济的目标及任务。同时，国家相关部门积极贯彻落实国家战略，先后出台了《"互联网+"行动指导意见》《数字经济发展战略纲要》《关于发展数字经济稳定并扩大就业的指导意见》《数字乡村发展战略纲要》《关于推进"上云用数赋智"行动 培育新经济发展实施方案》《关于深化新一代信息技术与制造业融合发展的指导意见》等政策举措，为各领域数字化发展提供了指引。

2）美国依托技术创新实力巩固数字经济全球竞争力。美国是数字技术革命的发源地，诞生了世界上第一台电子计算机和第一台个人计算机，发明了因特网，率先提出数字地球、人工智能、电子商务、大数据、云计算、共享经济、工业互联网等数字技术及理念，培育了数字经济技术、产业、人才。20世纪90年代，美国政府率先提出了"信息高速公路"和"数字地球"的概念。1998年7月，美国商务部发布《浮现中的数字经济》报告，从此美国正式揭开了数字经济发展大幕。美国政府非常注重前沿性、前瞻性高新技术研究，通过资金投入、项目计划、战略合作、机构设置、人才吸引等方式，积极推进芯片、人工智能、5G通信及下一代通信、先进计算机等数字技术研发。进入21世纪以来，美国先后布局云计算、大数据、先进制造、5G、量子通信等前沿领域，发展先进制造，通过系统性的顶层规划设计，助推数字经济高速发展，推动实体经济数字化转型。

3）德国凭借制造业优势树立数字化转型标杆。德国是国际公认的制造业强国，始终秉存制造业立国的理念，坚定不移地推动以工业为基础的经济发展模式。德国在机械制造、电子技术工业及化工等领域积累形成的生产优势是其经济创新的核心。为进一步推动德国工业创新发展，德国发布"工业4.0"战略，发挥传统制造业优势，强化政策布局，促进新的产业变革，推动制造业数字化转型。

3.5 数字化转型与数字经济

作为农业经济、工业经济之后的主要经济形态，数字经济是人类历史上技术最密集的经济形态，数字技术的创新能力对一国数字经济的长期、稳定增长，特别是全球竞争力的塑造，具有决定性意义。数字经济是以数据资源为关键要素，以现代信息网络为主要载体，以信息通信技术融合应用、全要素数字化转型为重要推动力，促进公平与效率更加统一的新经济形态。

数字经济发展速度之快、辐射范围之广、影响程度之深前所未有，正推动生产方式、生活方式和治理方式深刻变革，成为重组全球要素资源、重塑全球经济结构、改变全球竞争格局的关键力量。"十四五"时期，我国数字经济转向深化应用、规范发展、普惠共享的新阶段，推动经济供给、需求、交易及治理等市场全环节数字化、网络化、智能化转型发展，做大、做强我国数字经济，如图3-16所示。数字平台能够降低实体经济成本、提升效率、促进供需精准匹配，使现存经济活动费用更低，并激发新业态、新模式，使传统经济条件下不可能发生的经济活动变为可能，推动经济向形态更高级、分工更精准、结构更合理、空间更广阔的阶段演进。

数据作为数字经济关键生产要素参与分配具有突破性意义，是落实国家战略部署、提升国家数字竞争力的关键，在推动数字经济高质量发展、塑造国际竞争新优势、释放数字化转型潜力、提升政府治理效能等方面起到举足轻重的作用。党的第十九届四中全会提出"健全劳动、资本、土地、知识、技术、管理、数据等生产要素由市场评价贡献、按贡献决定报酬的机制"，这是对数据在发展数字经济中所起的关键作用的肯定。"数据作为要素参与分配"的提出顺应了目前数字经济发展的大趋势，标志着我国已正式进入"数字经济"红利大规模释放的时代。

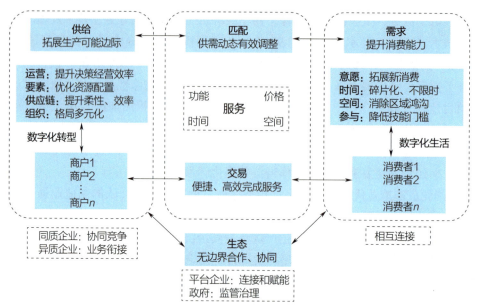

图 3-16 数字化转型推动数字经济深度

  数字经济发展应当以数字产业化和产业数字化为核心，推进数字基础设施建设，实现数据资源价值化，提升城市治理数字化水平，营造良好发展环境，构建数字经济全要素发展体系。我国政府持续完善数字经济发展的政策法律体系，坚持包容审慎的监管态度，着力构建促进数字经济创新发展的制度环境。党中央高度重视数字经济发展，将数字经济上升为国家战略，党的十九大提出要建设网络强国、交通强国、数字中国、智慧社会，数字经济顶层设计、"十四五"规划等国家战略明确提出发展数字经济的目标及任务。

第4章 DICT 时代数字新基建

"新基建"是 5G DICT 数字经济时代服务于国家长远发展和"两个强国"建设战略需求，是具备集约高效、经济适用、智能绿色、安全可靠特征的一系列现代化基础设施体系的总称，是支撑数字经济快速发展的新型基础设施。近年来，党中央、国务院高度重视新型基础设施建设，不断加快并完善 5G、特高压、城际高速铁路和城市轨道交通、新能源汽车充电桩、大数据中心、人工智能、工业互联网等领域的建设布局。以"新基建"为牵引，夯实经济社会高质量发展的"底座""基石"，对于引燃"十四五"产业动力新引擎，助力数字经济发展，构建智慧和谐社会具有重要意义。

4.1 新基建

4.1.1 什么是"新基建"

1. 新基建的基本概念

在现代社会经济中，基础设施是指为社会生产和居民基本生活提供公共条件和服务的设施和机构，是用于保证国家或地区社会经济活动正常进行的公共服务系统。作为国民经济发展的基础，新基建不但包括交通运输、邮电通信、水利等硬性基础设施，还包括教育、科技、医疗卫生、文化、体育等软性基础设施，如图 4-1 所示。在现代工业经济时代，基础设施核心主要为与房建、公路、铁路、机场、港口、水利等城镇化发展以及人们生活密切相关的基础设施工程建设。因此，传统的基础设施建设也被称为"铁公基"。

图 4-1　基础设施分类与特征

5G DICT 数字经济时代，与传统的"铁公基"相对应，"新基建"是结合数字技术体系革命和产业融合重构，面向国家战略需求，为经济社会的创新、协调、绿色、开放、共享发展提供底层支撑的具有乘数效应的数字化、网络化、智能化的社会基础设施。

在概念上，"新基建"以数字经济发展理念为导向，以数字技术体系创新为动力，以数据为关键生产要素，以 5G 通信网络为载体，面向社会经济高质量发展的需求，提供数字转型、智能升级、融合创新等服务的基础设施体系。同时，新基建也是 5G DICT 数字经济时代贯彻新发展理念，吸收数字技术体系成果，实现国家生态化、数字化、网络化、智能化方向，推动经济发展新旧动能转换，建设与数字经济体系相匹配的社会公共基础设施。

在内容上，"新基建"立足于数字技术体系创新与应用，建设集约高效、经济适用、智能绿色、安全可靠的现代化数字经济基础设施体系。目前，最受关注的新基建核心组成包括5G、智慧能源、车联网及轨道交通、大数据中心、人工智能、工业互联网、区块链、物联网八大领域。其中，5G 网络建设是新基建的核心基础，与物联网、区块链、大数据中心、人工智能一起构成数字经济时代的数字基建，为工业互联网、特高压、城际高速铁路和城市轨道交通、新能源汽车充电桩等交通、能源社会基建提供数字技术体系支撑，如图 4-2 所示。

图 4-2 新基建核心领域组成

2. 新基建概念的形成过程

2018年，国家提出一系列加快5G商用步伐，加强人工智能、工业互联网、物联网等新型基础设施建设的政策，"新基建"的概念由此产生，其发展历程如图4-3所示。

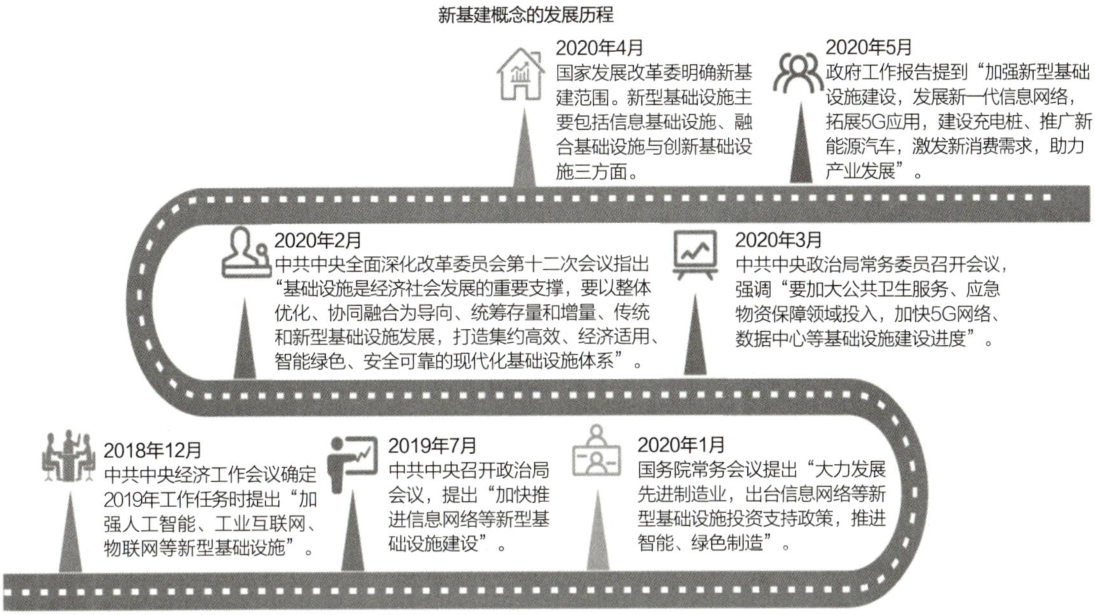

新基建概念的发展历程

2020年4月 国家发展改革委明确新基建范围。新型基础设施主要包括信息基础设施、融合基础设施与创新基础设施三方面。

2020年5月 政府工作报告提到"加强新型基础设施建设，发展新一代信息网络，拓展5G应用，建设充电桩、推广新能源汽车，激发新消费需求，助力产业发展"。

2020年2月 中共中央全面深化改革委员会第十二次会议指出"基础设施是经济社会发展的重要支撑，要以整体优化、协同融合为导向，统筹存量和增量、传统和新型基础设施发展，打造集约高效、经济适用、智能绿色、安全可靠的现代化基础设施体系"。

2020年3月 中共中央政治局常务委员召开会议，强调"要加大公共卫生服务、应急物资保障领域投入，加快5G网络、数据中心等基础设施建设进度"。

2018年12月 中共中央经济工作会议确定2019年工作任务时提出"加强人工智能、工业互联网、物联网等新型基础设施"。

2019年7月 中共中央召开政治局会议，提出"加快推进信息网络等新型基础设施建设"。

2020年1月 国务院常务会议提出"大力发展先进制造业，出台信息网络等新型基础设施投资支持政策，推进智能、绿色制造"。

图4-3 新基建概念的发展历程

新基建的概念在2018年召开的中央经济工作会议中首次被提出，2020年上半年频繁出现在国家层会议中，受到了社会各界的关注。从新基建的发展历程可以看出，新基建是支撑我国数字经济快速发展、促进传统产业转型升级的新型基础设施。

2020年上半年，党和国家密集对新基建进行战略部署。国家发展与改革委员会定义新基建主要包括信息基础设施、融合基础设施、创新基础设施3个方面的内容。理解新基建的丰富内涵，需要从以新发展理念为引领、以科技创新应用为支撑、以促进高质量发展为直接目的3个方面切入。强信息性、强渗透性、强带动性是新基建不同于传统基建的显著特征。新基建不仅有助于加强党对社会治理的领导，而且有助于提升社会治理的社会化、精细化和智慧化水平。将新基建与社会治理有效融合，是推进社会治理现代化的有效途径。

党的二十大报告指出，要"优化基础设施布局、结构、功能和系统集成，构建现代化基础设施体系"。当前，作为布局数字产业新业态、赋能数字经济的有效手段，"新基建"已成为5G DICT时代推动高质量发展的有力抓手，从国家层面到地方政府高度重视新基建，陆续制定了相关的顶层规划、技术指南、标准规范等以支持其发展。

4.1.2 新基建的内涵与特征

1. 新基建构建"数据+算力+算法"数字经济新范式

新基建依托数字技术体系，构建"数据+算力+算法"生态的经济范式，以数据流动的自动化化解社会经济复杂系统的不确定性，推动各行业数字化转型与流程再造，实现资源优化配置，支撑社会经济新旧动能转换的数字经济新形态。如图4-4所示，数字经济发展新范式由底层支撑、运作范式、服务机理、经济形态构成，具体展开如下：

1）底层支撑：包括5G、云计算、大数据、人工智能、区块链、边缘计算以及数字孪生等数字技术体系。

2）运作范式："数据+算力+算法"范式构建社会经济数字底座。

3）服务机理："描述—诊断—预测—决策"的大尺度、精准化、即时化的数字化运营机理。

4）经济形态：消费端和供给端的高效协同、精准匹配的数字经济新形态。

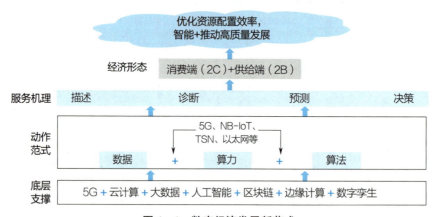

图4-4 数字经济发展新范式

5G DICT时代，数字经济是以"数据+算力+算法"范式为核心的新模式。其中，数据是关键生产要素、生产原料，算力是核心生产资料，算法是新生产力，构成DICT数字时代社会经济基础设施体系。

2. 新基建的内涵

在内涵上，与传统基建注重能源、交通等重硬件、城镇化的"铁公基"相比，新基建依托数字技术体系，走社会经济软件与硬件相结合、城市与农村相协调的创新、协调、绿色、开放、共享的数字经济发展模式。在行业构成上，新基建由数字基建、交通基建、能源基建构成。其中，数字基建依托5G、人工智能等数字技术来构建以信息流为核心的信息网，如图4-5a所示。在工业经济时代，交通和能源基建作为先导基础设施，在社会经济发展变革中起引领作用。5G DICT时代，数字基建取代交通、能源等基础设施的先导地位，在数字经济发展中发挥基础性作用，推动社会交通、能源等基础设施数字化转型升级。因此，新基建又可以分为信息基础设施、创新基础设施、融合基础设施等，如图4-5b所示。

信息基础设施主要是指基于数字技术体系演化生成的基础设施，如以5G、物联网、工业互联网、卫星互联网为代表的通信网络基础设施，以人工智能、云计算、区块链等为代表的新技术基础设施，以数据中心、智能计算中心为代表的算力基础设施等。创新基础设施主要是指支撑科学研究、技术开发、产品研制的具有公益属性的基础设施，如重大科技基础设施、科教基础设施、产业技术创新基础设施等。融合基础设施主要是指深度应用互联网、大数据、人工智能等技术，支撑传统基础设施转型升级，进而形成的融合基础设施，如智能交通基础设施、智慧能源基础设施等。

图4-5 新基建的内涵

新型基础设施主要是面向社会新旧动能转换和数字经济发展，支撑数据的感知、连接、汇聚、融合、分析、决策、执行、安全等各环节运行，并提供数字化、智能化产品和服务的新一代数字基础设施体系。其中，数据是要素，连接是基础，算力是核心，融合是关键。

3. 新基建与传统基建的关系

现在流行一种错误观点，认为"新基建"和"老基建"是对立的，是相互否定的，这种认识是不对的。无论是从现实还是从理论，"新基建"和"老基建"都不相互否定，反而相互补充、相互促进，推动社会经济走上集约高效、经济适用、智能绿色、安全可靠的数字经济发展模式。首先，从内涵上看，"新基建"的5G、大数据中心、人工智能、工业互联网等是传统基建未曾涉及的领域。"新基建"扩展了基础建设的内涵和外延，有可能改良基础建设的投资建设模式。其次，"新基建"致力于促进高新技术发展和创新产业发展，聚焦长远高质量发展，弥补了"老基建"的不足。再次，从对冲经济下滑、带动就业来说，"新基建"暂时难以起到主导作用，但它是必要的，是对未来基础设施建设的探索和尝试。此外，"新基建"优化了就业结构，提供了更多高产值的就业机会，对提升就业质量意义重大。

4．新基建的特征

新型基础设施不仅具有传统基础设施的公共性、基础性等特征，而且具有快速迭代、泛在支撑、融合创新、智能引领、安全至上等内在特点。

1）快速迭代：新型基础设施在推动人、机、物的数字化、网络化、智能化过程中，伴随着技术的持续快速迭代。

2）泛在连接：新型基础设施连接范围大幅扩展，推动数字化、网络化、智能化广度、深度和速度大幅跃升。

3）融合创新：通过物理世界与数字空间的融合集成、相互映射、全面创新，提供全局性的价值赋能，实现全局资源优化配置。

4）智能引领：人工智能具有溢出带动性很强的"头雁"效应，具有深度学习、跨界融合、人机协同、群智开放、自主操控等特点，对新型基础设施建设乃至数字经济发展全局起到引领作用。

5）安全至上：围绕"自主可控、安全可信"，新型基础设施建设和应用对网络安全提出了更高的要求，相关新技术、新产品、新模式、新业态的安全模式、标准和规则有待完善。

4.1.3 新基建实施的意义

加快新基建，可支撑制造强国和网络强国建设，把握5G DICT时代数字科技革命和产业变革新机遇，推动社会经济数字产业化与产业数字化转型，打造数字经济新引擎。

1）新基建促进社会基础设施数字化、网络化、智能化转型升级。一是提升我国基础设施建设总体水平：大力推进新基建，有利于我国占领全球产业竞争和投资布局的战略高地，奠定增强全球竞争力的新基础。二是推进新技术的普惠化发展：政府给予新技术政策倾斜，促使市场注入更活跃的投资，从而加快5G、AI等新技术的应用普及。三是协助传统基础设施转型升级：有利于传统基础设施与新型基础设施交叉交融，是实现基础设施高质量发展的条件。

2）新基建能够大幅度提升社会经济效益。一是推动经济复苏：发展新基建，通过需求端的率先复苏，带动生产端走出困局。二是稳定经济，实现经济增长的新动力：加大新基建投入，用资金强力推动经济供给侧结构性改革。三是促进我国经济高质量发展：新基建不仅可拉动经济，也会带动上下游相关行业增长，促进投资与消费需求。

4.2 数据新基建

2020年4月,中共中央、国务院发布《关于构建更加完善的要素市场化配置体制机制的意见》,正式将数据明确为新型生产要素,并提出加快培育数据要素市场。作为国家基础性、战略性资源,数据的要素属性和资产属性已成为社会各界共识及全球性趋势。迈入"十四五",国家在《中华人民共和国国民经济与社会发展第十四个五年规划和2035年远景目标纲要》中明确提出,要"迎接数字时代,激活数据要素潜能,推进网络强国建设,加快建设数字经济、数字社会、数字政府,以数字化转型整体驱动生产方式、生活方式和治理方式变革"。

4.2.1 数据的概念及内涵

1. 数据的概念

数字的起源如同文字的起源一样古老,《易九家言》中记载"事大,大结其绳;事小,小结其绳,之多少,随物众寡",即根据事件的性质、规模或所涉及数量的不同结系出不同的绳结。然而"数据"的定义至今尚未实现完全统一,在不同的应用领域,数据的概念和含义也不尽相同。

国际数据管理协会(DAMA)认为"数据是以文本、数字、图形、图像、声音和视频等格式对事实进行的表现",列举了"数据"存在的不同形态,且指出"数据"是对事实的表现。

标准ISO/IEC 11179-1将"数据"定义为"以适合于交流、解释或处理的形式化方式对信息进行可重新解释的表示"。该定义强调了"数据"的电子性质,其认为"数据"是对它代表的对象(信息)的解释,并且该解释方式必须是权威、标准、通用的,只有这样才可以达到通信、解释和处理的目的。

根据我国《数据安全法》的定义,"数据是指任何以电子或者其他方式对信息的记录"。该定义在法律层面明确了数据的记录方式,并将"数据"和"信息"进行区分。统计学将"数据"定义为"用于表示和解释而收集、分析和总结后的客观事实和数字符号",并将"数据"分为定性数据和定量数据。

数字技术中的"数据"是客观事物的符号表示,指所有可输入计算机中并可被计算机程序处理的符号的总称。作为对客观事物(如事实、事件、事物、过程或思想)的数字化记录或描述,数据可以是无序的、未经加工处理的原始素材,也可以是连续的值(如声音、图像),还可以是离散的(如符号、文字)。

2. 数据的内涵

在内涵上,数据是对感知到的客观事实进行描述或记录的符号或符号集合,如数字、文字、字母、声音、图片和视频等，是未经处理的原始素材。数据是对感知到的客观事实进行描述或记录的结果，是对现实世界中的时间、地点、事件、其他对象或概念的描述。同时，数据须被符号化表达，方能被有效识别，如数字、文字、字母、声音、图片、视频等。

3. 数据的特征

作为数字经济的新晋生产要素，数据的主要特征包括以下几点。

1）事实相关性：数据是对客观事实的描述，是与客观事实相关的、无序的、未经加工处理的原始材料。

2）符号化表达：数据本身是对事实的记录和描述，且必须以某种符号或符号集的形式进行表达。

3）可比特化记录：无论表达数据的符号是数字、文字、声音、图片或视频等，都可用二进制的比特符号统一记录。任何数据都可以被编码为一系列由 0 和 1 组成的二进制序列。

4）蕴含价值性：数据本身并没有任何意义，其所蕴含的意义与价值都是从数据本身挖掘或创造而来的。因此，数据必须是可计算、可推理演绎、可解释、可分析、可挖掘的。

4.2.2 数据价值化与数据要素市场

1. 数据价值化

数据价值化是指以数据资源化为起点，通过数据资产化和数据资本化，实现数据价值化的经济过程。数据资源化是数据价值化的首要阶段，包括数据采集、数据整理、数据聚合、数据分析等。数据采集是根据需要收集数据的过程；数据整理包括数据标注、清洗、脱敏、脱密、标准化、质量监控等；数据聚合包括数据传输、数据存储、数据集成汇聚等；数据分析是为各种决策提供支撑而对数据加以详细研究和概括总结的过程。另外，数据资源化使种类丰富且内容庞杂的数据拥有了使用价值，发展潜力十分巨大。数据资产化，使具有使用价值的数据成为一种资产，在市场上进行流通交易，给拥有者或使用者带来经济利益。数据资产化是构建数据要素市场的关键与核心，包括数据权属的确定、数据资产的定价、数据的交易流通。

数据作为数字经济全新的、关键的生产要素，贯穿于数字经济发展的全部流程，与其他生产要素不断组合迭代，加速交叉融合，引发生产要素多领域、多维度、系统性、革命性群体突破。一方面，价值化的数据要素将推动技术、资本、劳动力、土地等传统生产要素发生深刻变革与优化重组，赋予数字经济强大的发展动力。数据要素与传统生产要素相结合，催生出人工智能等"新技术"、金融科技等"新资本"、智能机器人等"新劳动力"、数字孪生等"新土地"，生产要素的新组合、新形态将为推动数字经济的发展不断发挥放大、叠加、倍增效应。另一方面，数据价值化直接驱动传统产业向数字化、网络化、智能化方向转型升级。数据要素与传统产业广泛深度融合，乘数倍增效应凸显，对经济发展展现出巨大价值和潜能。

2. 数据要素市场

要素是指构成事物的必要因素或系统的组成部分。生产要素是生产系统的组成部分，是维持企业生产经营活动所必须具备的基本因素。市场则包含两种含义，其一是交易场所，其二是交易行为的总称。数据要素市场是数据要素在交换或流通过程中形成的市场，既包括数据价值化过程中的交易关系或买卖关系，也包括这些数据交易的场所或领域。

完善数据要素市场是建设统一开放、竞争有序市场体系的重要部分，是坚持和完善社会主义基本经济制度、加快完善社会主义市场经济体制的重要内容。深化数据要素市场化配置改革，促进数据要素自主有序流动，破除阻碍数据要素自由流动的体制及机制障碍，推动数据要素配置依据市场规则、市场价格、市场竞争实现效益最大化和效率最优化，有利于进一步激发市场创造力和活力，贯彻新发展理念，最终形成数据要素价格由市场决定、数据流动自主有序、数据资源配置高效公平的数据要素市场，推动数字经济发展质量变革、效率变革、动力变革。

4.2.3 数据新型基础设施的概念及特征

1. 什么是数据新型基础设施

数据新型基础设施即数据新基建。就像石油的"采—运—炼—储—用"是工业经济的核心命脉一样，面向海量数据的"采—存—算—管—用"是支撑数字经济运行的基础能力。海量数据蕴含巨大的价值，也带来了前所未有的挑战，数据"存不下、流不动、用不好"成了各行业数据应用最普遍的难题。以"融合、协同、智能、安全、开放"为特征的新型数据基础设施可以帮助各行业实现数据存储智能化、管理简单化和价值最大化，是推动各行业拥抱数字经济浪潮的关键因素之一。

数据基础设施的范围应涵盖接入、存储、计算、管理和数据使能五个领域，通过汇聚各方数据，提供"采—存—算—管—用"全生命周期的支撑能力，构建全方位的数据安全体系，打造开放的数据生态环境，让数据"存得了、流得动、用得好"，将数据资源转变为数据资产。新的数据基础设施是传统IT基础设施的延伸，以数据为中心，服务于数据，最大化数据价值。

数据基础设施由基础设施层和数据管理层组成，如图4-6所示。其中，基础设施层包括存储、服务器、网络等硬件设施；数据管理层由操作系统、数据库系统及大数据系统组成，构成支撑数据存储及数据全生命周期管理的软件设施。

在基础设施层，区别于传统的硬件设施，数据基础设施将引入多样性计算，从单一算力到多样性算力，匹配多样性数据，让计算更高效；存储也会从单一类型存储走向多样性融合存储，构建融合处理基础，应对存储效率低、管理复杂的问题。在数据管理层，将结合大数据系统和数据库系统提供的"采—存—算—管—用"全流程的软件支撑，从单一处理向多源数据智能协同、融合处理发展，应对更实时和智能的数据应用需求，加速实现数据价值。

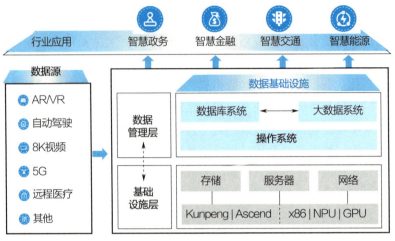

图 4-6 数据基础设施

数据基础设施需要面向数据构建全方位的安全体系，保障数据端到端的安全和隐私合规，打造开放的数据生态环境，推动全社会数据的共享和开放，创造更大的价值。

2. 数据新型基础设施的特征

数据基础设施应具备融合、协同、智能、安全、开放特征，以帮助企业实现存储智能化、管理简单化和数据价值最大化。其中，融合指的是"一横一纵"的融合模式，横向融合是数据全生命周期存储的融合，纵向融合是数据处理与数据存储的垂直优化；协同指的是支撑异构异地数据源的协同分析；智能指的是贯穿数据基础设施每个环节的智能化的能力支撑；安全指的是提供平台安全、数据安全、隐私合规全方位的安全防护体系；开放指的是数据基础设施的发展需要包容开放的技术和产业生态。

4.3 算力新基建

在 5G DICT 数字时代，数字技术革命和产业变革正在重塑全球经济结构。算力作为数字经济时代的关键指标（KPI），是支撑数字经济发展的坚实基础，对推动科技进步、促进行业数字化转型以及支持经济社会发展发挥重要的作用。当前，5G、物联网、云计算、大数据、人工智能、区块链等数字技术体系加速创新突破，数据的爆炸式增长、算法复杂度的不断提高，以及应用场景的日益多元化，推动算力需求和要求不断升级。算力已成为全球战略竞争新焦点，并且多样化态势日益凸显，是国民经济发展的重要引擎。

4.3.1 算力的概念、内涵与发展框架

1. 算力的概念与单位

算力也被称为哈希率，最早用来衡量比特币"挖矿"的区块链网络处理数学与加密相关操作能力，即为计算机、CPU、GPU 等电子设备计算哈希函数输出的速度。随着数字技术

体系的发展与 DICT 数字时代的来临，算力与数据、算法一起，逐渐成为新基建三大核心要素，作为数字底座推动数字经济健康、绿色、有序发展。

在概念上，算力是以 CPU 为代表的通用计算能力及以 GPU 为代表的高性能计算能力的总称。其实现的核心是 CPU、GPU、FPGA、ASIC 等各类计算芯片，并由计算机、服务器、数据中心、高性能计算集群和各类智能终端等承载。海量数据处理和各种数字化应用都离不开算力的分析和计算。

计算公式为

$$CP = CP 通用 + CP 高性能$$

算力数值越大，代表综合计算能力越强，常用的计量单位是每秒执行的浮点数运算次数，用 FLOPs 表示。常见算力单位换算如下：

$$1 \text{ MFLOPs} = 10^6 \text{ FLOPs}$$
$$1 \text{ GFLOPs} = 10^9 \text{ FLOPs}$$
$$1 \text{ TFLOPs} = 10^{12} \text{ FLOPs}$$
$$1 \text{ EFLOPs} = 10^{18} \text{ FLOPs}$$

据测算，1 EFLOPs 约为 5 台天河 2A 或者 50 万台主流服务器 CPU 或者 200 万台主流笔记本计算机的算力输出。

2. 算力的内涵

从狭义上看，算力是设备通过处理数据实现特定结果输出的计算能力。从广义上看，算力是 5G DICT 时代社会经济的 GDP，代表数字生产力与生产关系，是支撑数字经济发展的数字基建。数字经济时代的关键资源是数据、算力和算法，其中，数据是生产原料和关键生产要素，算力是生产资料，算法是生产力与生产关系，构成数字经济时代最基本的生产基石。现阶段，5G、云计算、大数据、物联网、人工智能等数字技术的高速发展，推动数据的爆炸式增长和算法的复杂程度不断提高，带来了对算力规模、算力能力等需求的快速提升，算力的进步又反向支撑了应用的创新，从而实现了技术的升级换代、应用的创新发展、产业规模的不断壮大和经济社会的持续进步。

3. 算力发展框架

在 5G DICT 数字经济时代，算力规模与 GDP 一样，是衡量一个国家和地区数字生产力发展水平的重要指标。算力环境是数字生产力发展的重要条件，算力应用反映了数字生产力的需求状况。算力环境为算力规模发展提供坚实支撑，算力应用拉动算力规模的增长，三者相互促进、协同发展。

如图 4-7 所示，现阶段，算力规模主要包括基础算力、智能算力和超算算力三部分，分别提供基础通用计算、人工智能计算和科学工程计算。其中，基础算力主要是基于 CPU 芯片的服务器所提供的计算能力；智能算力主要是基于 GPU、FPGA、ASIC 等芯片的加速计算平台提供人工智能训练和推理的计算能力；超算算力主要是基于超级计算机等高性能计算集群所提供的计算能力。算力环境主要包括网络环境和算力投入等因素，持续优化的网络环境为算力发展提供坚实支撑，大规模算力投入将会对算力增长产生直接和间接的推动作用。算力应用主要包括消费应用和行业应用，消费应用和行业应用带来了对算力规模、算力能力等需求的快速提升，算力的进步又反向推动了应用的发展。

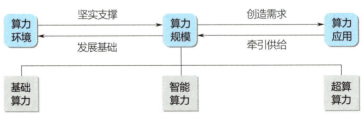

图 4-7 算力发展架构

4.3.2 算力特征与算网网络

1. 算力特征与趋势

5G DICT 时代，5G、大数据、云计算、人工智能、边缘计算、区块链等数字技术的创新，加速了数字经济的发展。数字经济的发展将推动海量数据产生，数据处理需要云边端协同的强大算力和广泛覆盖的网络连接。算力多样性、算网一体化等成为算力的重要特征与趋势，具体体现在以下几个方面：

1) 算力多样性。如图 4-8 所示，随着云计算、边缘计算、智能终端设备等新型网络业务和应用的不断发展与成熟，算力呈现出内核多样化、分布部署的趋势。除了通用计算外，高性能计算、智能计算的出现，使得算力内核不断向 GPU、FPGA 和 NPU 等异构化方向发展。近年来，随着 5G、物联网、边缘计算的繁荣发展，海量终端接入网络，算力逐渐向边缘侧和端侧延伸，边缘算力逐渐丰富。算力整体上呈现云边端三级架构，具备云算力超集中、边端算力超分布的特征。

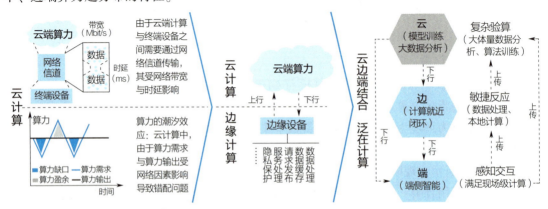

图 4-8 算力多样化

2）算网一体化。5G 通信网络的快速发展让算力向网络边缘节点扩展，让数据要素特征更加明显，让用户更便捷地使用。算网一体化通过网络连接分布式算力，可突破单点算力的性能极限，发挥算力的集群优势，提升算力的规模效能。对算网资源的全局智能调度和优化，可有效促进算力的"流动"，满足业务对算力按需分配使用的需求。

3）数字技术加速深度融合。算力将成为数字技术融合、多领域协同的重要载体。算力内核的极致化和专用化（如 GPU/DPU）推动了人工智能、大数据、区块链等数字技术的性能不断提升。行业数字化转型也需要综合应用组合技术创新。例如，区块链解决了多方数据可信的问题，大数据为人工智能提供了海量的训练集，人工智能提升了区块链的效率等。人工智能、大数据、区块链等技术的融合和跨领域协同，可进一步提升算力服务的智能化水平可信交易能力，推动算力服务向纵深发展。

4）算力即服务。算力与网络的深度融合，推动算网服务向算力即服务方向转变。算网服务从过去"云+网"服务的简单组合，转变为算网深度融合、灵活组合的即插即用式的共享服务。云原生、SDN、SD-WAN、Serverless（无服务器计算）等技术的不断成熟，以及在网计算、意图感知等技术的探索，让服务开始从资源型向任务型发展，跨层次、多形态的算力服务能力将更加丰富。

2. 算力网络

5G DICT 时代，如何高效协同地利用算力资源成为当前网络领域研究的一项重要新课题。在此背景下，算力网络（Compute First Networking，CFN）的概念被提出，并引起了广泛的关注，其基本思想是将算力和网络深度融合，实现算网一体化，协同分布式的计算资源，提升计算资源的利用率，同时改善用户的网络服务体验。

算力是设备/平台处理、业务运行的关键核心能力。在算力网络中，算力的提供方不再是某个服务器、数据中心或集群，而是分布式部署、异构兼容的各种计算与网络设备。因此，针对算力资源泛在化的、分布式、异构化的特点，算力网络将云边端这种泛在化的算力资源通过 IP 网络的方式连接在一起，实现算网深度融合，提供算力的高效共享。

图 4-9 所示为算力网络体系架构示意图。在逻辑功能上，算力网络体系架构分为算网基础设施层、编排管理层和运营服务层。算网基础设施层是算力网络的坚实底座，以高效能、集约化、绿色安全的数字新基建为基础，形成云边端多层次、立体泛在的分布式算力体系，满足中心级、边缘级和现场级的算力需求。网络基于全光底座和全 IP 化承载技术，实现云边端算力高速互联，满足数据高效、无损传输需求。用户可随时、随地、随需地通过无所不在的网络接入无处不在的算力，享受算力网络的优质服务。编排管理层是算力网络的调度中枢，算网大脑是编排管理层的核心。通过将算网原子能力灵活组合，结合人工智能与大数据等技术，向下实现对算网资源的统一管理、统一编排、智能调度和全局优化，提升算力网络效能，向上提供算网调度能力接口，支撑算力网络多元化服务。运营服务层是算力网络的服务和能力提供平台，通过将算网原子化能力封装并融合多种要素，实现算网产品的一体

化服务供给，使客户享受便捷的一站式服务和智能无感的体验。同时，通过吸纳社会多方算力，运营服务层结合区块链等技术构建可信算网服务统一交易和售卖平台，提供"算力电商"等新模式，打造新型算网服务及业务能力体系。

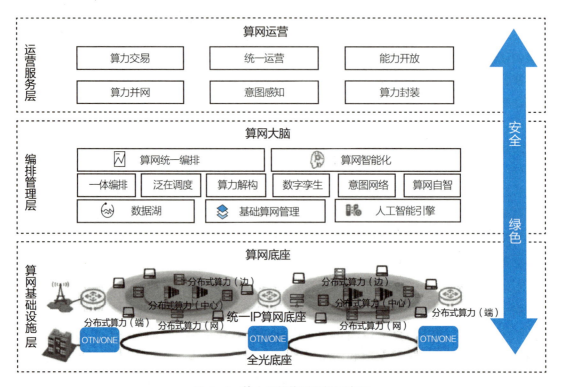

图4-9 算力网络体系架构示意图

总之，算力网络是以算为中心，以网为根基，网、云、数、智、安、边、端、链（ABCD-NETS）等深度融合，提供算网一体化服务的新型信息基础设施。算力网络的目标是实现"算力泛在、算网共生、智能编排、一体服务"，逐步推动算力成为可一点接入、即取即用的公共服务，达成"网络无所不达、算力无所不在、智能无所不及"的愿景。

4.3.3 "东数西算"打造算力新基建

1. 什么是"东数西算"

为推动数字经济发展，我国陆续出台了多项政策，正加快构建以算力和网络为核心（即算网一体）的新型基础设施体系。2021年5月，国家发改委等四部委联合发布《全国一体化大数据中心协同创新体系算力枢纽实施方案》，明确提出布局全国算力网络国家枢纽节点，打通网络传输通道，提升跨区域算力调度水平，加快实施"东数西算"工程，构建国家算力网络体系。同年7月，工信部印发《新型数据中心发展三年行动计划（2021—2023年)》，明确用3年时间形成布局合理、技术先进、绿色低碳、算力规模与数字经济增长相适应的新型数据中心发展格局。同年11月，工信部在《"十四五"信息通信行业发展规划》中提出，算力能力的提升是"十四五"时期的重点任务之一，在算力提升方面，要实现算力设施服务能力显著增强。2022年1月，算力建设被正式纳入国家新型基础设施发展建设体系。同年2月，国家发改委、中央网信办、工业和信息化部、国家能源局四部门联合印发通知，同意在京津冀、长三角、粤港澳大湾区、成渝、内蒙古、贵州、甘肃、宁夏等地启动建设国家算力枢纽节点，并规划了10个国家数据中心集群。

什么是"东数西算"？"数"指的是数据，"算"是算力，即对数据的处理分析能力。简单来说，就是把我国东部经济发达、数据丰富而能源缺口较大的地区数据拿到可再生能源丰富的西部地区去处理分析。要实现这一目标，需要构建一张全国一体化的算力网络，同时还必须布局一些重要的枢纽节点。"东数西算"是通过构建数据中心、云计算、大数据一体化的新型算力网络体系，将东部算力需求有序引导到西部，优化数据中心建设布局，促进东西部协同联动。

国家发展和改革委员会等四部门联合印发文件，启动"东数西算"工程，提出要进一步加大统筹力度，发挥政策叠加效应，推进算力网络一体化布局和体制及机制改革创新，提升整体算力规模和效率，提升八大算力枢纽、十大集群的影响力和集聚力，牵引带动全国算力一体化协同发展。至此，全国一体化大数据中心体系完成总体布局设计，"东数西算"新基建特大工程正式全面启动。

2. "东数西算"打造算力新基建

算力，如同农业时代的水利、工业时代的电力，已成为数字经济发展的核心生产力，是国民经济发展的重要基础设施。我国数据中心大多分布在东部经济发达地区，由于土地、能源等资源日趋紧张，在东部大规模发展数据中心难以为继。而我国西部地区的资源充裕，特别是可再生能源丰富，具备发展数字中心、承接东部算力需求的潜力。实施"东数西算"工程，推动数据中心合理布局、供需平衡、绿色集约和互联互通，将提升国家整体算力水平，促进绿色发展，扩大有效投资，推动区域协调发展。

作为算力新基建重大工程，"东数西算"与"南水北调""西电东送""西气东输"等特大工程一起构成国家基建领域重大战略，如图4-10所示。"南水北调""西气东输""西电东输"着眼的分别是水、气、电，而"东数西算"着眼的则是数据和算力。

图4-10 四大基建工程

按照全国一体化大数据中心体系布局，8个国家算力枢纽节点将作为我国算力网络的骨干连接点，发展数据中心集群，开展数据中心与网络、云计算、大数据之间的协同建设，并作为国家"东数西算"工程的战略支点，推动算力资源有序向西转移，促进解决东西部算力供需失衡问题，如图4-11所示。

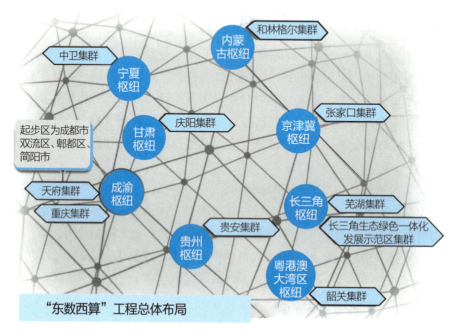

图4-11 "东数西算"枢纽节点分布

要进一步加大统筹力度，发挥政策叠加效应，一体化推进算力优化布局和体制机制改革创新，加快提升8大算力枢纽的影响力和集聚力，牵引带动全国算力一体化协同发展。一是加强网络设施联通。加快打通东西部间数据直连通道，打造一批"东数西算"示范线路。优化通信网络结构，提升国家数据中心集群的网络节点等级，提高网络传输质量。二是强化能源布局联动。加强数据中心和电力网一体化设计，推动可再生能源发电企业向数据中心供电，并支持数据中心集群配套可再生能源电站，对落实"东数西算"成效突出的数据中心项目优先考虑能耗指标支持。三是支持技术创新融合。鼓励数据中心节能降碳、可再生能源供电、异构算力融合、云网融合、多云调度、数据安全流通等技术创新和模式创新，加强对关键技术产品的研发支持和规模化应用。四是推进产业壮大生态。支持完善数据中心产业生态体系，加强数据中心上游设备制造业和下游数据要素流通、数据创新型应用和新型消费产业等集聚落地。支持西部算力枢纽围绕数据中心就地发展数据加工、数据清洗、数据内容服务等偏劳动密集型产业。

实施"东数西算"工程，推动数据中心合理布局、优化供需、绿色集约和互联互通，具有多方面的意义。一是有利于提升国家整体算力水平。通过全国一体化的数据中心布局建设，扩大算力设施规模，提高算力使用效率，实现全国算力规模化、集约化发展。二是有利于促进绿色发展。加大数据中心在西部布局，将大幅提升绿色能源使用比例，就近消费西部绿色能源，同时通过技术创新、以大换小、低碳发展等措施，持续优化数据中心能源使用效率。三是有利于扩大有效投资。数据中心产业链条长、投资规模大，带动效应强。通过算力枢纽和数据中心集群建设，将有力带动产业上下游投资。四是有利于推动区域协调发展。通过算力设施由东向西布局，带动相关产业有效转移，促进东西部数据流通、价值传递，延展东部发展空间，推进西部大开发形成新格局。

4.4 电力新基建

电力新基建作为数字技术体系在能源电力领域的实际应用，赋能传统能源电力行业，是电力数字化转型的重要手段。因此，如何对电力新基建进行顶层设计，宏观把控电力新基建的发展方向和建设重点，从而实现电力数字化转型是当前亟需解决的问题。

4.4.1 电力新基建的概念与内涵

1. 什么是电力新基建

电力新基建是新基建在电力行业的一种具体应用，是互联互通的能源电力系统与信息通信技术深度融合的产物。自"互联网+"智慧能源提出后，国内各电力企业纷纷致力于能源与数字技术的融合研究与实践，提出了电力物联网、数字电网等一系列电力新基建相关概念。

1）"互联网+"智慧能源。2016年2月，国家发展和改革委员会、国家能源局、工业和信息化部联合制定的《关于推进"互联网+"智慧能源发展的指导意见》发布。官方首次明确了"互联网+"智慧能源的定义：能源互联网以电为核心，综合运用先进的电力电子技术、信息技术和智能管理技术，将大量由分布式能量采集装置，分布式能量储存装置和各种类型的负载构成的新型电力网络、石油网络、天然气网络等能源节点互联起来，以构建能量双向流动的能量对等交换与共享网络。能源互联网是互联网思维及技术与智慧能源系统的有机交融，是促进可再生能源消纳，提高能源使用效率，构建低碳可持续能源系统的重要途径。

2）电力物联网。2020年6月，国家电网公司发布"数字新基建"十大重点建设任务，其中包括建设覆盖电力系统各环节的电力物联网。电力物联网是围绕电力系统各环节，充分应用移动互联、人工智能等现代信息技术、先进通信技术，实现电力系统各个环节的万物互联、人机交互，具有状态全面感知、信息高效处理、应用便捷灵活特征的智慧服务系统。也就是说，运用新一代信息通信技术将电力用户及其设备、电网企业及其设备、发电企业及其设备、电工装备企业及其设备连接起来，通过信息的广泛交互和充分共享，以数字化管理大幅提高能源生产、能源消费和相关领域安全、质量和效益及效率水平。

3）数字电网。2020年10月，南方电网公司发布《数字电网白皮书》，明确了数字电网的定义：数字电网是以云计算、大数据、物联网、移动互联网、人工智能、区块链等新一代数字技术为核心驱动力，以数据为关键生产要素，以现代电力能源网络与新一代信息网络为基础，通过数字技术与能源企业业务、管理深度融合，不断提高数字化、网络化、智能化水平，而形成的新型能源生态系统。数字电网具有灵活性、开放性、交互性、经济性、共享性等特性，使电网更加智能、安全、可靠、绿色、高效。

2. 电力新基建的内涵与外延

在内涵上，电力新基建以电力大数据为驱动，以5G、工业互联网、物联网等数字信息网络基础设施为基础，以与电力基础设施适配的专用信息网络基础设施建设为手段，推动云计算、大数据、人工智能、区块链等数字技术体系应用于电力物联网和电力应用平台，促进电力数据流动环节的源、网、存、算、用等设施与电力能量流动环节的源、网、储、荷等设施融合发展，支撑电力基础设施的再电气化、数字化、网络化、智能化升级，进而实现电力系统的精准负荷控制、现货交易、需求响应、低碳高效、智能控制。

在外延上，电力新基建不仅将推动电力数字化转型，还将外延助力交通、楼宇建筑、工业制造业等领域数字化转型，支撑国民经济数字化转型。在交通领域，电力新基建通过发展电动汽车、布局充电桩构建智能充电网络，建设城际高速铁路、城市轨道交通、智能海港空港，实现交通领域数字化和智能化转型。在楼宇建筑领域，电力新基建通过推动大数据、人工智能、5G等先进技术与基础设施的深度融合，使得传统楼宇建筑发展为智能楼宇。在工业制造业领域，电力新基建将带动产业的上下游，引导工业制造业领域的相关企业进行数字化转型，从研发、设计、生产、销售、管理、服务等各个阶段深度参与电力新基建的全生命周期建设，促进工业制造业领域的创新升级。同时，电力新基建将比以往更加重视与需求侧，特别是与工业制造业这类用电大户的互动，通过电气化和绿电交易助力工业制造业领域实现"双碳"目标，并通过需求侧响应、虚拟电厂等技术在工业制造业领域提升能源利用效率，降低用能成本。

4.4.2 电力新基建的特征

作为数字技术与传统基建的深度融合，电力新基建具有基础公用性、行业特有性、安全可靠性、多元多样性和交叉融合性等特征。

1）基础公用性。电力新基建具有典型的基础公用特性，其运行服务面向全社会开放。电力新基建设施属于公共物品的范畴，具有公平性、普惠性和公共性的公共设施特征。其主要目的是保障电力供应，提高生产效率，促进社会生产，提高社会福利。因此，如何为人民群众提供公平、可及的电力服务，增强公共服务的公平性和可及性成了政府及相关企业需要解决的问题。

2）行业特有性。由于电力行业参与者具有的商业属性，因此电力新基建被赋予了"社会基础设施+商业开放"的行业特有性，其本质是对于基础设施的创新赋能，实施对象主体都是基础设施，对市场、资本开放的商业属性是其与传统基础设施的显著区别，即"新基建"不仅是对居民生活起到保障作用的社会基础设施，同时也是商业基础设施。因此需要广泛撬动市场化资本和机制，吸引更多社会资本和各类市场主体参与新基建的建设和价值创造，带动产业链上下游共同发展，与全社会共享发展成果。

3）安全可靠性。电力新基建的建设是为了能源更加安全可靠地供应、运行和使用，相较于原有基础设施建设，其安全可靠性更强。未来电力系统将发展成一个庞大而复杂的信息物理社会耦合系统，能量流、信息流、价值流的双向流动和深度融合对电力信息系统的安全可靠性提出了更高的要求，未来电力新基建需要保证能源的可靠供应，保证电力、信息和业务的安全稳定。以新一代信息通信网络为基础的电力新基建建设，将通过5G、区块链等移动通信技术的创新与应用，使电力系统的数据传输速率更快、稳定性更强、安全性更高，有效保障信息网络的安全可靠性。

4）多元多样性。电力新基建在技术层面与产业层面均具有高度的多元性，支持源、网、储、荷等层面多元主体的接入参与。能源大数据资源与数字经济将驱动传统的"物理能源"消费理念逐步过渡到"能源、信息、服务"综合消费理念，从而催生出更加丰富多元的能源生产和消费类型，多种新型主体融入能源生态圈，能源服务商将为用户提供多样化、定制化的综合服务，进而产生多种商业模式，并形成高度开放的多元生态系统。

5）交叉融合性。电力新基建是能源和信息在业务与技术层面上的深度交叉融合，是能源和数字技术体系在能源供需过程中的交叉支撑。其中，能源技术包括了能源生产技术、存储技术、输送技术及消费技术等，结合数字技术体系，在能源供应和消费过程应用，促进能源、信息和业务的交叉融合。因此，电力新基建是一个多学科、多行业、多技术交叉融合的产业，需要信息与能源的双向流动，需要信息产业和能源产业的深度融合。

4.4.3 电力新基建的发展现状

自新基建理念提出以来，各级政府及企业均已积极行动起来，开展新基建部署。在电力领域，国家电网公司发布了"数字新基建"十大任务，南方电网公司提出了数字电网概念加速数字化转型，华能、大唐、华电、国家能源、国家电投、中核等发电企业纷纷布局"新基建"项目，中国电建、中国能建等电力建设企业也都加大了"新基建"项目的建设力度，一些具有创新活力的民营企业也都通过各种形式参与电力"新基建"项目。目前，电力新基建在电力物联网、能源大数据中心、能源工业云网平台等方面已取得一定进展。

1）电力物联网。电力物联网是物联网技术在电网中的应用，是数字技术发展到一定阶段的结果，其将有效整合通信基础设施资源和电力系统基础设施资源，提高电力系统数字化、网络化水平，改善电力系统现有基础设施利用效率，为电网发、输、变、配、用电等环节提供重要技术支撑。在具体落地上，国家电网公司率先提出建设电力物联网，打造能源互联网企业的目标；南方电网公司提出数字电网战略，开展面向电力物联网的应用设计、智能电网技术相关实践应用布局。

2）能源大数据中心。2016 年，国家发改委、能源局等联合印发《关于推进"互联网+"智慧能源发展的指导意见》，明确提出要发展能源大数据服务应用。2020 年 9 月，国家能源局指出将以电力系统为中心，加快能源互联网平台建设，推动能源产、运、储、销、用各环节设施的数字化转型升级。能源大数据中心建设通常由政府主导，由大型能源电力企业部署实施。目前，已在天津、上海、重庆、河南、山东、青海、福建、湖南以及辽宁等多地开展建设工作，推进跨品种能源数据整合。

3）能源工业云网平台。能源工业云网平台以坚强智能电网为基础，是具有安全可靠、泛在互联、高效互动、智能开放特征的智慧能源系统，对优化能源资源配置、提高能源利用效率有重大意义。国家电网公司发布的《2020 年智能用电专业工作要点》文件表示要紧密跟随分布式光伏、储能政策、技术、产业发展，研究对电网的影响，构建线上、线下全流程一体化服务支撑体系。云网平台通过整合电源端、电网端、用户端、制造企业、运维企业、金融机构、行业协会等各能源方的信息数据资源，实现"全环节、全贯通、全覆盖、全生态、全场景"的新能源服务，依托电力物联网，建设智慧能源系统运行控制云平台，提高电力系统对可再生能源的接纳能力，推动能效提升与能源服务升级。现阶段，业内已经布局包含新能源云平台、车联网平台、综合能源服务共享平台在内的多个能源工业云网平台。

4.4.4 电力新基建的发展模式

新基建与传统基建的建设内容不同，导致商业模式也不同。传统基础设施建设主要指"铁公基"，包括铁路、公路、机场、港口、水利设施等建设项目。新基建主要指以 5G、数据中心、人工智能、工业互联网、物联网为代表的新型基础设施，本质上是信息数字化的基础设施。新基建的技术更新换代快速，新技术投资具有较大风险，在开发周期、技术人员、成本、市场推广等方面均有较多的不确定因素。我国在新基建建设初步阶段，需要探索投资建设运营模式以推动新基建的发展。

在投融资方面，传统基建主要由政府投资，新基建轻物质重科技，投资方式不再主要靠政府投资，而是更大限度地发挥市场作用，采用政府、企业和其他市场主体多元化的投资模式；在建设运营方面，新基建网络化、平台化的运营方式，与传统基建的运营完全不同，网络平台的运营多采用"线下+线上"模式，打通上下游产业链，整合上下游资源，寻找并开发新的商业模式。

电力新基建的投资运营模式主要涉及投资和运营主体、资本构成和营利导向等。基础设施既可作为公共品由政府或政府投资的企业提供，也可作为商品由市场主体建设和运营（但要受政府的严格监管）。模式探索分为以下三类：

第一类，对于作为公共品的基础设施，具有较强的公共、公益属性，由政府或政府投资的企业主导建设和运营，资金可能更多地来自于财政资金或者是配套的政策性金融。此类基础设施的运营由事业单位或者政府主导的企业单位负责。

第二类，对于商用的、专有的基础设施，可作为商品由市场主体建设和运营（但要受政府的严格监管）。充分调动包括国有企业、民营企业（尤其是高新技术民营企业）和外资企业在内的多元市场主体力量，在市场激励机制的作用下发挥企业的创新活力，让企业在新基建的投资运营中发挥更大的作用，如 5G 的应用、企业专有的数据中心、物联网的专有部分等。对于既有公共产品的开放、非排他性，也具有服务功能的商业属性的项目（如微电网项目），可以探索采用政府和社会资本合作（PPP）、不动产投资信托基金（REITs）模式，如微电网项目。

第三类是用户侧电力新基建配套设施建设，如楼宇、交通、城市公共事业等，根据用户侧具体项目的特点，选择是由政府投资还是由市场主体来投资建设，也应结合具体项目采用灵活的运营模式。

4.5 新基建赋能传统产业数字化转型

"新基建"可全面促进信息技术的市场化应用，加速传统产业数字化转型，推动数字产业形成和发展，催生新产业、新业态、新模式，最终形成数字产业链和产业集群。"新基建"对传统产业进行全方位、全角度、全链条的基础改造，有利于推动产业结构优化升级，实现对经济发展的放大、叠加、倍增效果。

加快 5G、人工智能、工业互联网、物联网等新型基础设施建设是布局数字产业新业态，赋能数字经济健康快速发展，扩大强劲的内需市场，推动经济社会高质量发展的重要力量。人工智能、物联网与实体经济正在加速走向深度融合，随着新型基础设施的建设和应用，必将释放更多的经济动力和消费需求，对实体经济产生全方位的带动作用。新型基础设施建设需求大、投资多、周期长，在促投资、稳增长中发挥重要作用，同时带动传统基础设施智能改造和传统产业数字化转型升级，进一步发挥投资乘数效应。

以习近平新时代中国特色社会主义思想为指导，全面贯彻党的十九大和十九届历次全会精神，立足新发展阶段，完整、准确、全面贯彻新发展理念，构建新发展格局，推动高质量发展，统筹发展和安全、统筹国内和国际，以数据为关键要素，以数字技术与实体经济深度融合为主线，加强新型基础设施建设，完善数字经济治理体系，协同推进数字产业化和产业数字化，赋能传统产业数字化转型升级，培育新产业、新业态新模式，不断做强、做优、做大数字经济，为构建数字中国提供有力支撑。

第 5 章 DICT 时代面临的挑战、信息安全与数字治理

当前，世界面临百年未有之大变局，加快经济结构优化升级，提升科技创新能力，变压力为加快推动经济高质量发展的动力至关重要。数字经济是以数字化的知识和信息为关键生产要素，以数字技术创新为核心驱动力，以现代信息网络为重要载体，通过数字技术与实体经济深度融合，不断提高传统产业数字化、智能化水平，加速重构经济发展与政府治理模式的新型经济形态。

同时，数字经济的蓬勃发展，给经济社会带来了颠覆性影响。无论是从生产组织形式，还是从生产要素等方面来看，数字经济都是一种与农业经济、工业经济截然不同的经济形态。尤其是数字经济的数据化、智能化、平台化、生态化等特征，深度重塑了经济社会形态，引发了数字经济治理的根本性变革。传统的治理理念、治理工具等，均面临前所未有的挑战，而且这些挑战是全球数字经济治理面临的共同难题。在此背景之下，寻找数字经济治理的准确定位，构建适应全球数字经济发展趋势的治理体系，保障数字化转型升级，具有极大的紧迫性与必要性。

5.1 5G DICT 时代面临的挑战

近年来，随着数字经济的高速发展，数字平台力量日益强大，带来了市场的竞争失序、用户权益损害、财富分配失衡等突出问题。

5.1.1 工业革命初期圈地运动与"羊吃人"

在 15 世纪以前，英国的生产主要还是以农业为主，纺织业在人们的生活中还是一个不起眼的行业。随着新航路的发现，国际间贸易的扩大，在欧洲大陆西北角的佛兰德尔地区，毛纺织业突然繁盛起来，附近的英国也被带动起来。毛纺织业的迅猛发展，使得羊毛的需求量逐渐增大，市场上的羊毛价格开始猛涨。英国本来是一个传统的养羊大国，这时除了满足国内的需求外，还要满足国外的羊毛需求。因此，养羊业就变得越来越有利可图。这时，一些有钱的贵族开始投资养羊业。

由于养羊需要大片的土地，贵族们纷纷把原来租种他们土地的农民赶走，甚至把他们的房屋拆除，把可以养羊的土地圈占起来。一时间，英国到处可以看到被木栅栏、篱笆、沟渠

和围墙围成的一块块草地。被赶出家园的农民，则变成了无家可归的流浪者。这就是圈地运动。著名作家托马斯·莫尔将之形象地描述为"羊吃人"的运动。

5.1.2 "数字霸权"——DICT时代"羊吃人"现象

5G DICT时代，随着云计算、大数据、人工智能、区块链等数字技术的创新、融合与应用，"数据＋算力＋算法"代替了"人＋系统＋流程"三大要素，成为数字经济新型基础设施底座运作范式。作为数字经济时代信息生产力与生产关系的抽象，算法在社会经济活动中的重要性日趋凸显，但也带来不可忽视的大数据杀熟、望梅止渴式奖励、算法黑箱等不公平现象和隐含的风险。

1. 算法造就平台经济"赢者通吃""一家独大"的新垄断格局

数字平台作为数字经济的微观基础，是5G DICT时代数字生产力的组织方式，是推动社会经济发展转型的新动能，展现出平台经济的强大生命力。数字平台成为数字经济时代协调和配置资源的基本经济组织，是价值创造和价值汇聚的核心。它将市场中的供给端和需求端通过网络连接在一起，汇聚了不同地区、众多领域的海量产品和服务资源，实现数据、信息及资源的聚集，在更大范围内实现了产品交换与资源配置。

在数字经济理论中，数据已成为重要的关键生产要素，数据的获取和分析能够显著改善资源配置效率，提升社会经济生产效率，促进产品和服务创新。随着数字经济规模的不断扩大，一些大型数字平台企业在不断拓展经营边界的同时，通过多业务场景收集了大量的排他性用户数据（大数据），掌握了数字经济时代最核心的资源与技术，造成"数据寡头""数据垄断"等"数字鸿沟"。

同时，作为软件和程序的灵魂，算法本身是一个技术概念，顾名思义，是指"计算的方法"，体现为一系列解决问题的步骤或计算机指令。随着电子计算机的普及，"算法"一词逐渐为人们所熟知，算法在人们的最初印象中只是在"不折不扣"地执行人的指令，对算法的探讨也主要停留在其时间复杂度和空间复杂度等技术层面，算法安全风险尚未引起广泛关注。

在数字平台中，算法代表着使用系统的、全局的方法描述解决问题的策略机制，已渗透到社会各个领域。算法将数字平台大数据中的生产生活经验、逻辑和规则分析提炼后"固化"在代码上，使生产经营、交易融资等活动无须人工干预。自动执行的智能化数字经济模式，提高了社会运转效率，增强了社会成员的幸福度和安全感。算法利用数字平台的大数据和算力优势，大幅改善市场经济的匹配效率和交易成本。

但是，数字平台算法更容易产生黑箱现象，即算法运行的过程中所涉及的技术不透明、难解释且部分人无法了解或得到解释的现象，也就无法回避隐私数据泛滥、知识权力高度不对称、黑箱运作等风险。

因此，"数字鸿沟"和算法黑箱加速了数字平台"赢者通吃""一家独大"的垄断新格局。是否掌握充分的数据资源和足够的分析技术，已成为衡量数字平台竞争力水平的重要因素。

2. 人工智能引领数字技术加速"数字霸权"现象

与工业革命对人类体力劳动进行替代不同，数字技术的数字化、网络化、智能化特征既替代了体力劳动，又解放了智力劳动，并具有破坏性创新的特点，这给劳动力市场带来了挑战，造成了社会技术性失业与结构性失业。在以人工智能为主导的数字技术破坏性创新的冲击下，人工智能对人类劳动的替代几乎涉及每一个行业，如农业、制造业、翻译、法律、金融和医疗等。其行业或岗位原有工人由于知识、技能、观念、区域分布等原因无法满足数字技术需求而面临被智能机器人替代的风险，产生结构性失业。同时，数字技术作为新一代信息技术，由于技术进步提升了生产效率，让生产设备或机器人取代了人类劳动，从而减少了对劳动力的需求而造成的失业现象，被称为技术性失业。与结构性失业不同，技术性失业强调的是人工智能等数字技术冲击的覆盖面，而不考虑职业、行业所受到的不同影响。

虽然人工智能与数字技术会创造新的岗位和职业，然而这些新岗位往往属于高技能工作，在一定时间内会有一定程度的短缺。但是人工智能带来的世界扁平化和去中心化趋势，再加上"赢者通吃"的数字平台，使得高技术岗位只限于少数的高端劳动者。简言之，人工智能新创造的就业岗位数量有限且需要长期培育。如此一来，低技能的体力劳动者往往无法迅速适应这种产业变化，在短期内会受到失业冲击。

另外，人工智能算法程序的编写是由人完成的，而人又会将其价值观嵌入程序，编写程序过程中使用的数据也会不可避免地带有人的偏见，这致使弱势群体的处境更加艰难。

无论是数字技术导致现有就业结构的破坏，还是数字平台产生"数字鸿沟"与"赢者通吃"的垄断新格局，算法在数字平台与数字经济活动决策中起决定作用。特别是在暗箱操作的算法决策过程中，算法操纵者成为算法社会当之无愧的无冕之王。他们以数字平台为中心源源不断地抓取个人信息和数据，并从中获益。

因此，5G DICT 时代，数字经济的"数据+算力+算法"运作机制为机器人、人工智能和程序等数字技术与应用场景在评估、判断和决策方面提供比人类更迅捷、更高效的方案，推动社会经济生产力与生产关系数字化转型升级。类比于第一次工业革命中"羊吃人"的现象，DICT 时代数字技术革命中算法的渗透力和影响力越趋强大，成为数字经济时代的"羊"，引发"大数据杀熟""信息茧房""望梅止渴式奖励"等诸多"数字霸权"问题。

5.1.3 "数字霸权"典型案例

DICT 时代，作为构建数字平台的底层技术要素，定价算法、推荐算法等被广泛运用于电子商务、新闻媒体、交通、医疗等各领域。数字平台推动算法应用的广度和深度不断拓展，同时也引发了"算法公平"相关的负面影响，其典型案例有"大数据杀熟""网约车平台馅饼式奖励""外卖平台的算法霸权""信息茧房"等。

1. 大数据杀熟

所谓大数据"杀熟"，就是消费者在不知情的情况下"被溢价"，其本质是一种差异化定价策略，对于同样的商品和服务，通过大数据分析和预测的手段，对不同顾客的特征进行"精准画像"，并为其"量身定做"收取不同的价格。例如，同样是订一张飞机票，长期在平台上订票的"熟客"，基于其对平台更高的用户黏性和忠诚度，平台会"智能"地根据搜索频率等分析其对飞机票的迫切程度，进行动态浮动加价。

大数据杀熟是指互联网大厂利用自己数字平台所拥有的用户数据，对老客户实现价格歧视的行为，即对同一件商品或服务，给老客户的价格要高于新客户，实现利润空间最大化。

不同的消费者对价格的敏感度不同，支付意愿有差异，相比统一定价，差异化的定价行为更能提高商家利润。因此，互联网入口出现垄断，杀熟便会成为一种自然反应。

2. 网约车平台馅饼式奖励

馅饼式奖励是数字经济中的一种通过算法实现的高奖励宣传、高兑付门槛的获取客户与数据的望梅止渴式手段和方式。其中，某些网约车企业采取高额报酬和奖金宣传吸引大家关注和参与，但在平台上通过算法设置奖励兑付条件和障碍，使得很多用户不能公平、公正地领取平台承诺的那部分奖励和报酬。

馅饼式奖励是网约车平台吸引乘客和司机参与惯用的手段。平台为了鼓励网约车司机在早晚高峰出车，通常提出只要司机在规定时间内接一定的单数就能获得一笔额外的高额奖金。但当司机只差一单就能达到公开设置的条件并得到奖励时，平台却通过算法派单跳过该司机，优先选取其他尚未满足条件的司机，降低奖金的兑付率。

3. 外卖平台的算法霸权

当前，人们总会遇到争分夺秒的外卖骑手，背后推手就是数字平台的算法霸权。算法要求他们能人所不能、忍人所不忍，在更短时间内完成送货或送餐。同时，算法也在根据骑手的最新送货时间不断提高任务指标，使骑手成为交通事故中高风险人群。算法把服务客户的效率提升放在第一位，不顾真实世界中的等电梯、天黑路滑等各种问题。算法如果要节约2min，骑手就必须挤出那2min，这意味着有可能需要逆行、闯红灯。算法之所以行之有效，也是因为奖惩机制所带来的"大棒效应"，担心被罚款，担心被差评，就好像鞭子抽在身上一样，驱使着骑手们更快。

使用算法的外卖平台对此难辞其咎。外卖平台是一个典型的双边匹配平台，一边连接用户，一边雇佣外卖骑手，尽可能便捷地匹配骑手为用户送外卖。外卖平台之所以制定细致的考核方式，就是希望不断削减配送外卖所需要的时间，提升用户的满意度，从而提升用户的黏性和使用频次。就商业模式而言，外卖平台的确把"顾客是上帝"发挥到了极致，向顾客承诺30min送达，晚1min都可以投诉。顾客可以打分，可以投诉；骑手必须打卡，必须达标，必须完成KPI，不达标的结果就可能是罚款。显然，外卖平台算法缺乏基本的平等，把一边的用户体验建立在对另一边服务者的压榨之上。作为一家双边平台，如果只着眼于用户体验的提升，而不去考虑提供服务者的生存状态，这样的平台是不可持续的。

4. 信息茧房

信息茧房是指人们关注的信息领域会习惯性地被自己的兴趣所引导，从而将自己的生活桎梏于像蚕茧一般的"茧房"中的现象。由于信息技术提供了更自我的思想空间和任何领域的巨量知识，一些人可能会进一步逃避社会中的种种矛盾，成为孤立者。在社群内的交流更加高效的同时，社群之间的沟通并不见得一定会比信息匮乏的时代更加顺畅和有效。

"信息茧房"概念的提出不乏历史渊源。早在 19 世纪，法国思想家托克维尔就发现，民主社会天然地易于促成个人主义的形成，并随着身份平等的扩大而扩散。5G DICT 时代，高速网络信息带来了更多资讯和选择，看似更加民主和自由的表象下其实也蕴藏着对民主的破坏。从网络茧房的个人表征方面观察，可以发现，网络茧房以"个人日报"的形式彰显。

总之，"数字霸权"是以形形色色的现象和案例展现出来的，其关键并不在于算法本身。首先，人类编写和开发了算法程序，并将之接入各种数据库，进而使用或操纵算法程序。其次，在算法决策过程中收集和使用的数据是由人提供的，正是人决定了何时、为何及如何使用算法。最后，算法程序作为一种技术表现形式，是一群人与另一群人之间社会关系的中介物，它总是被嵌入社会关系之中，也折射出或者强化了人类社会中既有的复杂权力关系。因此，理解和思考"数字霸权"的关键是研究算法如何再生产人类社会中的权力关系，如何再现乃至放大人类社会中的权力不平等现象。对算法社会的批评不应仅仅停留在对算法程序和算法技术的关切上，而应放在算法程序背后默默收集并分析利用各种数据及操纵算法以达成其特定目标的个人和组织。

5.1.4 DICT 时代亟须国家数字经济治理

5G DICT 时代，数字技术革命和产业变革日新月异，数字经济蓬勃发展，深刻改变着人类生产及生活方式，对各国社会经济发展、全球治理体系、人类文明进程影响深远。

数字经济呈现出的数据化、智能化、平台化、生态化等一系列典型特征，及其给数字化转型带来的挑战，是数字经济治理的逻辑起点。

第一，虽然数据作为数字经济的关键生产要素，但相关规则体系严重缺失，数据开发与保护的平衡成全球难题。如何有效制定数据相关规则，以及如何在数据利用与安全保障之间寻求平衡，是当前数字经济治理面临的首要挑战。如何协调政府、行业、企业、个人等多元主体，形成协同共治机制？如何平衡数据开发利用和数据安全保护，实现发展与安全的齐头并进？如何构建覆盖数据全生命周期安全的治理框架？如何在各组织中落实数据安全治理的具体要求？这些都是当前数据安全治理面临的重要问题。

第二，数字经济具有智能化特征，其实现依赖于算法，算法是计算机程序运行的一系列规则。随着算法的日益普及，算法所引发的经济社会问题引起了广泛关注，如推荐算法相关的"信息茧房"问题、定价算法相关的"大数据杀熟"问题等。社会对算法的讨论并不仅仅停留在技术层面，而是从技术属性衍生至社会伦理与价值观层面。如何在保护平台企业商业秘密的前提下打开"算法黑箱"？如何减少算法在性别、种族、肤色、宗教等方面的歧视？算法到底应该中立，还是应该被赋予价值观？科技既可以"向善"，也可以"作恶"，而且技术可能降低"作恶"的成本，放大"作恶"的后果。如何才能更好地制约技术"作恶"的力量，让其"不作恶"，抑或让科技"向善"？这些都是算法治理中亟须回答的重大问题。

第三，数字经济的平台化特征提出新的反垄断难题。互联网平台模式是数字经济的重要组织形式。平台是一种居中撮合、连接两个或多个群体的市场组织。促进不同群体之间的交互与匹配是其主要功能。数字平台在极大降低交易成本、提高资源配置效率的同时，也带来了资源重组与权力重构，模糊了政府与市场的边界，对传统的政府与企业的关系、政府与市场的关系产生巨大冲击。如何定位平台的经济社会角色？如何理性认识数字经济的寡头垄断型市场格局？如何看待"赢者通吃"现象？这些都是数字经济治理亟须思考的难题。

第四，数字经济具有生态化特征，如何适应自媒体传播形势与机理的变化，发挥多元主体力量，以治理数字经济生态，对政府而言是一大考验。互联网平台连接了海量主体，并为这些主体提供了开展经济活动的网络空间。

因此，数字经济发展以及其数据化、智能化、平台化、生态化等特征，深度重塑了经济社会形态，引发了数字经济治理的根本性变革。传统的治理理念、治理工具等，均面临前所未有的挑战，而且这些挑战是全球数字经济治理面临的共同难题。基于数字经济的典型特征，聚焦于全球关注度极高且在治理实践上有重要进展的数据治理、算法治理、数字市场竞争治理、网络生态治理等核心内容，寻找数字经济治理的准确定位，构建适应全球数字经济发展趋势的治理体系，具有极大的紧迫性与必要性。

5.2 DICT 时代数据与信息安全

数据作为数字经济时代的关键生产要素，已成为 DICT 时代经济社会发展的核心驱动力。与此同时，日益严峻的数据与信息安全风险为数字化转型的持续深化带来严重威胁。为保障数字经济的健康有序发展，提高数据安全风险防控能力，国家、行业、地方相继出台多项数据安全法律法规，并接连开展相应的审查整治行动，提高政府数字治理能力。总体来说，面对 5G DICT 时代日益严格的合规要求及数字化转型下的新型安全威胁特点，国内数据与信息安全已进入合规合法的强监管的数字化治理新阶段。

5.2.1 网络安全与总体国家安全观

随着 5G DICT 数字技术体系的高速发展和数字经济时代的来临，国家利益在更多方面体现出来，安全形势也变得更为复杂，对国家安全的考虑进入更为全面也更为深入的程度。2015 年 7 月 1 日，全国人大常委会高票通过了《国家安全法》，通过基本法律形式确立了"总体国家安全观"在国家安全领域的指导地位，拓宽了国家安全的范畴。

网络安全作为总体国家安全不可缺少的组成部分，对总体国家安全具有显著的扩展影响，体现出非常独特的特点。党的十八大报告明确指出，要高度关注网络安全，健全信息安全保障体系。2016年11月7日，《网络安全法》在全国人大常委会通过，成为与《国家安全法》紧密配套的一项重要立法，也是网络领域的一部重要基础立法。

从总体国家安全观的视角出发，网络安全是整体的、不可分割的，同国家安全中的其他各个领域都有密切关系。技术发展变迁在不断重塑网络空间的同时，也扩展了网络安全的内涵，在重视信息安全、数据安全的基础上，还需要应对新的挑战。对数据安全的保护，不局限于数据本身，还需要进一步考虑数据对于人工智能的影响。相关法律制度对于数据的规制，也从数据安全进一步推进到算法安全。总体国家安全观要求必须强化算法安全意识，避免将其视为一种技术中立的纯粹工具。

2021年3月12日，《中华人民共和国国民经济和社会发展第十四个五年规划和2035年远景目标纲要》正式发布，明确提出将"加强网络安全基础设施建设，强化跨领域网络安全信息共享和工作协同，提升网络安全威胁发现、监测预警、应急指挥、攻击溯源能力"作为发展规划之一，对国家网络空间安全提出了更高的发展要求。网络安全威胁信息作为发现网络威胁、抵御网络攻击的重要依托，助力信息安全防御手段向主动化、自动化、精准化转型，对于维护国家网络空间安全、建设数字中国具有重要意义。

5.2.2 数据与信息安全

数据是信息的载体，信息是数据的核心含义，二者相辅相成、缺一不可。由于数据本身具有流动性、多样性、可复制性等不同于传统生产要素的特性，数据与信息安全风险在DICT数字经济时代被不断放大，因此，对数据与信息安全治理的要求也越来越高。同时，数字技术体系在不断重塑网络空间的同时，也扩展了传统网络安全的内涵，在重视信息安全、数据安全的基础上，还需要应对算法安全等新型挑战。

1. 网络与信息安全

传统意义上的网络安全是指计算机网络的安全，实际上也可以指计算机通信网络的安全，即以共享资源为目的，利用通信手段把地域上相对分散的若干独立的计算机系统、终端设备和数据设备连接起来，并在协议的控制下进行数据交换的系统。计算机网络的根本目的在于资源共享，通信网络是实现网络资源共享的途径，因此，计算机网络是安全的，相应的计算机通信网络也必须是安全的，应该能为网络用户实现信息交换与资源共享。

从网络安全的定义和信息安全的范围看，网络安全主要提供保障网络可靠性、安全性的产品和服务，传统产品形态主要有防火墙、防病毒产品等。随着网络技术的演变及安全形势的复杂化，网络安全也被赋予了新的内涵和外延，例如，云计算的广泛应用引入了虚拟化安全、云安全等概念，工业互联网的演进让工业网络安全成为新的焦点。同时，新的安全威胁也进一步拓展了网络安全的范畴，如利用物联网终端发起攻击、车联网安全等。网络安全产业的范畴将随着网络安全保障需求不断延伸和扩展。

信息与网络的区别在于，信息是一种无形资产，同其他重要的商业资产一样，对企业具有价值，需要适当的保护，通常以纸、电子、影片、交谈等多种形式存在；而网络是信息的一种载体，是信息存放、使用、交互的重要途径，作为一种容易识别的实体，是基础通信运营企业的有形资产。

与网络安全相比，信息安全的概念和范畴更大、更全面，不仅包含网络安全，还包含数据安全等相关内容。其定义是数据处理系统建立和采用的技术、管理上的安全保护，为的是保护计算机硬件、软件、数据不因偶然和恶意的原因而遭到破坏、更改和泄露。

5G DICT 时代，随着以云网融合为核心的算力基础设施的不断发展和数字技术应用的不断涌现，网络规模逐渐扩大，拓扑结构日益复杂，网络安全管理的难度不断增加。网络空间信息安全形势快速变化，国家级博弈更为突出、攻防对抗更为激烈、数字经济安全保障要求不断提升，网络安全形势演变对网络安全产业发展产生深刻影响。

2. 数据安全

数据安全技术最初是网络安全技术的一个分支，随着数字经济的发展和信息技术的演进，逐渐形成一套独立的技术体系，成为 5G DICT 时代的热点研究领域，进入快速发展期。作为关键生产要素，数据应用浪潮逐渐从互联网、金融、电信等热点行业领域向政务、医疗、防疫、制造等传统行业和领域拓展渗透。数字化、网络化、智能化的数字转型应用创造出纷繁多样的数据应用场景。

多样的数据应用场景增加了数据安全保护具体情境的复杂性，对数据安全防护工作提出了新挑战和新需求。一是如何在多样化的应用场景之下采取全新的应对模式，灵活而有效地保护数据处理过程中每一环节的安全，确保大数据技术在多渠道流通、多领域融合的复杂过程中的机密性、完整性、可用性，是大数据安全防护体系在新的应用场景下面临的全新挑战。二是频繁的数据共享和交换促使数据流动路径变得交错复杂，数据从产生到销毁不再是单向、单路径的简单流动，也不再仅限于组织内部流转，而是从一个数据控制者流向另一个控制者。在此过程中，实现异构网络环境下跨越数据控制者或安全域的全路径数据追踪溯源变得更加困难，特别是数据溯源中数据标记的可信性、数据标记与数据内容之间捆绑的安全性等问题更加突出。

数据安全主要包含两方面：一方面是指数据本身的安全，另一方面是指数据防护的安全。目前，数据安全的概念还没有得到大范围的普及，并且"数据安全"只能作为一个相对概念。由于没有绝对的安全，所以只能不断努力以做到更加安全。

3. 算法安全

近年来，数字技术与数字经济在加速互联网信息传播、繁荣数字经济、促进社会发展等方面发挥了重要作用。与此同时，算法的不合理应用也影响了正常的传播秩序、市场秩序和社会秩序，给维护意识形态安全、社会公平公正和网民合法权益带来了挑战。

随着人工智能、大数据等新一代数字技术体系的快速发展，算法的内涵逐渐演变为"用数据训练的模型"，算法不再一成不变，而是在不断被投喂数据的过程中持续进化。算法在变得越来越"智能"的同时，也给人们带来了日益强烈的"不适应感"，算法安全风险逐步进入公众视野，引起越来越多的关注。本质上讲，智能和风险是算法的一体两面，这也是技术从诞生到应用的必经阶段。

总体来看，算法安全风险既包括算法自身存在的算法漏洞、算法脆弱性、算法黑箱等"技术风险"，也包括算法不合理应用带来的算法偏见、算法霸凌、算法共谋等"社会风险"。

算法安全有三个维度的内涵，既要保证算法免受攻击以保障其可靠运用，也需要在国际竞争中开发出更为高效和智能的算法，还要求将算法的治理权力控制在国家权力的支配之下。通过基于不同维度的法律治理结构的建构，实现算法安全，将成为人工智能时代实现总体国家安全观要求的重要方面。

5.2.3 个人信息保护与隐私计算

5G DICT 数字经济时代，随着云计算、大数据、人工智能等新一代数字技术体系的创新与数字平台的广泛应用，数据成为新的关键生产要素，个人信息的数据资源价值凸显，用户个人的隐私保护已成为用户权益保护的最主要的热点领域之一。

随着个人信息链条延长，侵犯个人信息的行为不断涌现，用户个人信息保护面临严峻态势，主要体现在感知层面，智能设备的普及和多样化放大了个人信息收集的安全风险；网络层面，数据传输量巨大，传输安全存在隐患；应用层面，新技术的涌现挑战个人信息流通安全；商业层面，企业收集并使用个人信息存在泄露风险。如何在保护用户个人信息安全的同时努力做到合理、正当使用，将用户利益摆在核心位置，高度重视用户个人信息保护工作？这成为推动数字经济发展的首要问题。

面对数字经济时代数据要素与个人信息保护的矛盾日益突出，隐私保护计算是在提供个人信息保护的前提下，实现数据价值挖掘应用的技术体系。隐私计算面向个人信息全生命周期保护的计算理论和方法，是隐私信息的所有权、管理权和使用权分离时隐私度量、隐私泄露代价、隐私保护与隐私分析复杂性的可计算模型与公理化系统。常用的隐私计算有联邦学习、安全多方计算、机密计算、差分隐私和同态加密等。作为涉及多领域交叉融合的跨学科技术体系，隐私计算不是单一的数字技术，而是一项涉及人工智能、密码学、数据科学等数字技术的综合应用，可实现数据"可用不可见"。其核心目标是通过数据计算过程和数据计算结果的隐私安全保护功能，实现数据价值的流通，促进企业数据的合法合规应用，激发数据要素价值释放，进一步培育数据要素市场。

当前，全球范围内掀起了个人信息保护立法的浪潮，但尚未建立完善的数字规则，世界主要国家仍处于不断探索和完善阶段，远落后于全球数字化变革进程。美国、欧盟、日本等先后制定或修订个人信息保护相关规定，确立了个人信息收集和使用的基本规则，逐步完善了个人信息保护制度。我国采取政府主导的监管模式，法规标准、企业自律、用户监督等方面多管齐下，推动个人信息保护水平提升。

5.3 数据安全治理与数字治理体系

数据作为 5G DICT 时代的关键生产要素，正成为驱动数字经济时代的重要燃料，从某种程度上讲，数据的价值和作用并不亚于工业革命时代的煤炭、石油等能源燃料。由于数据本身具有流动性、多样性、可复制性等不同于煤炭、石油等传统生产要素的特性，因此数据安全风险在数字技术创新与应用中被不断放大。如何协调政府、行业、企业、个人等多元主体，形成协同共治机制？如何平衡数据开发利用和数据安全保护，实现发展与安全的齐头并进？如何构建覆盖数据全生命周期安全的治理框架？如何在各组织中落实数据安全治理的具体要求？这些都是数字经济规模化发展必须面对的重大挑战。

党的十九届五中全会对于发展数字经济，加强数字社会、数字政府建设，提升公共服务、社会治理等数字化智能化水平，首次明确了数字化发展内涵，即以数字经济、数字社会、数字政府为三大支柱开展数字技术创新与应用。《"十四五"数字经济发展规划》提出，基本建立协调统一的数字经济治理框架和规则体系，基本健全跨部门、跨地区的协同管理机制更加完善。对数据安全治理的要求也越来越高。

5.3.1 数据治理与数据安全治理

数据治理是指将数据作为生产要素资产而展开的一系列的具体化工作，是对数据全生命周期的管理，并通过对数据管理和利用进行评估指导和监督，提供创新的数据应用与服务，实现数据要素价值化。数据安全治理是数据治理的一个过程，但在对数据资产高度重视和注重隐私的数字经济时代，数据安全治理对保护个人信息权益，维护国家安全和社会公共利益，促进数据跨境安全、自由流动具有重要意义。

1. 数据治理

数据作为原始资源，在信息积累、知识沉淀、智慧决策的过程中实现价值增值。如图 5-1 所示，数据治理流程从数据资源到数据要素市场化，需要经历业务数据化、数据资产化、资产产品化、要素市场化 4 个阶段，实现数据要素价值化。其中，数据资产化是通过数据资产管理体系，将数据进行信息积累、知识沉淀、智慧决策，实现价值增值的过程，是进入要素市场化最关键的一步。

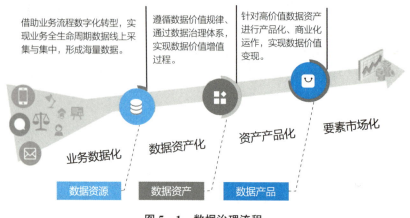

图 5-1 数据治理流程

数据治理是一个通过一系列信息相关的过程来实现决策权和职责分工的系统，这些过程按照达成共识的模型来执行，该模型描述了谁（Who）能根据什么信息，在什么时间（When）和情况（Where）下，用什么方法（How），采取什么行动（What）。作为数据化资产管理的基石，数据治理从数据本身的质量和使用出发，以数据质量提升和数据安全共享为目标，强调数据本身的处理与过程管理，保障数据完整性、准确性、一致性和时效性。

数据治理的最终目标是提升数据的价值。数据治理非常必要，是实现数字战略的基础，它是一个管理体系，包括组织、制度、流程、工具。从范围来讲，数据治理涵盖了从前端事务处理系统、后端业务数据库到终端的数据分析，从源头到终端再回到源头，形成一个闭环负反馈系统（控制理论中趋稳的系统）。从目的来讲，数据治理就是要对数据的获取、处理、使用进行监管（监管就是在执行层面对信息系统的负反馈），而监管的职能主要通过以下 5 个方面的执行力来保证——发现、监督、控制、沟通、整合。

总之，没有数据治理体系作为保障，数据不但不能转变为企业资产，还很容易让企业陷入"数据沼泽"的陷阱。一个良好的数据治理体系，可为数据资产管理打下坚实的基础，是实现数据资产经营和变现的重要前提和保障。

2. 数据安全治理

随着 5G DICT 时代数字经济的飞速发展以及传统业务的数字化转型，数据作为生产要素的重要性凸显，数据安全的地位不断提升，尤其随着《数据安全法》的正式颁布，数据安全在国家安全体系中的重要地位得到了进一步明确。发展数字经济、加快培育发展数据要素市场，必须把保障数据安全放在突出位置。这就要求着力解决数据安全领域的突出问题，有效提升数据安全治理能力，使以数据要素价值化流程为核心的数字治理与数据安全治理达到动态平衡。

在概念上，数据安全治理不仅仅是一套用工具组合的产品级解决方案，也是从决策层到技术层，从管理制度到工具支撑，自上而下贯穿整个组织架构的完整链条。广义的数据安全治理是在国家数据安全战略的指导下，为形成全社会共同维护数据安全和促进发展的良好环境，国家有关部门、行业组织、科研机构、企业、个人共同参与和实施的一系列有关数据与信息安全活动的集合，如完善相关政策法规，推动政策法规落地，建设与实施标准体系，研发并应用关键技术，培养专业人才等。而狭义上的数据安全治理是指在组织数据安全战略的指导下，为确保数据处于有效保护和合法利用的状态，多个部门协作实施的一系列活动集合，包括建立组织数据安全治理团队，制定数据安全相关制度规范，构建数据安全技术体系，建设数据安全人才梯队等。它以保障数据安全、促进开发利用为原则，围绕数据全生命周期构建相应安全体系，需要组织内部的多利益相关方统一共识、协同工作、平衡数据安全与发展。

无论从广义的角度还是从狭义的角度，数据安全治理都具备以下三点特征：

1）以数据为中心。数据的高效开发和利用，涵盖了数据的全生命周期的各个环节。由于不同环节的特性不同，面临的数据安全威胁与风险也大相径庭。因此，必须构建以数据为中心的数据安全治理体系，根据具体的业务场景和各生命周期环节，有针对性地发现识别并解决其中存在的安全问题，防范数据安全风险。

2）多元化主体共同参与。无论从广义的角度还是从狭义的角度，数据安全治理都不是仅仅依靠一方力量可以开展的工作。对国家和社会而言，面对数据安全领域的诸多挑战，政府、企业、行业组织甚至个人都需要发挥各自优势，紧密配合，承担数据安全治理主体责任，共同营造适应数字经济时代要求的协同治理模式。因此，数据安全治理必然是涉及多元化主体共同参与的工作。

3）兼顾发展与安全。随着国内数字化建设的快速推进，无论是政府部门，还是其他组织（如企业等），均沉淀了大量的数据。数字经济时代的应用场景下，数据只有在流动中才能充分发挥其价值，而数据流动又必须以保障数据安全为前提，因此，必须要辩证地看待数据安全治理，离开发展来谈数据安全是毫无意义的。

作为推动组织数据安全合规建设、数据安全风险防范、数据业务健康发展的重要抓手，数据安全治理的内涵不再局限于技术层面或管理层面，而是围绕数据全生命周期安全，涉及组织内多部门协作、全流程制度制定、体系化技术实现、专业化人才培养等的一系列工作集合。如图5-2所示，数据安全治理总体视图针对狭义数据安全治理概念，围绕组织数据安全治理参考框架，结合组织数据安全治理目标，给出组织数据安全治理实践参考路径。其中，合规保障是组织数据安全治理的底线要求，风险管理是数据安全治理需要解决的重要问题。

因此，数据安全治理的目标是在合规保障及风险管理的前提下实现数据的开发利用，保障业务的持续健康发展，确保数据安全与业务发展的双向促进。

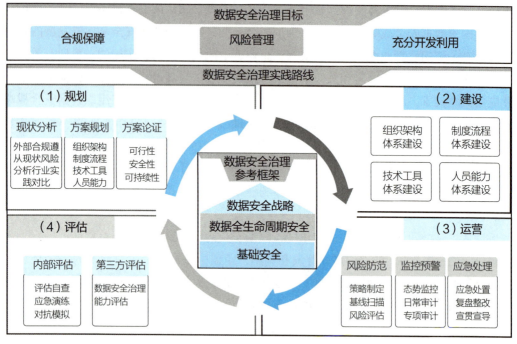

图 5-2 数据安全治理

5.3.2 数字治理体系与数字规则

5G DICT 时代,"数据即资产"的理念已深入人心,但拥有数据并不等于掌握数据资产。资产的自然属性决定了只有合法拥有的数据才有可能成为资产,而其经济属性决定了只有满足可控制、能够创造未来经济利益条件的数据才有可能发展为数据资产。

社会治理是国家治理的重要方面,以数据为核心的社会治理数字化转型是国家数字经济时代治理体系和治理能力的重要内容。"十四五"时期是以数字化推进国家治理体系和治理能力现代化的深化巩固期,以数字化转型驱动治理方式变革尤为关键。为此,《"十四五"国家信息化规划》以构筑共建、共治、共享的数字社会治理体系为主线,全面勾画了"十四五"时期社会治理数字规则的建设蓝图,对我国数字经济健康、有序、绿色发展具有重要意义。

1. 数字治理体系

数字治理体系旨在构建适合 5G DICT 数字经济时代社会发展规律的生产关系,是适应数字化社会治理新形势,构建信息世界治理新格局,实现从单向管理转向双向互动、从线下转向线上及线下融合、从单纯的政府监管转向更加注重社会协同治理的社会治理模式数字化转型的国家治理新范式。

如图 5-3 所示,数字治理体系是以数据治理为基础保障,通过数据资产管理体系和经营体系实现数据价值增值和创新的理论与方法。

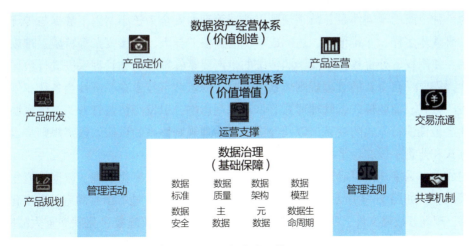

图 5-3　数字治理体系

在数字治理体系中，数据资产按照价值由高到低分为基础型数据资产和服务型数据资产两类。其中，企业建设、管理和使用各类应用系统，依据法律法规和有关规定直接或间接采集、沉淀、加工，或通过第三方引入的数据资产，被认定为基础型数据资产。如一个数据集、一个标签等，可满足数据资产可复用、可获取、可应用的特性。在价值创造为导向的思维下，数据由场景驱动，一切脱离场景而言的数据都是"伪"资产。只有存在切实应用场景，已经或未来会为企业带来经济利益的提炼后的信息、知识和智慧才是"高价值"的数据资产，即服务型数据资产。服务型数据资产是指将基础型数据资产进行加工后，以数据分析为驱动，直接参与可衡量价值的业务场景的提炼后的信息，即"数据+算法+算力"组合产生的提炼后的信息。

2. 数字规则

随着 5G DICT 数字技术的快速发展与广泛应用，经济社会各领域的数字化转型加速推进，传统的经济与社会运行模式正在被颠覆，对各国经济社会发展、全球治理体系、人类文明进程影响深远。在当前经济全球化遭遇逆流，保护主义、单边主义上升的背景下，数字化驱动的新一轮全球化仍蓬勃发展，体现出崭新的生命活力，已成为助力全球经济增长、促进全球交流与合作的重要动能。各国纷纷加快数字化发展布局，积极调整现有法规制度体系，加快构建适用于数字化发展之下政府、社会、经济运行的全新规则体系建设。

当前，我国数字经济与数字化转型呈现高速发展趋势，亟须构建数字规则，为数字经济与数字化转型发展提供基础保障与重要支撑。

数字规则是围绕数字经济发展核心方向，以实现政府与社会数字化转型为基本要求，以推动数字化规范、有序、安全、绿色发展为基本原则，促进数据要素在经济中发挥最大价值，解决数字化转型发展中"如何引""如何转""如何用"以及"如何管"等关键问题，加速重构经济发展与布局的数字治理规则体系。

作为一种全新的规则体系，数字规则以数据管理与安全为核心。由于数据与传统生产要素相比具有载体多样、非排他性、边际成本低、价值差异大、权属复杂等特质，难以界定数据的产权、使用权、处置权，不能参照传统的生产要素管理理念和管理手段进行数据管理的规则设计，需要一套全新的管理规则体系。同时，随着数字技术在经济社会各行业领域的应用，对生产方式、商业模式、管理形式等带来深刻影响，引发经济监管方式、国家调节体制等经济社会最佳惯行方式的变革，以及经济社会治理规则体系的重构。数字规则将以一种数据治理方式和监管手段在经济社会治理中发挥重要作用。

在构成上，数字规则可涵盖数字产业化、产业数字化、数字化治理、数据价值化以及通用规则等内容，如图 5-4 所示。在通用规则中，可包含国家、地方出台的有关数字化发展的顶层政策、规划等战略文件，明确数字化发展重要方向，指导实施数字化发展重大战略部署。同时，数据安全管理规则为数据风险与安全平台建设提供支撑，构建安全与发展平衡关系，夯实数字化发展安全保障。数字产业化规则主要保障数字产业规范、有序发展，如互联网平台管理中的反垄断规制，人工智能产业中的技术伦理、责任划分边界确认，数字内容产业中的内容管理等。而围绕贸易、金融、制造业等传统领域，解决如何支撑各方主体达成共识，促进各产业数字化转型的落地实施，激活新产业、新业态和新模式发展，将成为产业数字化规则中的关键研究内容。

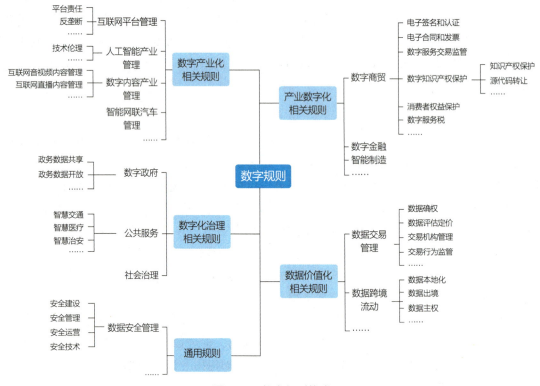

图 5-4 数字规则构成

5.3.3　数字治理法制化

数据已成为驱动数字经济增长和创新的根本动力，但也带来了风险和挑战，数据治理、数据产权、数据安全和隐私保护问题日益突出。从规范层面看，数据治理主要解决的是数据保护与利用问题，不仅包括数据安全与保护，也包括数据利用与发展，通过数据的流通与使用来实现数据的财产价值，从而释放数据红利，使数据真正成为数字经济的基础性资源。以法治保护数据隐私、治理数据，探索推进国家数据治理体系法治化已经成为国际社会的共同需要，同时成为我国的国家战略。中共中央《法治社会建设实施纲要（2020—2025 年)》提出，"推动社会治理从现实社会向网络空间覆盖，建立健全网络综合治理体系，加强依法管网、依法办网、依法上网，全面推进网络空间法治化，营造清朗的网络空间"。

数字经济相关的立法工作已经初见成效。从 2000 年起，全国人大常委会前后审议通过了《全国人民代表大会常务委员会关于维护互联网安全的决定》《中华人民共和国电子签名法》《中华人民共和国网络安全法》。近年来，《中华人民共和国电子商务法》《中华人民共和国数据安全法》《中华人民共和国个人信息保护法》的陆续出台，这些立法共同组成了数字经济发展的基础法律体系，对于网络系统、电子交易、数据要素、消费者权益等都有具体的要求和支撑。我国在一些新兴领域做出积极的探索式立法，对于数字经济的可持续发展具有积极意义。

《中华人民共和国网络安全法》提出"国家采取措施，监测、防御、处置来源于中华人民共和国境内外的网络安全风险和威胁，保护关键信息基础设施免受攻击、侵入、干扰和破坏，依法惩治网络违法犯罪活动，维护网络空间安全和秩序"。网络安全产业作为网络安全技术、产品和服务的提供者和实施者，承担着国家网络安全防御和保障的历史使命。日益复杂严峻的网络安全形势、国家网络强国战略推进建设迫切要求创新安全技术，增强综合安全保障能力，发展壮大网络安全产业，并成为维护国家网络空间主权、安全和发展利益的战略选择。

2021 年，《中华人民共和国数据安全法》与《中华人民共和国个人信息保护法》正式颁布，与《中华人民共和国网络安全法》一起构成网络空间治理和数据保护的三驾马车，标志着我国数字治理安全进入有法可依、依法建设的新发展阶段。其中，《中华人民共和国数据安全法》明确提出，在坚持总体国家安全观的基础上，建立健全数据安全治理体系，提高数据安全保障能力。坚持以数据开发利用和产业发展促进数据安全，同时也要以数据安全保障数据开发利用和产业发展。数据安全治理不是强调数据的绝对安全，而是需要兼顾发展与安全的平衡。

5.4　数字治理与数字化转型

随着 5G DICT 时代数字技术的快速发展及广泛应用，经济社会各领域的数字化转型加速推进。个体层面，通过电子证照、通信大数据等信息，能够形成个人特征、行动轨迹、健康状态的数字画像；企业层面，数字产业化与产业数字化加速推进，成为国民经济的重要支柱；社会层面，网络虚拟社会与物理现实社会双向映射、动态交互，数字孪生城市、元宇宙等概念落地，使得社会运行的数字化得以实现。

个体、企业、社会等主体的数字化转型，倒逼政府关注数字化发展进程，提升数字化治理能力。一方面，个体、企业和社会作为政府治理对象，存在形式及日常活动走向线上化、数字化，要求政府更新监管手段和治理工具，拓宽治理场域，积极应用大数据、云计算和物联网等新兴技术开展治理活动，提升治理效能；另一方面，在多元共治的社会治理格局下，个体、企业、社会团体等是治理的重要参与主体和支撑力量，亟须政府提升数字治理能力，以实现各主体间的良性互动和平等对话。

个体、企业、社会的数字化转型，尤其是数字化企业的快速崛起，为政府开展数字治理奠定了坚实基础。数字技术方面，我国网络基础设施建设快速发展，覆盖范围全球领先，5G 传输网络和移动终端设备的规模应用进一步降低了数据采集、传输成本，万事万物互联互通成为可能；机器人、语言识别等人工智能系统快速发展，海量数据的处理、分析不再困难，社会治理继续提速、增效、降本；政务云等数据存储设施发展成熟，为数据融通共享和安全存储提供保障，数据存储、挖掘、利用更加方便、快捷。数字经济方面，涌现出了一批掌握数字政府建设技术的行业龙头企业，积极为数字政府建设提供解决方案，政府运用现代信息技术履行管理职能的门槛进一步降低。

第 2 部分

DICT 时代数字技术体系

随着新技术、新模式、新业态对传统产业冲击的不断加强,数字化转型已经成为全球企业的共识。面对数字化转型的浪潮,新兴数字技术的支撑作用体现得愈发明显:5G 技术以高带宽、大连接、低时延的优势,结合行业各种场景,为用户体验带来质的飞跃,会深刻地改变人类社会的发展进程;云计算作为硬软件资源服务平台,提供计算、存储和网络等算力服务,汇聚多样化的应用,让政府与企业进入上云的快车道,夯实产业数字化转型基础工具平台;作为数据的集合,大数据是围绕数据要素形成的一套理论及技术体系,衍生出了丰富的产业生态,能够提升社会经济运营效率,提高决策水平,形成 5G DICT 时代新型生产要素的数据资源;作为 5G DICT 时代的核心驱动力,人工智能正在悄然引导着一场深刻的变革,重塑甚至颠覆 DICT 时代的生产方式和消费模式,引发经济结构的重大变革,实现社会生产力的整体跃升,构建数字经济时代的生产力;作为 5G DICT 时代的生产关系,区块链是一种在不可信的竞争环境中低成本建立信任的新型计算范式和协作模式,能够在互联网信息自由交换的基础上,构建数字经济时代价值互联网(数字货币+数字资产+生态系统)的"通用基础设施"和赋能的"链接器"。

数字技术体系以优秀的算法、海量的数据及丰富的云边端算力成为推动数字经济发展的重要引擎,正以新理念、新业态、新模式全面融入人类经济、政治、文化、社会、生态文明建设的各领域和全过程,深刻改变 5G DICT 时代经济社会的生产、生活和治理方式。

第6章 5G构建DICT时代数字高速公路

与2G萌生数据、3G催生数据、4G发展数据不同,5G不仅是移动通信技术在数据应用上的一次升级与演进,而且成为DICT时代数字技术体系融合创新应用的"主阵地",将有效推动行业数字化转型,构建一个万物互联的智能世界。与历届移动通信技术主要满足"人人互联"的通信需求相比,5G更重视人与人、人与物、物与物的人机全面高速互联互通,更多地聚焦于为垂直行业赋能赋智,加速开启"万物互联"的数字经济时代。

6.1 5G三大应用场景与服务化网络

作为新基建之首、经济产业发展的助推器,5G将全面构筑经济社会数字化转型的关键基础设施。5G与垂直行业的深度融合应用,将孕育新兴信息产品和服务,改变人们的生活方式,促进信息消费。同时,5G+ABCDE构建新型数字技术体系,逐步渗透到经济社会各行业、各领域,重塑传统产业发展模式,并拓展创新创业空间,将开启万物互联的信息通信发展新时代。

6.1.1 5G三大应用场景

为了应对DICT万物互联时代爆炸性的数据流量增长、海量的设备连接及不断涌现的各类新业务和应用场景,同时能够与传统行业深度融合,满足垂直行业终端互联的多样化需求,实现真正的万物互联,国际电信联盟(ITU)将5G时代的业务定义为三种典型的类型,即增强型移动宽带(eMBB)、超可靠低时延通信(URLLC)和海量机器类通信(mMTC),如图6-1所示。

1. 增强型移动宽带

增强型移动宽带(eMBB)是ITU定义的5G三大应用场景之一,也是最成熟、最有机会形成规模商用的大场景。eMBB应用场景要求在保证用户移动性的前提下,为用户提供无缝的高速业务体验,并且提供极高的连接密度。与传统的4G相比,5G需要将有用户的峰值速率从1Gbit/s提高到20Gbit/s,对应的5G也要求提供0.1~1Gbit/s的用户体验速率。eMBB的关键指标描述见表6-1。

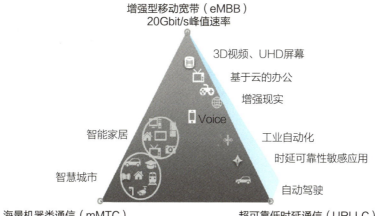

图 6-1　5G 三大应用场景

表 6-1　eMBB 关键指标描述

移动速度	用户体验速率	业务密度
低速	1Gbit/s	10Tbit/(s·km^2)
高速	100Mbit/s	1Tbit/(s·km^2)

eMBB 的典型应用包括超高清视频、虚拟现实、增强现实等。这类场景首先对带宽要求极高，关键的性能指标包括 100Mbit/s 的用户体验速率（热点场景可达 1Gbit/s）、数十 Gbit/s 的峰值速率、每平方千米数十 Tbit/s 的流量密度、每小时 500km 以上的移动性等。另外，涉及交互类操作的应用还对时延敏感，例如，虚拟现实沉浸体验对时延的要求为 10ms 量级。

2. 海量机器类通信

海量机器类通信（mMTC）又称大规模物联网，是 5G 三大应用场景中面向物联网业务的场景。mMTC 通过跨越大量设备的互联互通服务，实现了设备装置或技术在数量上尽可能多地参与到物联网中，满足人们对于覆盖区域、连接支持、功耗成本、网络带宽等一系列因素的需求，保证大量的相邻设备同时享受顺畅的通信连接。mMTC 的典型应用包括智慧城市、智能家居等。这类应用对连接密度要求较高，同时呈现行业多样性和差异化。智慧城市中的抄表应用要求终端低成本、低功耗，网络支持海量连接的小数据包；视频监控不仅部署密度高，还要求终端和网络支持高速率；智能家居业务对时延要求相对不敏感，但终端可能需要适应高温、低温、振动、高速旋转等不同家具电器工作环境的变化。

如图 6-2 所示，按照物联网通信带宽划分，mMTC 在业务构成上分为三类，即低速率、中速率和高速率，并依次排在应用体量金字塔的塔底、塔中和塔顶。其中，低速率 LPWA（Low Power Wide Area）类具有低功耗、低成本、广覆盖、大容量等优点，得到全球主流运营商和通信设备厂商的广泛支持，其典型代表是华为公司主导的窄带物联网标准 NB-IoT。作为 3GPP 针对低功耗、广覆盖类业务而定义的移动物联网接入技术，NB-IoT 主要面向低速率、低成本、低功耗、广覆盖、海量连接需求的物联网业务，如智能家居、智慧城市、物流追踪、环境监控、工业物联等。

2020年7月9日，ITU宣布3GPP 5G技术（含NB-IoT）正式被接受为ITU IMT-2020 5G技术标准，标志着3GPP主导的5G标准成为唯一被ITU认可的IMT-2020国际移动通信系统标准。同时，这也意味着我国华为公司主导的NB-IoT，不仅在实践中获得了全球产业链的广泛认可与支持，而且是以5G三大应用场景中mMTC的核心技术的身份正式纳入全球5G标准体系。

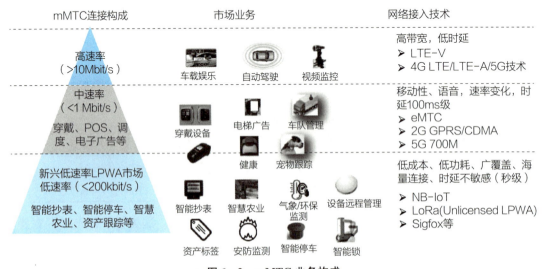

图6-2 mMTC业务构成

3. 超可靠低时延通信

超可靠低时延通信（URLLC）作为5G三大基础能力之一，其低时延、高可靠的技术特性为5G在行业中的应用与创新提供了基础。（ITU）为URLLC场景定义的5G网络性能指标包含空口时延不大于1ms，可靠性不小于99.999%。因此，URLLC可以满足一些对时延敏感和可靠性要求高的业务。

URLLC的典型应用包括无人驾驶、远程驾驶、远程控制、智能制造、智能驾驶控制等。这类场景聚焦对时延极其敏感的业务，高可靠性也是其基本要求。自动驾驶实时监测等要求毫秒级的时延，汽车生产、工业机器设备加工制造要求时延为10ms级，可靠性要求接近100%。因此，URLLC是5G网络独特的性能体现，也象征着通信技术在追求容量、连接数增加的发展历程中正式对时延、可靠性等新的网络指标的提升展开了研究。

6.1.2 5G之花

为了承载eMBB、URLLC、mMTC等不同的行业与业务场景，5G网络采用通用硬件实现一张网络满足业务多样化、行业差异化的需求，是DICT时代移动网络数字化转型的契机。

与 4G 网络相比，5G 网络的速率、移动性、空口时延、终端连接数等方面都有大幅度的提升，见表 6-2。

表 6-2　4G 与 5G 网络性能对比

网络	峰值速率	用户体验速率	移动性	空口时延	终端连接数
4G	1Gbit/s	10Mbit/s	350km/h	10~100ms	10万台/km²
5G	20Gbit/s	100Mbit/s~1Gbit/s	500km/h	1ms	100万台/km²

为了更加形象地描述 5G 关键能力，突出 5G 技术的关键指标，移动通信专家们画出了一朵"5G 之花"，如图 6-3 所示。5G 之花中，性能和效率需求共同定义了 5G 的关键能力，犹如一株绽放的鲜花。红花与绿叶相辅相成，其中，花瓣代表了 5G 的六大性能指标，体现了 5G 满足未来多样化业务与场景需求的能力，而花瓣顶点则代表了相应指标的最大值；绿叶代表三个效率指标，是实现 5G 可持续发展的基本保障。每一朵花瓣上都对应着一项通信要求，分别为支持 0.1~1Gbit/s 的用户体验速率，每平方千米 100 万台的连接数密度，毫秒级的端到端时延，每平方千米数十 Tbit/s 的流量密度，每小时 500km 以上的移动性和数十 Gbit/s 的峰值速率。其中，用户体验速率、连接数密度和时延为 5G 最基本的三个性能指标。此外，5G 还需要大幅提高网络部署和运营的率。相比 4G，5G 的频谱效率提升 5~15 倍，能效和成本效率提升百倍以上。

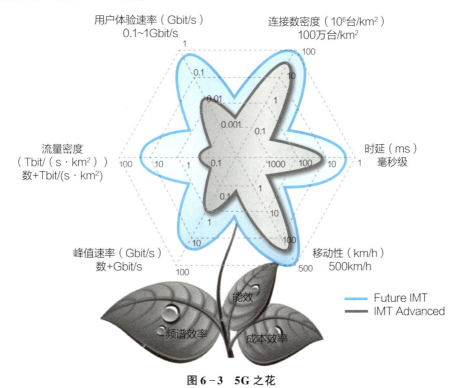

图 6-3　5G 之花

6.1.3 5G 服务化网络

5G 三大应用场景中，不同的服务对网络的要求是多样化的，例如，智能家居、智能电网、智慧农业和智能秒表需要大量的额外连接和频繁传输小型数据包的服务支撑，自动驾驶和工业控制要求毫秒级时延和趋于 100% 的可靠性，而娱乐信息服务则要求固定或移动宽带连接。5G 不仅可为传统的人与人通信提供支持，同时可提供大量前所未有的新兴行业的后向合作，业务的发展趋势逐渐由现有技术和大众市场的核心应用，转向全新技术和面向垂直行业研发和探索的应用。此外，针对垂直行业和高价值业务场景下的智能化、自服务、高可靠等多样化、定制化能力需求，5G 网络需要更灵活、更开放的弹性架构，从而快速部署和变更，并提供高效、灵活的管理能力，以便为未来的不同行业需求做出快速的响应和调整。

服务化架构（Service – based Architecture，SBA）是 5G 通信网络的重要特征，结合移动核心网的特点和技术发展趋势，将网络功能划分为可重用的若干个"服务"。"服务"之间使用轻量化接口通信，目标是实现 5G 系统的高效化、软件化、开放化。5G 服务化架构通过将自身的能力开放给垂直行业和应用以满足其灵活的定制化需求。网络能力开放的目的是更好地满足数字经济的应用业务需求。通过具有能力开放功能的 5G 网络将应用需求与网络的能力、用户的属性、网络的策略形成双向互动，从而提升用户的端到端体验，增强网络价值，使能更立体的业务场景。

5G 服务化架构有助于业务的快速上线，可进一步提升能力开放的灵活性。例如，通过能力开放功能可以直接对接外部的应用实体，并通过网络内部业务功能实体的服务化接口灵活地获取和处理统计信息、位置信息、计费信息等，或者干涉内部处理的策略。这一方面减少了定制开发的周期和复杂度，另一方面也便于对不同的数据进行组合应用，产生新的商业价值。

6.2 5G 通信关键技术

移动通信系统从第一代到第四代，经历了迅猛的发展，现实网络逐步形成了包含多种无线制式、频谱利用和覆盖范围的复杂现状，多种接入技术长期共存成为突出特征。在 5G 时代，同一运营商拥有多张不同制式网络的状况将长期存在，其中，多制式网络至少包括 4G、5G 以及 WLAN。如何实现多接入网络的高效动态管理与协调，运行和维护多张不同制式的网络，不断减少运维成本，实现节能减排，提高竞争力，同时满足 5G 的技术指标及应用场景需求，是 5G 通信关键技术的主要挑战。

5G 通信关键技术主要有以下特点：基于 SDN/NFV 技术，采用通用硬件，实现网络功能软件化和基于差异化业务的资源编排业务及网络平台运营；通过数字化平台实现网络能力和业务需求的对接，开放网络能力按需用户面部署，减小业务时延，降低传输网压力；打破传统数据仅能从省级出口的路径，用户及业务数据下沉到本地高频和低频混合组网，天线有源化；低频仍将沿用现有宏站资源，高频主要集中在热点地区，多采用微站部署，靠近用户，大规模天线成为提升网络容量的主要技术手段。

6.2.1 SDN 与 NFV

软件定义网络（Software Defined Network，SDN）和网络功能虚拟化（Network Functions Virtualization，NFV）的诞生与发展，推动了 5G 通信网络设备软硬解耦、网络功能转控分离、网络全云化、架构扁平化、布局层次化，加速了通信网络系统与架构重构。SDN 重构了 5G 通信网络架构，而 NFV 改变了网络设备形态，二者之间高度互补、彼此互利，但并不互相依赖。

1. SDN

SDN 技术是一种支持动态、弹性管理的新型网络体系结构，是实现高带宽、动态网络的理想架构。SDN 将网络的控制平面和数据平面解耦分离，抽象了数据平面网络资源，并支持通过统一的接口对网络直接进行编程控制，提高了网络性能和管理效率，使网络服务能够像云计算一样提供灵活的定制能力。SDN 通过控制器负责网络设备的管理、网络业务的编排和业务流量的调度，具有成本低、集中管理、调度灵活等优点。

在架构上，SDN 可分为基础设施层、控制层和应用层。如图 6-4 所示，基础设施层主要为转发设备，实现转发功能，如数据中心交换机；控制层由 SDN 控制软件组成，可通过标准化协议与转发设备进行通信，实现对基础设施层的控制；应用层位于 SDN 架构最上层，它基于控制器提供的应用程序接口（API）实现和网络业务相关的管理、安全等应用，还能根据用户需求定制其他网络业务，通常采用基于 OpenStack 架构的云平台。SDN 使用北向和南向 API 来进行层与层之间的通信，分为北向 API 和南向 API。北向 API 负责应用层和控制层之间的通信，南向 API 负责基础设施层和控制层之间的通信。

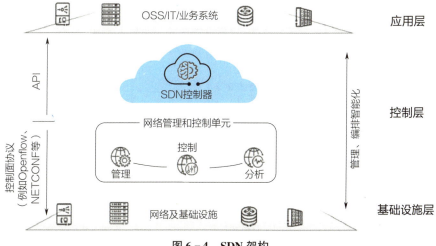

图 6-4 SDN 架构

SDN 解决了网络配置的问题,打破了控制与转发一体的封闭架构,实现了可编程的新纪元。SDN 具有以下三大特征:

1)开放可编程:定制化开发管理网络资源的应用程序,如灵活、动态调度网络带宽,提高虚拟化网络能力。

2)控制面集中:全局网络资源统一控制,提高效率。

3)标准化接口协议:使转发面技术和上层技术解耦,加速创新,适应多厂家互通。

2. NFV

NFV 是一种关于网络架构的概念,利用虚拟化技术,将传统网络设备的基本功能分割成几个功能区块,分别以软件方式实现,不再局限于硬件架构。其中,NFV 架构是欧洲电信标准化协会(ETSI)提出的用于定义 NFV 实施标准的一种标准架构,其理念是将标准化的网络功能应用于统一制式的硬件上。不同于传统物理设备中软件与硬件强绑定的关系,在 NFV 架构中,实现各种网络功能的标准化软件必须能够应用在同一台硬件设备上。

如图 6-5 所示,NFV 架构由基础网络功能虚拟化架构、虚拟网络功能、管理自动化及网络编排三部分组成:

1)基础网络功能虚拟化架构(Network Functions Virtualization Infrastructure,NFVI)。NFVI 好比各手机厂商推出的手机系统,它给硬件设备赋予基本的组件,支持网络应用所需要的软件或者容器管理平台。

2)虚拟网络功能(Virtual Network Functions,VNF)。VNF 是实现网络功能(转发服务、IP 配置等)的软件应用,好比手机上的 APP。在 NFV 架构中,各种 VNF 在 NFVI 的基础上实现。NFVI 是标准化的架构,可使不同的 VNF 获得通用性,不再依赖于原来的黑盒设备。

3)管理自动化及网络编排(Management and Orchestration,MANO)。MANO 是用于管理各 VNF 以及 NFVI 的统一框架,方便运维人员进行业务编排与设备管理。

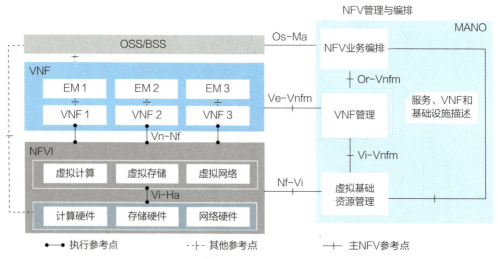

图 6-5 NFV 架构

NFV 具有四大特征：虚拟化、通用基础设施、云化管理、网络自动化。使用 x86 等通用性硬件以及虚拟化技术，可承载很多功能的软件处理，从而降低昂贵的网络设备成本。NFV 的最终目标是使用基于行业标准的 x86 服务器、存储和交换设备，取代通信网中的私有专用的网元设备，如图 6-6 所示。

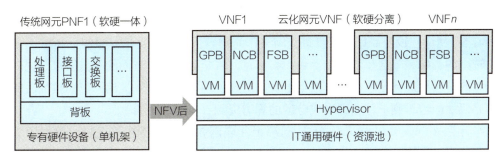

图 6-6　NFV 实现传统网元软硬分离

因此，NFV 解决的是网元问题，也就是设备层面的问题。它打破了软硬件一体的封闭网元架构，实现了网络资源的虚拟化。本质上，NFV 将 IT 领域的虚拟化技术引入至 CT 领域，利用标准化的通用设备实现网络设备功能。

6.2.2　算网融合

在 DICT 时代数字化转型过程中，计算的形态由云计算向边缘计算、云网融合以及算网一体化演进，如图 6-7 所示。个人及行业对信息网络的主要需求已从以网络为核心的信息交换逐渐转变为以算力为核心的信息数据处理，算力将成为信息技术发展的核心之一。网络作为连接用户、数据与算力的桥梁，需要与算力深度融合，形成算网一体化的算力网络新型基础设施。

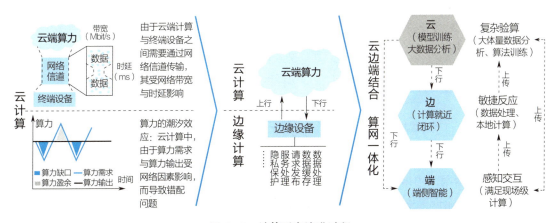

图 6-7　计算形态演进过程

因此，算力网络是以算为中心、网为根基，"网、云、数、智、安、边、端、链"等深度融合，提供一体化服务的新型信息基础设施。算力网络的目标是实现"算力泛在、算网共生、智能编排、一体服务"，逐步推动算力像水、电一样，成为"一点接入、即取即用"的社会级服务，达成"网络无所不达、算力无所不在、智能无所不及"的愿景。

1. 边缘计算和多接入边缘计算

随着 5G 网络建设与商用加速推进，网络作为物理世界和数字信息世界的桥梁，是支撑数字化转型的基础和关键技术之一，将面临带宽、时延和安全等方面的更高需求。同时，数字化转型的持续推进促使数据规模成倍增长，对传统网络和云计算提出了巨大挑战，驱动计算由中心机房向边缘侧下移，并形成分散的算力资源（即边缘计算）。

边缘计算（Edge Computing，EC）起源于互联网领域，是指在靠近物或数据源头的一侧，采用网络、计算、存储、应用核心能力为一体的开放平台，就近提供最近端服务。其应用程序在边缘侧发起，产生更快的网络服务响应，满足行业在实时业务、应用智能、安全与隐私保护等方面的基本需求。边缘计算处于物理实体和工业连接之间，或处于物理实体的顶端。而云端计算仍然可以访问边缘计算的历史数据。

多接入边缘计算（Multi-Access Edge Computing，MEC）是 5G 通信网络的关键技术之一，其实质是在靠近移动用户的接入网中为用户提供基于 IT 架构和云计算的能力。MEC 的基本思想是把云计算平台迁移到移动接入网边缘，试图将传统电信蜂窝网络与互联网业务进行深度融合，减少移动业务交付的端到端时延，发掘无线网络的内在能力，提升用户体验，从而给电信运营商的运作模式带来全新变革，并建立新型的产业链及网络生态圈，如图 6-8 所示。MEC 的基本特点包括业务本地化、近距离及低时延的业务交付、为业务提供用户位置感知及其他网络能力。

图 6-8 MEC 的概念

MEC 为移动网络边缘提供 IT 服务环境和云计算能力，具体体现在以下几点：把公有云、私有云、行业云等中心云部分能力下沉到用户边缘，缩短端到端业务时延，降低大带宽业务对传输资源的占用；降低手机+IoT 终端的门槛，赋予泛终端 AI 和云计算能力；基于 MEC 边缘云平台，面向垂直行业市场，快速推出新业务。

因此，MEC 助力算力从中央走向边缘，促进基础资源层面网络与计算的融合，算力资源由端变网，逐步实现智能化基础设施的全网覆盖。

2. 云网融合

云网融合是信息技术（IT）和通信技术（CT）深度融合所带来的信息基础设施的深刻变革，其发展历程围绕云网的基础资源层，从云内、云间和入云到多云协同，以及云、网、边、端协同，在不断推进和深化，最终使得传统上相对独立的云计算资源、边缘计算资源和网络设施融合，形成一体化调度、一体化运营、一体化服务的算网一体化阶段。

云网融合最初发生在云平台内部网络（即 DC 内），为满足云业务带来的海量数据的高频、快速传输需求，引入了叶脊（Leal-Spme）架构和大二层网络技术，实现 DC 内部网络能力和云服务能力的有机结合和一体化运行。随着 DC 间流量的剧增，云网融合的重点转向云间网络（DCI 网络），通过部署大容量、无阻塞和低时延的 DCI 网络，实现了 DC 间东西向流量的快速转发和高效承载。由于企业上云需求和 SaaS 流量激增，入云成为云网融合的新重点。以 SD-WAN 为代表的新型组网技术，通过软件定义的方式实现了简单灵活、低成本的入云连接。

云网融合既是技术发展的必然趋势，也是客户需求变化的必然结果。对企业客户而言，需要通过多云部署、高性能云边协同、一体化开通服务等帮助其提升竞争优势；对政府客户而言，数字城市、数字社区等对云的能力和安全性有越来越高的要求；对个人客户而言，基于云的 XR 等应用将成为新的娱乐、生活方式；对家庭客户而言，基于云的智慧家庭服务越来越不可或缺。所有这些需求都对云网融合提出了新的要求。

3. 算网一体化

云网融合主要体现为云网协同，即云平台和网络服务一体化提供，网络服务于中心云，但云与网相对独立。随着 5G、MEC 和 AI 的发展，算力已经无处不在，网络需要为云、边、端算力的高效协同提供更加智能的服务，计算与网络将深度融合，迈向算网一体化的新阶段。

算网一体化是在云网融合的基础上，根据"应用部署匹配计算，网络转发感知计算，芯片能力增强计算"的要求，在云、网、芯三个层面实现 SDN 和云的深度协同，服务算力网络时代各种新业态。算网一体化架构和组网中，需要提供六大融合能力，包括运营融合、管控融合、数据融合、算力融合、网络融合、协议融合，如图 6-9 所示。

从云网融合到算网一体化，网络的作用和价值已发生变化。对于云网融合，网络是以云为中心的，即从云的视角看，一云多网对网络的主要需求是连通性、开放性，对服务质量的要求是尽力而为，网络起到支撑作用。而对于算网一体化，网络是以用户为中心的，即从用户的视角看，一网多云需要网络支持低时延、安全可靠的通信，对服务质量的要求是确定性，网络成为价值中心。云网融合与算网一体化是相辅相成的两个阶段，云网融合为算网一体化提供必要的云网基础能力，算网一体化是云网融合的升级。

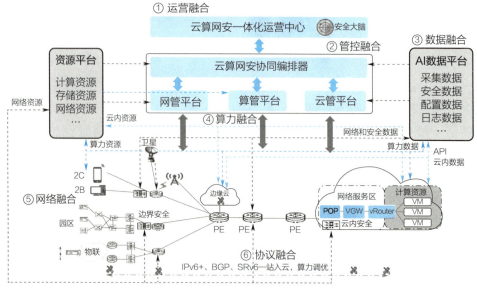

图 6-9 算网一体化架构

4. 算力网络服务

与水、燃气、电等的发展离不开相应的管道与网络一样,算力的发展离不开"算力网络"。为了让用户随时随地地享受算力服务,发展算力网络需要重构网络,使其形成继水网、电网之后的国家新型基础设施,打造"一点接入、即取即用"的社会级服务,最终实现"网络无所不达、算力无所不在、智能无所不及"。

面向 5G DICT 时代社会经济数字化转型的业务需求,算力网络在提供算力和网络的基础上,需要融合丰富的技术要素来为用户提供一体化服务,构筑以算为中心,云、边、端立体泛在的算力体系。结合当前技术发展趋势,算力网络融合了"ABCDNETS"八大核心要素,其中云、边、端(Cloud/Edge/Terminal)作为信息社会的核心生产资料,共同构成多层立体的泛在算力架构;网络(Network)作为连接用户、数据和算力的桥梁,通过与算力的深度融合,共同构筑算力网络的新型基础设施;大数据(Data)和人工智能(AI)是影响社会数字化转型与数字经济发展的关键生产要素与生产力,算力网络需要通过"融数注智"构建算网大脑,打造统一、敏捷、高效的算网资源供给体系;区块链(Blockchain)作为可信交易的核心技术,是探索基于信息和价值交换的信息数字服务的关键,是实现算力可信交易的核心基石;安全(Security)是保障算力网络可靠运行的基石,需要将"网络+安全"的一体化防护理念融入算力网络体系中,形成内生安全防护机制。

算、网、数、智等多原子的灵活组合,使算力服务从传统简单的云网组合服务,向多要素深度融合的一体化服务转变。算力网络的服务模式逐渐从"资源式"向"任务式"转变,将为用户提供智能、极简、无感的算网服务。

6.2.3　5G 网络架构与组成

移动通信网络是一个复杂的系统，网络架构是这个复杂系统的基座，决定了整个系统的效率和能力。新场景和新技术的出现，赋予了网络架构传统连接之外的计算、感知、智能、安全等多维能力的内在需求，使得网络架构更加重要。5G 网络是以云计算、大数据、人工智能、边缘计算及虚拟化等数字技术为依托，采用网络融合、算网一体化等新技术、新手段，集异构网络融合、多接入技术并存、超密集小区协同、网络资源弹性化调度及网络智能化运维等功能于一体的新型架构。

1. 5G 网络顶层架构

5G 网络顶层架构是由用户中心网络（UCN）、数据中心网络（DCN）、信息交换网络以及开放的云化网络服务平面等四个部分组成的算网一体化系统架构，如图 6-10a 所示。其目标是将网络作为一种可配置的服务（Network as a Service，NaaS）提供给用户及商业合作伙伴，用户能够按需获取网络资源和服务，并可以自行管理专属分配的虚拟网络资源，如带宽、质量、链路、地址以及接入限制等能力要素。

随着 SDN、NFV 技术和 x86 硬件技术的成熟，移动通信网络架构的发展逐步向"转发""控制"分离的架构演进，在云网融合技术的推动下，5G 网络转发、控制及接入等功能呈现出虚拟化后上云的情况。

为了应对 5G 的场景需求，并满足网络及业务发展的需要，5G 网络将更加灵活、智能、融合和开放。5G 网络逻辑架构简称"三朵云"网络架构，包括接入云、控制云和转发云三个逻辑域，如图 6-10b 所示。其中，接入云引入多站点协作、多连接机制和多制式融合技

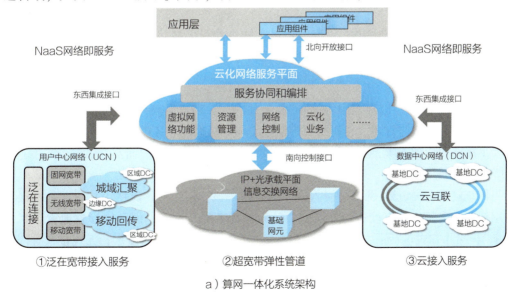

a）算网一体化系统架构

图 6-10　5G 网络顶层架构

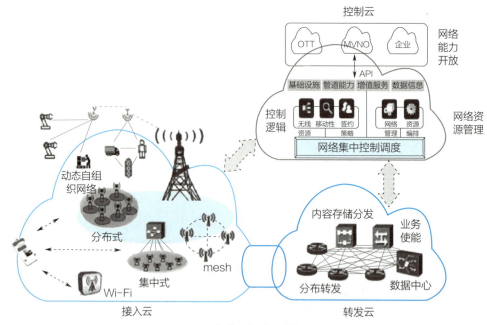

b)"三朵云"网络架构

图 6-10 5G 网络顶层架构（续）

术，构建更灵活的接入网拓扑；控制云基于可重构的集中的网络控制功能，提供按需的接入、移动性和会话管理，支持精细化资源管控和全面能力开放；转发云具备分布式的数据转发和处理功能，提供更动态的锚点设置及更丰富的业务链处理能力。在整体逻辑架构基础上，5G 网络采用模块化功能设计模式，并通过"功能组件"的组合，构建满足不同应用场景需求的专用逻辑网络。

5G 网络以控制功能为核心，以网络接入和转发功能为基础资源，向上提供管理编排和网络开放的服务，形成三层网络功能视图。

2. 5G 网络系统架构

在系统功能上，5G 以数据中心（DC）为基础，采用通用硬件，通过网络平台级运营，支持多制式统一接入与管理、异构组网等措施实现灵活适配业务需求。一方面为了做到一张网络满足多样化业务需求，满足能力开放；另一方面也能实现用户面部署下沉，减小业务时延，降低传输网压力。

与传统网络一样，5G 网络由接入网、承载网、核心网组成。其中，接入网是指接入机房到用户终端之间的所有设备，其长度一般为几百米到几千米，因而被形象地称为"最后一千米"，接入方式包括铜线接入、光纤接入、光纤同轴电缆混合接入和无线接入等。承载网是位于接入网和交换机之间的用于传送各种语音和数据业务的网络，通常以光纤作为传输媒介。核心网作为连接行业网络、电信网络和互联网络的枢纽，融合全制式接入，调度全网络能力，使能全业务创新。

5G 网络系统功能架构中，网络的组织和业务通过虚拟化方式构建，分别由以核心 DC、汇聚 DC、边缘 DC 为基础的云化平台承载，如图 6-11a 所示。为了网络系统的可靠与稳定，网络通常以环形方式配置实现，即接入环、汇聚环、核心环，如图 6-11b 所示。

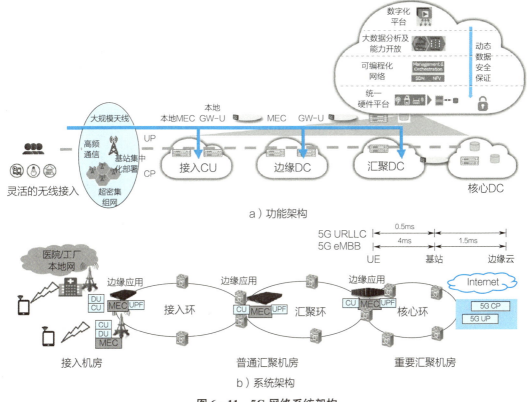

图 6-11 5G 网络系统架构

5G 通过大数据、云计算等数字技术使能移动网络能力的对外开放，使得 5G 实现业务面向平台化的运营，实现一张网络满足未来差异化业务的需求，是移动网络面向数字化转型的契机。

3. 5G 网络接入网构成

5G 无线接入网络架构主要包括 5G 接入网和 5G 核心网，由一组通过 NG 接口连接 5G 核心网的 gNB 组成，如图 6-12a 所示。其中，NG-RAN 代表 5G 接入网，5GC 代表 5G 核心网。NG-RAN 包含 gNB 或 ng-eNB 节点，5G 基站 gNB 向 UE 提供 NR 用户面和控制面协议终端的节点，并且经由 NG 接口连接到 5GC；从 4G 基站升级而来的 ng-eNB 向 UE 提供 E-UTRA 用户面和控制面协议终端的节点。5GC 部分有两个功能单元与 NG-RAN 部分对接，一个是接入和移动性功能单元（AMF），另一个是用户面的功能单元（UPF）。AMF 提供控制面的处理功能，UPF 提供用户面的处理功能。与 4G 网元接口类似，5GC 与 NG-RAN 之间的接口称为 NG 接口，gNB 之间和 gNB 与 ng-eNB 之间都是 Xn 接口。

如图 6-12b ~ 图 6-12d 所示，5G 接入网不再由 RRU、BBU 以及天线这三部分构成，而是由 CU、DU、AAU 三部分构成。其中，CU 由原 BBU 的非实时部分独立出来并重新定义，负责处理非实时协议和服务；AAU 由 BBU 的部分物理层处理功能、原 RRU 及天线合并而成；BBU 的剩余功能重新定义为 DU，负责处理物理层协议和实时服务。在核心功能上，CU 主要处理实时性差、时延较长的业务，DU 主要处理实时性高、时延敏感的业务，二者以业务处理的实时性加以区分。而 AAU 融合了传统的 RRU 和天线，即 AAU = RRU + 天线。

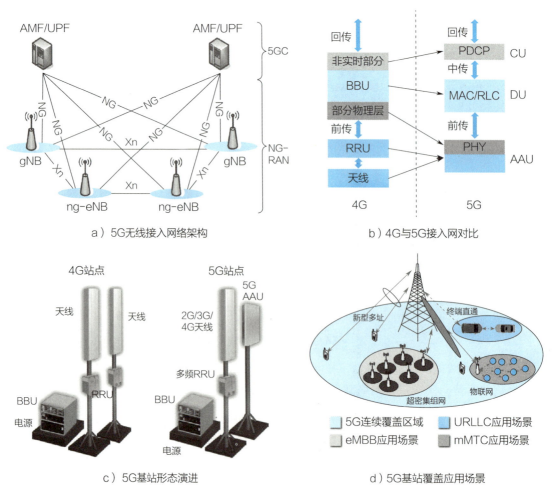

图 6-12　5G 接入网与基站

相比于传统 4G EPC 核心网，5G 核心网采用原生适配云平台的设计思路、基于服务的架构和功能设计提供更泛在的接入、更灵活的控制和转发、更友好的能力开放。5G 核心网与 NFV 基础设施结合，为普通消费者、应用提供商和垂直行业需求方提供网络切片、边缘计算等新型业务能力。5G 核心网将从传统的互联网接入管道转型为全社会信息化的赋能者。

综上所述，5G 网络将遵循云网融合、算网一体化和按需服务的核心理念，引入更丰富的无线接入网拓扑，提供更灵活的无线控制、业务感知和协议栈定制能力；重构网络控制和转发机制，改变单一管道和固化的服务模式；利用友好开放的信息基础设施环境，为不同用户和垂直行业提供高度可定制化的网络服务，构建资源全共享、功能易编排、业务紧耦合的综合信息化服务使能平台。

6.2.4 网络切片

网络切片（Network Slicing）本质上就是将运营商的物理网络划分为多个虚拟网络，每一个虚拟网络根据不同的服务需求（如时延、带宽、安全性和可靠性等）来划分，以灵活地应对不同的网络应用场景。通过网络切片，5G 网络能够在一个通用的物理平台之上构建多个专用的、虚拟化的、互相隔离的逻辑网络，来满足客户对网络能力的不同要求，如图 6-13 所示。

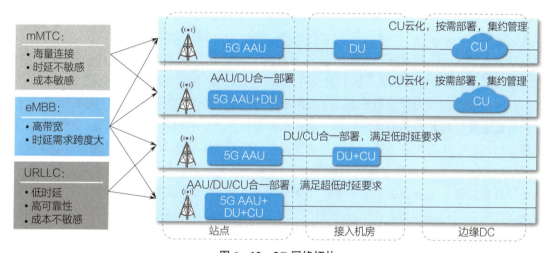

图 6-13 5G 网络切片

5G 网络所提供的端到端（End-to-End，E2E）的网络切片能力，可以将所需的网络资源灵活、动态地在全网中面向不同的需求进行分配及能力释放，并进一步动态优化网络连接，降低成本，提升效益。5G 端到端网络切片将网络资源灵活分配，将网络能力按需组合，基于一个 5G 网络虚拟出多个具备不同特性的逻辑子网。每个端到端切片均由核心网、无线网、传输网子切片组合而成，并通过端到端切片管理系统进行统一管理。

网络切片不是一个单独的技术。它是基于云计算、虚拟化、软件定义网络、分布式云架构等几大技术群而实现的，通过上层统一的编排让网络具备管理、协同的能力，从而实现基于一个通用的物理网络基础架构平台支持多个逻辑网络的功能。

总之，网络切片类似逻辑网络或者虚拟专网。由于 NFV/SDN 技术的引入，网络切片可以在一张物理网络上随时随地按需生成数量几乎不受限的端到端逻辑网络，并且能为同一用户提供多个切片来实现不同资源需求下的多种带宽、时延、连接数和安全隔离服务。

6.2.5 网络能力开放

用户体验优化和新型商业模式探索是移动网络发展永恒的课题。5G 网络能力开放框架旨在实现面向第三方的网络友好化和网络管道智能化，使应用能充分利用网络能力，实现更好的用户体验和应用创新。同时，实现应用与网络的良好互动，优化网络资源配置和流量管理。

网络能力开放的目的在于实现向第三方应用服务提供商提供所需的网络能力。其基础在于移动网络中各个网元所能提供的网络能力，包括用户位置信息、网元负载信息、网络状态信息和运营商组网资源等，而运营商网络需要将上述信息根据具体的需求适配提供给第三方使用。

4G 网络采用"不同功能、各自开放"的能力开放架构，网元控制功能分布在全网不同的网元上，能力开放平台需要维护多种协议接口，导致支持能力开放的网络结构异常复杂，部署难度大，用户体验不友好。5G 网络控制功能逻辑集中并中心部署，与能力开放平台间实现简单化的统一接口，实现了第三方对网络功能（如移动性、会话、QoS 和计费等功能）的统一调用。

基于虚拟化的基础设施平台，网络能力开放平台优化了基础设施资源的管控和调度能力，形成了 5G 网络、资源层、能力层及应用层等四层网络开放层次架构，如图 6-14 所示。其中，应用层作为能力开放的需求方，利用 API 接口筛选所需的网络信息，调度管道资源，申请增值业务，构建专用的网络切片。能力层主要汇聚和分析资源层网络信息，进行网络原来能力的封装和按需组合编排，生成相应的开放 API 接口。资源层实现网络能力开放架构与 5G 网络的交互，完成对底层网络资源的抽象定义，整合上层信息感知需求，设定网络内部的监控设备位置，上报数据类型和事件门限等策略，将上层制定的能力调用逻辑映射为对网络资源按需编排的控制信令。

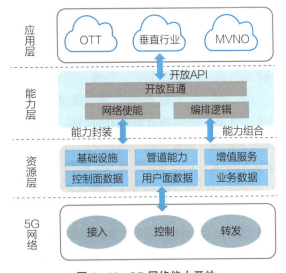

图 6-14　5G 网络能力开放

6.3 5G构筑 DICT 时代数字高速公路

DICT 时代，在社会经济数字化转型的过程中，网络架构和关键技术的变革与创新催生了 5G 商业模式，即面向以 5G 网络服务为主要业务活动，或者以 5G 网络为基本承载的业务活动，形成以网络为基础、以信息技术和数据要素为驱动，构建利益相关者的交易结构，从而形成创造、传递和获取价值的运行模式。5G 商业模式通过改变传统的商业模式或者创造新的商业模式，来实现 5G 商业价值的最大发掘，从而达到促进 5G 应用繁荣的目的。

作为基础设施，5G 以大连接、低时延、高带宽及高可靠的通用特性，支持大量来自垂直行业的多样化、差异化业务场景，如智能电网、智能工厂、高清视频、远程医疗、自动驾驶和增强现实等。这些业务场景通常具有不同的通信需求，例如在移动性、计费、安全、策略控制、时延和可靠性等方面的要求各不相同。5G 网络切片工作模式通过对功能、性能、连接关系、运维等的灵活设计，可以为不同的业务或用户群提供差异化的网络服务，有效解决差异化服务等级协议（Service Level Agreement，SLA）与建网成本之间的矛盾，如图 6-15 所示。网络切片作为 5G 网络中的重要特征，在增加了网络灵活性的同时也增加了网络管理和运维的复杂性。将广泛应用于电信业的 AI 技术引入网络切片，可以从切片租户订购、运营商切片服务等方面提升网络切片智能化水平，实现智能化保障的闭环，使切片的管理从被动防御走向主动优化，从静态配置走向动态调整，最终提升运维效率、资源效率、客户体验。

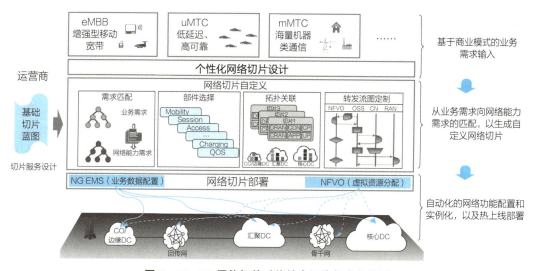

图 6-15　5G 网络切片赋能社会经济数字化转型

总之，作为 DICT 数字高速公路，5G 定义万物互联时代，赋能于各行各业，推动全社会数字化转型，向大连接、高带宽、低时延的时代迈进。

第 7 章 云计算构建 DICT 时代数字生产资料

DICT 时代，随着云平台的成熟及云原生理念的诞生，云计算作为数字生产资料，搭建"云—网—边—端—业"一体化数字算力底座，推动生产工具升级与革命，加速社会经济数字化转型。一方面，在数字新基建中，云计算承担了类似"操作系统"的角色，是通信网络基础设施、算力基础设施与新技术基础设施进行协同配合的重要结合点，也是整合"网络"与"计算"技术能力的平台。另一方面，在数字经济背景下，云计算成为企业数字化转型的必然选择，以云计算为核心，融合人工智能、大数据等技术实现企业信息技术软硬件的改造升级，创新应用开发和部署工具，加速数据的流通、汇集、处理和价值挖掘，有效提升了应用的生产率。

7.1 云计算的基本概念

云计算从被质疑到成为 DICT 时代的生产资料，从单纯技术上的概念到影响到整个 DICT 产业的"轻资产、重服务"业务模式。作为算力"新基建"的核心组成部分，云计算技术是硬件技术和网络技术发展到一定阶段而出现的一种新的技术模型。

2006 年，IBM 和谷歌联合率先推出云计算概念。此后，Salesforce 发布 Force.com，打造 PaaS 服务平台；Google 推出 Google App Engine；而后，云服务的全部形式出现。2009—2016 年间，云计算功能日趋完善，种类日趋多样，传统企业开始通过自身能力扩展、收购等模式，纷纷投入云计算服务中。2016 年开始至今，通过深度竞争，出现主流平台产品和云原生等新理念、新标准，相关产品功能比较健全，市场格局相对稳定，云计算进入成熟阶段。DICT 时代，随着数字技术体系的发展和社会经济数字化转型，云计算将拥有更广阔的发展空间，诞生更多形式的服务和更丰富的应用场景。

7.1.1 什么是云计算

云计算是什么？云是网络、互联网技术中的一种比喻说法，即互联网与建立互联网所需要的底层基础设施的抽象体。云计算的云是互联网形象化的比喻，以云的形状喻示互联网的网状结构。"计算"当然不是指一般的数值计算，指的是一台足够强大的计算机提供的计算服务（包括各种功能、资源、存储）。"云计算"可以理解为：网络上足够强大的算力资源为不同类型的客户提供的云服务，同时，也意味着算力资源可以作为一种商品进行流通，就像煤气、水电一样，按需分配、按量付费的共享经济模式，如图 7 - 1 所示。

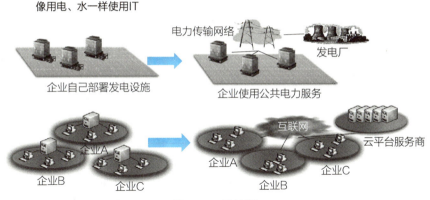

图 7-1 云计算

云计算是一种按使用量付费的模式，这种模式提供可用的、便捷的、按需的网络访问进入可配置的计算资源共享池（资源包括网络、服务器、存储、应用软件、服务）。这些资源能够被快速提供，只需要投入管理工作，或与服务供应商进行很少的交互。云计算的物理实体是数据中心，由"云"的基础单元通用服务器（如 x86 等）和"云"操作系统 OpenStack、Hadoop 云平台管理软件，以及互相连接的数据中心网络等组成。在云计算模式中，应用、数据和 IT 资源等共享的软硬件资源和信息按需提供给终端计算机设备，并作为标准服务在灵活的价格下快速地提供给最终用户。

在概念上，云计算存在狭义与广义之分。狭义云计算是指 IT 基础设施的交付和使用模式，指通过网络以按需、易扩展的方式获得所需的资源（硬件、平台、软件）。提供资源的网络被称为"云"。"云"中的资源在使用者看来是可以无限扩展的，并且可以随时获取，按需使用，随时扩展，按使用付费。这种特性经常被称为像水、电一样使用 IT 基础设施。而广义云计算指的是服务的交付和使用模式，指通过网络以按需、易扩展的方式获得所需的服务。这种服务可以是 IT 和软件、互联网相关的，也可以是任意其他的服务（如水、电等）。两者的区别在于，前者是指用户通过网络获取像水、电一样的基础设施，后者指通过网络获得软件、互联网或其他任意服务。两者都是以按需、易扩展的方式来获取资源与服务。

从构成上看，云计算利用分布式计算、效用计算、负载均衡、并行计算、网络存储、热备份冗余和虚拟化等计算机技术，通过网络将分散的计算机资源（包括计算、网络、存储、应用等）集中起来形成共享的算力资源池，并以动态按需和可度量的方式向用户提供服务。

总之，云计算并不是对某一项独立技术的称呼，而是对实现云计算模式所需要的所有技术的总称。云计算融合了多项计算机技术，是以数据和处理能力为中心的密集型计算模式。在这种模式下，计算资源是动态、可伸缩且虚拟化的，以服务的方式提供，其中以虚拟化、分布式数据存储、分布式并发编程模型、大规模数据管理和分布式资源管理技术作为核心。

7.1.2 云计算的特征

作为 DICT 时代典型的算力资源交付方式,云计算通过虚拟化技术将算力(网络、计算、存储等)物理实体资源池化,并抽象成逻辑上可管理的大量虚拟资源,从管理上能够自动集中简化和灵活地提供按需分配的云资源服务。通常情况下,云计算具备以下特征:

1)超大规模。"云"具有相当的规模,Google 云计算已经拥有 100 多万台服务器,Amazon、IBM、微软、Yahoo 等"云"均拥有几十万台服务器。企业私有云一般拥有数百上千台服务器。"云"能赋予用户前所未有的计算能力。

2)虚拟化。云计算支持用户在任意位置、使用各种终端获取应用服务。所请求的资源来自"云",而不是固定的有形实体。应用在"云"中某处运行,但实际上用户无须了解也不用担心应用运行的具体位置。只需要一台笔记本计算机或者一个手机,就可以通过网络服务来实现人们需要的一切,甚至包括超级计算这样的任务。

3)高可靠性。"云"使用了数据多副本容错、计算节点同构可互换等措施来保障服务的高可靠性。使用云计算比使用本地计算机可靠。

4)通用性。云计算不针对特定的应用,在"云"的支撑下可以构造出千变万化的应用。同一个"云"可以同时支撑不同的应用运行。

5)高可扩展性。"云"的规模可以动态伸缩,满足应用和用户规模增长的需要。

6)按需服务。"云"是一个庞大的资源池,用户按需购买,云可以像自来水、电、煤气那样计费并在线提供算力资源服务。

7)极其廉价。由于"云"的特殊容错措施可以采用极其廉价的节点来构成云,"云"的自动化集中式管理使大量企业无须负担日益高昂的数据中心管理成本,"云"的通用性使资源的利用率较之传统系统大幅提升,因此用户可以充分享受"云"的低成本优势,经常只要花费几百美元、几天时间就能完成以前需要数万美元、数月时间才能完成的任务。

7.1.3 云计算的内涵与优势

云计算将大量用网络连接的计算资源统一管理和调度,构成一个计算资源池向用户按需服务,其本质是以虚拟化的硬件体系为基础,以高效服务管理为核心,提供自动化的具有高度可伸缩性的虚拟化的软硬件资源服务,如图 7-2 所示。

在核心理念上,云计算就是通过不断提高"云"的处理能力,进而减少用户终端的处理负担,最终使用户终端简化成一个单纯的输入/输出设备,并能按需享受"云"的强大计算处理能力。

作为一种社会公共服务基础设施,云计算主要提供以算力资源为核心的云服务。从用户角度看,云计算提供算力资源服务具有简单到实用、单位付费、灵活交付,实现由重资产建设(服务器、业务系统等硬软件资源)到买算力资源服务的轻资产模式转型变革。从云服

图 7-2 云计算本质：资源到架构的全面弹性

务提供角度看，云计算通过计算资源共享及动态分配，提高资产利用率、减少能耗、节能减排、减少管理成本、降低总体拥有成本（TCO）等。其优势具体体现在以下几点：

1）资源灵活。以并行计算为核心，按需调度计算任务分配和计算资源，并提供从数据导入整合处理、计算模型设定到计算结果输出、多形式展现、应用 API 等完整的数据处理服务，可为科学研究、公共事业、政府等提供可靠、灵活的平台。

2）安全可控。按组隔离访问，自定义防火墙策略，天然防 ARP 欺骗，具有防 DDoS 攻击能力。

3）数据可靠。采用分布式存储系统，可数据互备，快速备份和恢复。支持各种数据处理、计算模型，满足不同领域、不同特点的计算需求。多副本容错，数据安全无忧；海量存储，空间无限。

4）节约成本。简单的配置，完整的平台，即取即用，无须花费大量的时间搭建、维护计算环境，以服务的方式使用计算及存储资源，按需取用，按需付费。

5）提高现有算网的使用率。通过虚拟化技术，即使在不添加新的计算能力的前提下，通常也能有效地提高物理机硬件利用率。这是因为企业内部的计算力分布通常都不均衡，不同的应用在不同时段对计算力的需求也会经常波动。在传统的 IT 架构下，各部分计算力被固定地分配给了固定的应用，形成了一个个无形的烟囱，计算力的灵活调度实现起来非常困难，也经常会出现某个应用计算力不足而某些应用的计算力经常过剩的情况。如果每个应用都按照最大的计算力配置，又会造成极大的投资浪费。因此通过虚拟化的整合，有效地提高了现有 IT 基础设施的利用率，从而降低了对物理主机数量的需求，进而降低了对机房容量和电力制冷的需求。

6）统一的管理。通过云计算的统一整合，转变了原来 IT 管理一对多的手工管理模式，实现了把物理资源池化的机制，通过云平台的统一引擎调度，实现了统一的管理入口，实现简单统一的管理模式。

7）更廉价的容错性。在传统的 IT 架构的模式下，对业务系统的高可用保障，通常都是通过基于本业务系统的高可用机制（双机 HA、备份等）来实现容错的，没有从全局的角度考虑，造成了大量的物理计算力的冗余。而现在的基础设施云技术已经具备了各种高可用性方案，使得容错可以被放在虚拟机级别。在相同的容错级别下，后者实现容错的代价要小很多。或者，花相同的代价，基础设施云所能够实现的容错级别又会高很多。

7.2 云服务

从云服务模式来看，根据其能提供的共享资源池服务能力可以大体分为 3 种类型：基础设施即服务（IaaS）、平台即服务（PaaS）、软件即服务（SaaS），如图 7-3 所示。

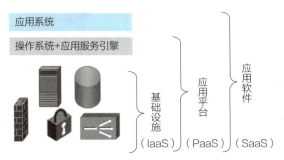

图 7-3 云服务分类

7.2.1 基础设施即服务

基础设施服务云是云资源中心提供计算资源、网络资源、存储资源等 IT 基础架构支撑能力的服务，并且云平台为所有用户按需提供资源和服务能力，云资源中心的服务能力需要基于广泛的互联网接入进行业务数据通信。根据当前云平台的发展现状，支持各个地区以及匹配行业业务发展的需求，需借助已搭建完善的互联网提供商进行数据传输，构建服务业务网络体系。

云资源中心通过虚拟化技术整合硬件能力，把物理资源进行资源池化，并通过基础架构云平台为使用者动态地提供虚拟资源，如虚拟机服务、虚拟化存储、虚拟交换机、虚拟化防火墙、虚拟负载均衡器、操作系统模板等，利用整个虚拟资源池提供全部资源的高可用和多数据中心间的容灾保护，如图 7-4 所示。根据不同业务的应用和系统需要，云资源中心为其提供所需的计算资源、网络资源和存储资源来满足系统的正常运行。

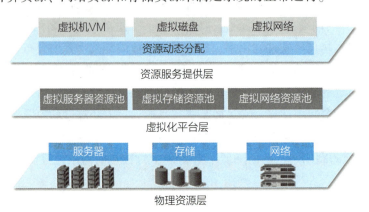

图 7-4 云计算 IaaS 架构图

云资源中心中的服务器需要进行大量的数据交互，因此要对整个云中心设计和搭建高性能和高可靠性的网络架构，采用高性能和高带宽的交换设备做支撑，也是对运行在云平台上的各客户机虚拟机和应用系统的重要保证。将服务器、交换机、磁盘阵列通过虚拟化技术进行虚拟资源池化，通过云管理平台形成 IaaS 资源中心，最终以整体资源的形式对业务系统提供计算能力、存储能力和网络数据交互，针对不同业务对计算能力需求的大小提供相应的资源，为各种业务之间的数据提供高速的可靠传输支撑云平台上的所有业务系统。

7.2.2 平台即服务

平台服务云是云资源中心在为用户提供计算资源、网络资源、存储资源的基础上为用户整合了通用的操作系统、中间件、数据库，集成了应用开发环境和开发工具等业务支撑服务能力。云资源中心提供的通用操作系统包括微软公司的 Windows 系统；主流的 Linux 操作系统包含红帽、Suse、CentOS 等。云资源中心提供的主流中间件包括数据库中间件、远程过程调用中间件、消息队列中间件、基于对象请求代理的中间件、事务处理中间件等。云资源中心提供的数据库包括微软 SQL Server、MySQL、HBase 等。云资源中心提供的应用开发支撑软件包括 JaveEE 平台开发框架中间件以及其集成开发工具 MyEclipse 等。平台服务云为了便于运行和管理各个业务模块和子系统的稳定运营及效率，通常以 J2EE 技术中的底层网页技术为核心，建立一套一体化的业务支撑平台架构，进行相应的应用保障服务，作为系统应用的基本运行环境。平台上的用户可以在租用的开发运行环境中采用预部署的开发工作来创建自己的业务，后期还能直接在平台服务云上运营自己的业务，为部署在平台服务云中的业务系统提供各类开发、测试和业务部署。

7.2.3 软件即服务

应用服务云是用户通过互联网直接使用云资源中心提供的一种或多种应用系统，从而实现业务应用的快速上线服务。具体而言，就是提供面向公众企业用户或内部用户服务的业务系统支持以及服务门户，主要由云资源中心统一规划、设计、开发和部署各类应用系统软件组成。在应用服务云的设计中必须考虑业务系统和功能模块的在线升级，保障所有 API 接口的一致性和应用服务的高可用。在云平台上需要设计和规划用户及应用软件的使用权限管理、多租户运营，方便不同的租户在自己的权限范围内使用。应用服务云平台将采用面向服务的体系架构（Service–Oriented Architecture，SOA）提供应用服务。SOA 是一个组件模型，可将业务系统的不同业务处理模块（称之为服务）通过这些模块之间预先定义好的接口和规范连接在一起，从而为用户提供整体服务的能力。这些规范的定义采用较为公立的模式，并在硬件环境和软件开发环境范围内独立，不会对第三方产生依托。因此，这种环境下的业务系统内部的各个模块采用通用的模式进行数据传输和逻辑交互。

综上所述，应用服务云为用户的整个企业提供完备的软件，让人们能够根据需要订阅特定的 SaaS 应用服务，如人力资源管理、营销管理、采购管理、项目管理、销售管理、供应链管理和运输管理等。云平台上的应用套件可以让用户能够按角色对软件进行个性化设置。借助企业应用套件，用户可以轻松地从任何地方通过任何设备连接企业的整个业务。此外，企业可以连接至其他云并集成到现有系统中。在安全方面，应用服务云可在云的每一层确保安全性，采用内置的企业实践流程，以及嵌入式、数据驱动的智能管理。

7.3 云平台部署方式

按照整体部署方式，有公有云、私有云和混合云三种。公共云是指为公众提供的开放的计算、存储等服务；私有云是指设置在防火墙内，为企业或者其他特定组织提供的云平台服务，又称内部云或者企业云。公共云和私有云在技术上并无不同，只是在服务公开范围和适用对象上有所差别。混合云，顾名思义，是公共云和私有云的混合，是介于两者之间的一种服务方式。公共云由于其服务对象的公开性和使用的广泛性，往往涉及数据安全与隐私、综合成本、外部环境干扰等因素的制约。

7.3.1 公有云

公有云是指云服务提供商自己搭建云业务数据中心，为其他企业用户提供通用的云产品服务。公有云一般通过互联网进行访问，是按照实际使用情况进行付费的。公有云的核心理念是提供共享的资源服务。这种云有许多实例，可在当今整个开放的公有网络中提供服务，能够用相对低廉的价格，提供完善的服务给最终企业用户，为用户创造新的业务价值。目前主流的公有云提供商有阿里云、亚马逊 EC2、微软 Azure、IBM、Google、世纪互联、Saleforce 等。其特点主要有以下几点：

1）数据安全与隐私：即便公有云承诺用户数据加密和安全标准保护，对于一些企业而言，仍然不愿意使用公有云。

2）综合成本：从经济性角度考虑，公有云的计算资源配置更适合中小企业和普通用户，对于计算资源配置要求高的大型企业往往倾向于设置自己的企业云。

3）外界干扰：公有云容易受到网络故障或者服务干扰等外界因素的影响，造成业务的中断。例如，2008 年的亚马逊 S3 服务的突然停止，就是由于大量认证请求耗尽系统资源而导致的。

公有云为用户提供了安全、可靠的网络连接和信息化支撑服务，同时也提供了安全的数据存储服务。中小企业可以专注于业务本身，而不用担心数据安全的维护和保障。然而，很多企业信息中心管理者认为数据只有在自己的机房内才是最安全的，其实并不是这样的。不论是存储在计算机还是服务器，存储中的数据都有可能被使用人员误操作或遇到病毒攻击而导致数据的损失，这就凸显了数据备份和容灾的重要性。中小企业自建备份和容灾中心成本高昂，完全可以利用云数据中心的备份和容灾能力或者安全的数据保障机制。

公有云提供的云盘服务在便捷方面具有传统架构无法比拟的优势，用户可以直接在浏览器中修改存储在公有云盘上的数据文件，也可以多人共享及协同编辑云端的文件，极大地提高了企业协同办公的效率。同时，再也不用担心文档多次修改后的最新版本，公有云提供了丰富的版本管理能力。公有云在进行数据共享和应用分享方面有着天然的优势。公有云为中小企业业务变革带来无限可能，为企业的业务数据存储提供了近乎无尽的空间，也为企业业务数据的处理提供了近乎无尽的计算能力。云计算为所有企业提供了一个业务变革的机会，每一个人都应该在这场变革中找到自己的位置。

7.3.2 私有云

私有云是为某个特定用户、机构建立的，只供建设企业自己使用，能实现企业内部的资源优化，只为企业内部运营提供 IT 支撑和技术服务。建设私有云的企业不与其他企业进行任何资源共享，服务对象是对安全性和可管理性以及个性化 IT 建设要求较高的企业。目前，私有云主要由大规模的 IT 厂商和解决方案提供商主导，帮忙用户提供产品和解决方案。主要的解决方案商有 IBM、HP、联想、华为、浪潮、青云、微软、Dell 等。

目前，资源丰富的大型公司纷纷率先开始向私有云架构演进，通过搭建企业内部的私有云平台，迁移传统的业务系统和应用，提高了对业务支撑的效率，逐步加快自身的数字化转型。在私有云的建设过程中，要根据业务的发展要求进行总体规划与顶层设计，制定切实可行的里程碑，既要体现创新性和科学严谨性，又要在操作层面可落地。要从底层基础架构到上层应用对现有的业务系统做迁移，从提高效率和降低成本的视角统一规划和设计，在系统中实现最大程度的集成、整合和信息共享，要保证云平台在建设过程中提前预留通用的接口和框架，防止新的业务需求到来时平台无法兼容和快速升级。

7.3.3 混合云

混合云是企业在建设数据中心时搭建了自己私有云的同时又租用了公有云，并且把公有云和私有云通过互联网连接到一起以进行统一规划、建设和管理运维。混合云是未来云计算建设的主要模式和发展趋势。私有云主要是应对某些特定的企业用户对于敏感信息保护的考虑，企业用户更愿意将敏感数据保存在私有云的业务系统中，同时又渴望通过云有云获取通用的价格低廉的计算资源。在这种考虑下，越来越多的企业开始使用混合云的部署方案，它融合了私有云和公有云的方案优势，从而获得既节约成本又安全、可靠和弹性扩展的能力。

混合云是几种资源和模式的任意混合。这种混合可以是计算的、存储的，也可以两者兼而有之。在公有云尚不完全成熟而私有云存在运维难、部署实践周期长、动态扩展难的现阶段，混合云是一种较为理想的平滑过渡方式，短时间内的市场占比将会大幅上升。不混合是相对的，混合是绝对的。在未来，即使不是自家的私有云和公有云做混合，也需要内部的数据与服务与外部的数据与服务进行不断的调用（PaaS 级混合）。此外，一个大型客户把业务放在不同的公有云上，相当于把鸡蛋放在不同篮子里，不同篮子里的鸡蛋自然需要统一管理，这也算广义的混合。

私有云在数据隐私保护的安全性上比公有云高，而公有云的庞大计算资源池所带来的低成本又是私有云无法比拟的。混合云解决方案的出现完美地解决了这个问题，用户可以通过私有云获得敏感数据安全性的同时，还可以将通用的业务系统部署在更高效、便捷的公有云平台上。混合云解决了私有云对于硬件无线扩展的制约，跟公有云平台相结合可以满足企业未来发展的无限的计算能力需求。企业用户把存储非敏感信息的业务系统部署在公有云平台上，可以减少对私有云的建设投入和运维需求。混合云可以最大程度地帮助企业实现降本增效，它既可以使用私有云，又可以使用公有云，企业可以根据自身情况的不同将业务系统和数据分别放在最适合的平台上，从而获得最高的组合收益。

7.4 云计算关键技术

作为分布式计算的一种，云计算通过网络"云"将巨大的数据计算处理程序分解成无数个并行小程序，然后通过多台服务器节点进行处理和分析这些小程序，最终得到结果并返回给用户。简单地说，就是进行分布式计算，解决任务分发，并进行计算结果的合并。云计算又称为网格计算，通过这项技术，只要有足够的服务器节点参与运算，就可以在规定的时间内完成数以万计的数据处理，从而得到强大的网络服务。因此，云计算关键技术包括虚拟化技术、云管理平台、分布式文件系统、大规模并行计算、分布式数据存储等多项核心技术，以及由这些核心技术构建而成的云计算架构与云原生技术。

7.4.1 虚拟化

虚拟化是指通过虚拟化技术将一台计算机虚拟为多台逻辑计算机。在一台计算机上同时运行多个逻辑计算机，每个逻辑计算机上都可以运行不同的操作系统，并且应用程序都可以在相互独立的空间内运行而互不影响，显著提高了计算机的工作效率。

虚拟化就是将资源进行细分（虚拟）的一门技术，它可以虚拟计算、虚拟存储及虚拟网络。其宗旨就是将闲置的资源划分出来，虚构一个和真实物理环境没有差别的虚拟环境，这样用户在使用资源时，就像是在使用一台真实物理机一样。常见的虚拟化技术有 KVM、Xen、Qemu 等。

虚拟化的目的就是要对 IT 基础设施进行简化，可以简化对资源以及对资源管理的访问。如图 7-5 所示，现在主流的虚拟化技术包括桌面虚拟化、网络虚拟化、服务器虚拟化、存储虚拟化和应用虚拟化。

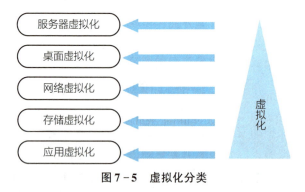

图 7-5 虚拟化分类

虚拟机是资源的具象。资源太抽象了，包括但不限于计算、存储和网络这三大资源，但是这些资源都统一放在一个"池子"里。如何管理这些资源，并根据用户的需求合理地进行划分？虚拟机就是一种非常好的资源管理方式。它将物理主机上的资源进行细分，一个虚拟机使用一部分，彼此之间不会影响。在外部看来，它就像一台真实的物理主机，拥有主机具有的一切配置，包括 CPU、内存和 IO，只不过这些都是通过程序虚拟出来的。

虚拟化实现了用软件的方法重新划分和定义 IT 资源，可以实现 IT 资源的动态分配、灵活调度、跨域共享，提高了 IT 资源利用率，使资源能够真正成为社会基础设施，服务于各行各业中灵活多变的应用需求。

总之，虚拟化就是把物理资源转变为逻辑上可以管理的资源，以打破物理结构之间的壁垒。所有的资源都透明地运行在各种各样的物理平台上，资源的管理都将按逻辑方式进行，完全实现资源的自动化分配。其中，虚拟化不等于云计算，云计算除了虚拟化之外，还需要从运维、管理、安全等方面进行调整来满足云计算的要求。

7.4.2 分布式计算

分布式计算是一种计算方法，和集中式计算是相对的。随着计算技术的发展，有些应用需要非常巨大的计算能力才能完成，如果采用集中式计算，则需要耗费相当长的时间来完成。分布式计算将该应用分解成许多小的部分，分配给多台计算机进行处理。这样可以节约整体计算时间，大大提高计算效率。

当前，随着大数据时代的来临，现有计算方式已不能满足工作需求，并且 CPU 近几年往多核方面发展，单台计算机性能不足以完成复杂的计算任务。分布式计算框架能很好地解决此类需要巨大计算量的问题。分布式计算框架允许使用商用服务器组成一个计算集群并提供一个并行计算软件框架，服务器之间的通信、负载均衡、任务计算与处理、任务储存等复杂的操作都交由系统自动处理，减少了软件开发人员的负担。

7.4.3 云计算架构

软件架构是一系列相关的抽象模式的草图，用于指导大型软件系统各个方面的设计，是构建计算机软件实践的基础。软件架构不是软件，但架构决策体现于软件平台和框架之中，规定了软件的高层划分及各部分间的交互，其优劣决定了业务应用系统的实施能力和发展空间，正所谓"架构搭台，应用唱戏"。

云计算"基础设施"是承载在 IDC 数据中心之上的，以高速网络连接各种物理资源（服务器、存储设备、网络设备等）和虚拟资源（虚拟机、虚拟存储空间等）。在架构上，云计算系统主要由云服务消费者、云服务提供、云服务资源、云服务管理等环节构成，如图 7-6 所示。其中，云服务消费者就是 IT 资源使用者，通常由终端和程序构成。云服务提供作为消费者与云资源的桥接，主要面向云服务消费者提供统一登录界面和访问，根据云服务资源状况和消费者需求包装云服务资源，对云服务的消费设立服务等级，通过按需计费管理云消费者状态，请求简化及标准化云服务管理，运行维护云计算架构系统，保障云架构的稳定和可靠等。云服务资源作为云计算的主要功能承载者，负责将物理资源实体的服务器资源、存储资源、网络资源进行虚拟化，并实现对物理资源的整合、池化和共享，然后将虚拟化的物理资源进行分割和包装，形成可对外提供服务的虚拟资源，再根据服务对象需求灵活、动态调配虚拟资源。云服务管理主要负责运维管理与安全管理，主要包括 IT 运维管理流程、运维自动化管理、统一监控管理、服务器安全管理、网络安全管理及数据安全管理等。

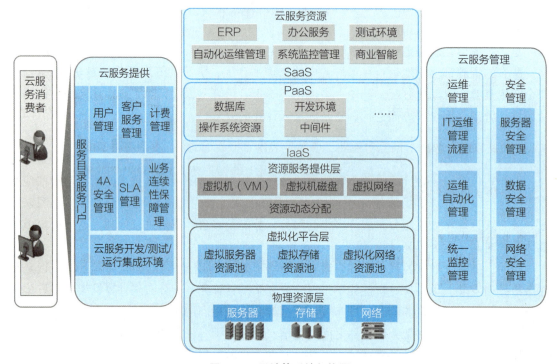

图 7-6　云计算系统架构图

云计算架构在技术及实现方面有三个关键特点：一是用系统可靠性代替服务器节点的可靠性，降低了对高性能硬件的依赖，如使用分布式的廉价 x86 服务器代替高性能的计算单元和昂贵的磁盘阵列，同时利用管理软件实现虚拟机、数据的热迁移来解决 x86 服务器可靠性差的问题；二是用系统规模的扩展降低对单机能力升级的需求，当业务需求增长时，通过向资源池中加入新计算、存储节点的方式来提高系统性能，而不是升级系统硬件，降低了硬件性能升级的需求；三是以资源的虚拟化提高系统的资源利用率，如使用主机虚拟化、存储虚拟化等技术实现系统资源的高效复用。

7.4.4　云原生技术

随着云原生技术理念在行业内的进一步实践发展，云原生架构完成了 IT 架构在云计算时代的进化升级。以 CI/CD、DevOps、微服务架构为代表的云原生技术以其高效稳定、快速响应的特点驱动并引领企业的业务发展，帮助企业构建更加适用于云上的应用服务。对企业而言，新旧 IT 架构的转型与企业数字化的迫切需求也为云原生技术提供了很好的契机，云原生技术在行业的应用持续深化。

云原生是一系列云计算技术体系和企业管理方法的集合，既包含了实现应用云原生的方法论，也包含了落地实践的关键技术。云原生应用利用容器、服务网格、微服务、不可变基础设施和声明式 API 等代表性技术，构建容错性好、易于管理和便于观察的松耦合系统，结合可靠的自动化手段对系统做出频繁、可预测的重大变更，让应用随时处于待发布状态。云原生技术有利于各组织在公有云、私有云和混合云等新型动态环境中构建和运行可弹性扩展的应用，借助平台的全面自动化能力，跨多云构建微服务，持续交付及部署业务生产系统。

从技术特征方面来看，云原生技术具备以下典型特征：

1）极致的弹性能力。不同于虚拟机分钟级的弹性响应，以容器技术为基础的云原生技术架构可实现秒级甚至毫秒级的弹性响应。

2）服务自治故障自愈能力。基于云原生技术栈构建的平台具有高度自动化的分发调度调谐机制，可实现应用故障的自动清除与重构，具有极强的自愈能力及随意处置性。

3）大规模可复制能力。可实现跨区域、跨平台甚至跨服务商的规模化复制部署能力。

从应用价值方面来看，云原生技术从以下几个方面加速行业数字化转型：

1）异构资源标准化。容器技术有效解决了异构环境的部署一致性问题，促进了资源的标准化，为服务化、自动化提供了基础。

2）加速数字基础设施升级，解放生产力。降低用户数字化技术的使用门槛，提高资源的复合利用率，变革及研发运营的生产方式，打破组织壁垒，实现研发与运维的跨域协同，提升交付效率，解放生产力。

3）提升业务应用的迭代速度，赋能业务创新。云原生技术实现了应用的敏捷开发，大幅提升交付速度，降低业务试错成本，高效响应用户需求，增强用户体验加速业务创新。

总之，面向云服务设计的一种思想理念，云原生技术充分发挥云效能的最佳实践路径，帮助企业构建弹性可靠、松耦合、易管理、可观测的应用系统，提升交付效率，降低运维复杂度，将成为下一代云计算的技术"内核"。

7.5 云计算重构 DICT 时代生产关系

伴随着 5G 等数字技术体系的创新、融合、扩散所带来的人类生产效率和交易效率的提升，以及数字经济新产品、新业态、新模式的不断涌现，人类社会的沟通方式、组织方式、生产方式、生活方式正在发生数字化转型与变革。其中，云计算具有的用户主导、需求驱动、按需服务、即用即付优势，以及具有的专业化、规模化和显著的成本优势等，降低了用户业务系统的构建和运维成本，提高了 IT 基础设施业务灵活性等方面的需求，驱动用户从以往自建自用的"重资产"消费模式向寻求社会化的公共服务模式转变。

云计算改变传统信息产业技术和产品发展方向。在硬件领域，高性能服务器、小型机等的市场增长率将逐步降低，相对廉价的 x86 服务器在公有云领域广泛使用，云计算超融合服务器在企业级专有云市场发展迅速。在软件领域，构建云平台的相关基础软件将成为基础软件市场的主要产品，传统的桌面应用软件将向网络化的在线应用软件转变。因而，云计算使 DICT 时代的社会经济数字化能力不再封装于具体产品中，而以社会化服务的形式呈现。云计算服务商作为连接用户与应用的关键环节，凭借用户需求感知优势和信息资源优势逐步成为左右产业格局的重要力量，通过满足和引领用户需求，影响并带动软硬件制造的演进和发展，进而形成对产业链的领导力，推动了云计算服务业和制造业间的纵向整合和产业链的相互延伸，使产业呈现出制造和服务一体化的格局，也使传统的软件业态向服务化转变。

云计算、大数据、人工智能这一系列的技术是天然耦合、不可分割的。云计算提供对海量数据的强大计算、存储能力，人工智能须依托云计算的强大计算能力进行训练、推理和预测。大数据又为人工智能的训练、推理和预测提供了海量的运算和测试数据集。云计算的出现，可以为各行各业产生的大数据提供精准分析和弹性计算能力，为未来人们的工作和生活提供实际价值。算力资源和服务爆发的今天，如何有效存储和分析这些大数据，将成为十分棘手的问题。云计算在技术上可以理解为将众多能力较弱的服务器，通过网络有机集成在一起，形成一个能力超强的、可动态伸缩的资源池，用于完成任务。不管是技术上还是经济上，云计算都为万物互联时代提供了非常好的技术手段，使得人们能够游刃有余地应对数据洪流。

总之，当算力变成一种公共服务时，云计算已超过以往任何的生产资料变革对社会经济产生的影响。构建 DICT 时代的数字经济新基建，加速社会数字化转型，这就是云计算真正给社会带来的价值。当前，"上云用数赋智"已经成为企业共识，企业上云进入攻坚期，数字化转型进程显著提速。

第 8 章 大数据构建 DICT 时代数字生产要素

2007 年，图灵奖得主、著名计算机科学家吉姆·格雷在题为"科学方法的一次革命"的演讲中提出了科学研究的第四类范式——数据密集型科学发现，也就是大数据（Big Data）或数据科学范式。这是继实验范式、理论范式、仿真范式之后，人类认知世界领域的一种全新方式。大数据或数据科学范式是运用大量的已知数据，通过数据分析与挖掘得出数据内部表达的知识和规律，发挥数据在 DICT 时代数字经济中所起的基础资源作用和创新引擎作用。大数据是一种包含了数据处理行为的全新的科学发现和信息挖掘手段，它既包含数据本身，也包括方法论，两者缺一不可。

如同农业经济时代以劳动力和土地、工业经济时代以资本和技术为新的生产要素一样，在数字经济时代，数据成为新的关键生产要素。由网络所承载的数据、由数据所获取的信息、由信息所升华的知识，正在成为企业经营决策的新驱动、商品服务贸易的新内容、社会全面治理的新手段，带来了新的价值增值。加快推进数据价值化、发展数据要素市场是数字经济的关键。历经多年发展，大数据作为国家基础性战略资源，从一个新兴的技术产业，正在成为融入经济社会发展各领域的要素、资源、动力、观念。

8.1 大数据基础

作为 DICT 数字经济时代的关键生产要素，大数据是新资源、新技术和新理念的混合体，体现了一种全新的数字资源观。因具有通用技术的社会基础设施属性，大数据能够提升运作效率，提高决策水平，从而形成由数据驱动社会经济数字化转型的"数字经济生态"。

8.1.1 大数据发展历程

大数据的应用和技术是在信息技术中特别是在移动互联网快速发展中诞生的，随着 4G 时代 IT 与 CT 技术的融合及物联网的普及与应用，以搜索引擎为代表的信息系统所面临的存储和分析的数据，不仅数量之大、前所未有，而且以非结构化数据为主，传统高性能架构的信息技术无法应对。为此，谷歌提出了一套以分布式并行计算为核心的大数据存储与分析技术体系，即分布式文件系统（Google File System，GFS）、分布式并行计算（MapReduce）和分布式数据库（BigTable）等技术，以较低的成本实现了之前技术无法达到的规模。这些技术奠定了当前大数据技术的基础，被公认为是大数据技术的源头。同时，*Nature Science* 分别于2008年、2011年刊发了 *Big Data*、*Dealing with data* 专刊，指出大数据时代已到来，标志着人类社会进入大数据时代。

相对于传统数据主要为来自于业务运营支撑系统、企业管理系统等的结构化数据，大数据是传统数据的延伸，是对传统数据在深度和广度上的补充。当前爆炸式增长的新数据主要来源于互联网、移动互联网等，为图片、文本、音频、视频等非结构化数据，如图8-1所示。结构化数据是能够用关系数据库二维表来逻辑表达的数据，其他为非结构化数据。非结构化新数据和结构化传统数据一起构成大数据。

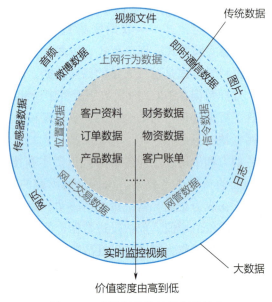

图8-1 大数据是传统数据的扩充

根据发展历程，大数据的发展过程又可以分为萌芽阶段、发展阶段、成熟阶段等三个阶段。

1）萌芽阶段：20世纪90年代到21世纪初期，关系数据库技术成熟，数据挖掘理论快速发展并得到广泛应用和关注，也称数据挖掘阶段。

2）发展阶段：2003—2012年，非结构化的数据大量出现，传统的高性能计算机技术和关系数据库难以应对，谷歌公开发表三篇大数据相关论文——《谷歌文件系统》《基于集群的简单数据处理：MapReduce》以及《非结构化数据库：BigTable》，开启了大数据时代。其核心的技术包括分布式文件系统（GFS）、分布式计算系统框架（MapReduce）、分布式锁（Chubby）、及分布式数据库（BigTable）。这期间，大数据研究的焦点是性能、云计算、大规模的数据集并行运算算法及开源分布式架构（Hadoop）等。

3）成熟阶段：2013年至今为成熟阶段，以大数据系统平台Hadoop 2.0、分布式计算技术Spark以及分布式深度学习计算平台TensorFlow等开源技术的广泛应用为代表。大数据基础技术成熟之后，学术界及企业界纷纷开始转向应用研究。2013年，大数据技术开始向商业、科技、医疗、政府、教育、经济、交通、物流及社会的各个领域渗透，为数据智能化打下基础，因此 2013 年也被称为大数据元年。

在我国，自 2014 年大数据首次写入政府工作报告以来，对大数据的认识与实践过程大致经历萌芽阶段、起步阶段、落地阶段及深化阶段，逐步实现从"数据大国"向"数据强国"转变的大数据国家战略。我国大数据发展历程如图 8-2 所示。

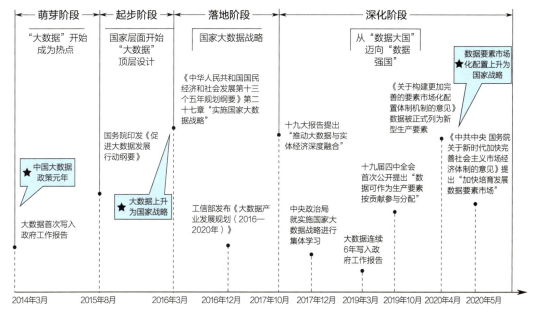

图 8-2 我国大数据发展历程

8.1.2 大数据基本概念

5G DICT 时代，以 Hadoop 为代表的分布式存储和计算技术快速普及，极大地提升了企业数据变现能力，尤其互联网企业对"数据废气"（Data Exhaust）的挖掘和利用大获成功，引发全社会各界重新审视"大数据"的价值，并把数据当作数字经济时代的关键生产要素。

大数据是具有体量大、结构多样、时效强等特征的数据，处理大数据需采用新型计算架构和智能算法等数字技术，并能够为多源异构数据采集、存储管理及实时智能分析提供系统化理论与技术机理的研究，为实现立体数据采集、实时信息感知提取、时空协同的知识发现与辅助决策提供理论基础和技术支撑。随着对数字技术体系的认识不断深化，大数据在不同的视角下被赋予不同的含义。

从技术视角看，大数据代表了新一代数据管理与分析技术。传统的数据管理与分析技术以结构化数据为管理对象，在小数据集上进行分析，以集中式高性能服务器架构为主，成本高昂。与"贵族化"的数据分析技术相比，源于互联网的面向多源异构数据、在超大规模数据集（PB 量级）上进行分析、以分布式并行计算架构为主的新一代数据管理技术与开源软件潮流叠加，在大幅提高处理效率的同时，大幅度降低了数据分析、计算、应用总体拥有成本。

大数据被定义为无法在一定时间内用常规软件工具（如关系型数据库等）对其内容进行抓取、管理和处理的大量而复杂的数据集合，具有体量大、快速和多样化的信息资产，难以用传统关系型数据分析方法进行有效分析，需用高效率和创新型的信息技术加以处理，以提高发现及洞察、做出决策和优化流程的能力。其大数据核心的价值在于对海量数据进行数据采集、存储、整合和分析，挖掘数据关键信息，揭示社会客观规律，预测事物未来的发展趋势，其思维理念和技术也将对信息技术带来巨大变革。

从理念的视角看，大数据打开了一种全新的思维角度。大数据的应用赋予了"实事求是"的新内涵，其一是"数据驱动"，即经营管理决策可以自下而上地由数据来驱动，甚至像量化股票交易、实时竞价广告等场景中的那样，可以由机器根据数据直接决策；其二是"数据闭环"，观察互联网行业大数据案例，它们往往能构造起包括数据采集、建模分析、效果评估到反馈修正各个环节在内的完整"数据闭环"，从而能够不断地自我升级，螺旋上升。目前的很多"大数据应用"，要么数据量不够大，要么并非必须使用新一代技术，但都体现了数据驱动和数据闭环的思维，改进了生产管理效率，这是大数据思维理念应用的体现。

在本质上，大数据是综合运用以物联网、5G、云计算、大数据、移动互联网和人工智能等为代表的数字技术及其体系和手段，对社会生活、生产活动及自然现象客观描述、记录及反映，具有客观存在的属性，不以人的意志为转移。

总之，大数据是 DICT 时代综合运用以物联网、5G、云计算、大数据、移动互联网和人工智能等为代表的数字技术及其体系和手段，对包括数据采集、数据存储与管理、数据分析、数字治理与应用等在内的全生命周期的数据科学进行技术升级、业务流程优化与重构，是一门通过数据揭示世界客观规律的的技术科学。

8.1.3　大数据的单位

大数据最小的基本单位是 bit，按顺序给出单位：bit、Byte、KB、MB、GB、TB、PB、EB、ZB、YB、BB 等。它们按照进率 1024（2^{10}）来计算：

1Byte = 8bit

1KB = 1024Byte = 8192bit

1MB = 1024KB = 1048576Byte

1GB = 1024MB = 1048576KB

1TB = 1024GB = 1048576MB

1PB = 1024TB = 1048576GB

1EB = 1024PB = 1048576TB

1ZB = 1024EB = 1048576PB

1YB = 1024ZB = 1048576EB

1BB = 1024YB = 1048576ZB

8.1.4 大数据的 5V 特征

大数据具有 5V 基本特征,即数据体量巨大(Volume)、类型多样(Variety)、速度快(Velocity)、真实性(Veracity)及低价值密度(Value)。它们的英文单词都以字母"V"开头,通常被称为 5V 特征。具体分析如下:

1)数据体量巨大(Volume)。指大量 TB、PB、EB 级以上的数据等待处理,多以非结构化数据为主。百度资料表明,其新首页导航每天需要提供的数据超过 1.5PB(1PB=1024TB),这些数据如果打印出来将超过 5000 亿张 A4 纸。有资料证实,到目前为止,人类生产的所有印刷材料的数据量仅为 200PB。

2)数据类型多样(Variety)。现在的数据类型不仅是文本形式,更多的是日志、图片、视频、音频、地理位置信息等多类型的数据,非结构化数据、半结构化数据占绝对多数。

3)速度快(Velocity)。数据增长速度快,实效性高。与 10 年之前相比,人们面临的数据处理体量增长速度达一百万倍,而当前,数据处理速度遵循"一秒定律",可从各种类型的数据中快速获得高价值的信息。

4)真实性(Veracity)。数据的噪声、缺失、不一致性、歧义等会引起数据的不确定性,在数据的采集、存储及分析的全链条中,应保证数据的准确性和可信赖度,即数据不允许随意更改和删除。

5)低价值密度(Value)。以视频为例,一小时的视频,在不间断的监控过程中,可能有用的数据仅仅只有一两秒。大数据使得人们以前所未有的维度量化和理解世界,蕴含了巨大的价值,大数据的终极目标在于从数据中挖掘价值,如图 8-3 所示。

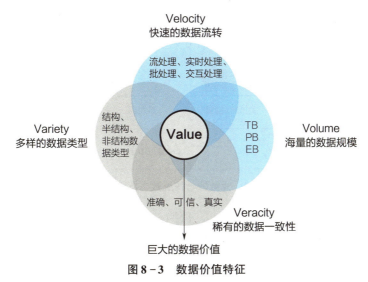

图 8-3 数据价值特征

与传统数据分析相比,大数据技术的核心在于分析和挖掘数据中隐含的关键信息,寻找事物的发展规律,预测其发展趋势。在数据分析过程中,数据相关关系最为重要,而传统数据分析中的因果关系降为次要。同时,要求关注全局数据,而非部分数据,各种数据越多,越容易准确分析。

8.2 大数据关键技术

大数据作为数据资源价值挖掘的动力源,受到了世界各国政府和国际组织的高度重视,世界主要国家和地区竞相开展大数据战略布局,推动大数据技术创新研发与产业应用落地,旨在以大数据为抓手,抢占数字经济时代全球竞争制高点。大数据关键技术为应对大数据时代的多种数据特征而产生,是数据资源要素化、资产化的基础工具及手段。大数据时代,数据量大、数据源异构多样、数据实效性高等特征催生了高效完成海量异构数据存储与计算的技术需求。

从数据分析挖掘的全生命周期看,大数据从数据源经过分析挖掘到最终价值一般需要经过4个主要环节,包括数据准备、数据存储与管理、数据挖掘与分析、知识展现与应用,每个环节都不同程度地对传统技术产生挑战。其中,在数据的分析相关技术中,大数据的存储、计算、管理和分析等技术是关键。

在关键技术组成上,大数据可以分为大数据资源、大数据工具及大数据理念等三个技术范畴。如图8-4所示,与传统数据分析相比,大数据关键技术在数据采集、数据存储、数据分析以及数据应用等四个环节上存在巨大差异。

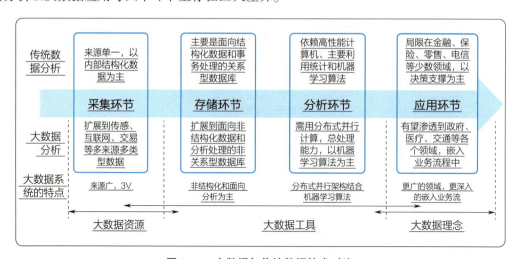

图8-4 大数据与传统数据技术对比

1)在采集环节上,传统数据来源单一,以内部结构化数据为主,而大数据来源广,扩展到传感、互联网、交易等多来源多类型的非结构化数据。

2)在存储环节上,传统数据主要面向结构化数据和事务处理的关系型数据库,而大数据扩展到面向非结构化数据和分析处理的非关系型数据库。

3)在分析环节上,传统数据依赖高性能计算机,采用单机和专业处理软件,主要依据经典统计学模型理论和分析人员的经验;大数据基于分布式、并行计算,主要依据人工智能模型算法进行数据分析与提取。

4）在应用环节上，由于传统数据分析技术的精度不高、时效不强，使其应用能力受限；大数据的精度和实效性更高，渗透领域广，能够实现立体采集、信息实时感知提取、时空协同的应用，模式多样，应用场景更为广泛。

在以上数据采集、数据存储、数据分析与数据应用4个环节中，数据采集起着数据获取和数据传输的作用，如各种体制遥测感知传感器、物联网及5G等；数据存储与数据分析俗称数据工具或数据存储与分析，起着数据存储、管理与数据挖掘分析等作用，目前有各种开源软件平台，如OpenStack、Apache Hadoop、Spark、TensorFlow等；数据应用环节就是所谓的数据服务，也称为数据变现环节，就是数据与传统的各行各业结合起来，以数据和互联网理念实现传统产业升级、流程优化与重构，也是整个环节中最为重要的一环。

总之，与传统数据存储与分析通常采用的单台高性能计算机不同，大数据关键技术需要借助云计算的分布式并行化等核心技术，提高数据存储与计算性能，采用全维度数据分析和人工智能算法代替传统统计学机器学习算法，来实时智能获取数据中的高精度信息，打破传统信息系统容量与速度受限、算法依赖于人工经验以及数据处理结果等的缺点限制，从根本上解决大规模数据获取与社会化地理信息服务之间的巨大"鸿沟"。

8.2.1 大数据并行存储技术

随着大数据系统数据规模的扩大，数据处理和分析维度的提升，以及大数据应用对数据处理性能要求的不断提高，数据存储技术得到持续的发展与优化。一方面，基于大规模并行数据库（MPPDB）集群实现了海量结构化数据的存储与高质量管理，并能有效支持SQL和联机交易处理（OLTP）查询。另一方面，基于谷歌文件系统GFS、Hadoop的分布式文件系统（Hadoop Distributed File System，HDFS）实现了对海量半结构化和非结构化数据的存储，进一步支撑内容检索、深度挖掘、综合分析等大数据分析应用。同时，数据规模的快速增长，也使得分布式存储成为主流的存储方式，通过充分利用分布式存储设备的资源，能够显著提升容量和读写性能，具备较高的扩展性。

数据的PB级别体量、高速增长及类型多样性特征是大数据对存储技术提出的首要挑战。这要求底层硬件架构和文件系统在性价比上要大大高于传统技术，并能够弹性扩展存储容量。但以往网络附着存储系统（NAS）和存储区域网络（SAN）等体系，存储和计算的物理设备分离，它们之间要通过网络接口连接，这导致在进行大数据高速计算时I/O数据吞吐量难以满足要求，成为大数据系统的瓶颈。同时，传统的单机文件系统（如NTFS）和网络文件系统（如NFS）要求一个文件系统的数据必须存储在一台物理机器上，且不提供数据冗余性，可扩展性、容错能力和并发读写能力难以满足大数据需求。

综上所述，分布式文件系统GFS和HDFS抛弃传统存储与计算分离的机制，采用分布式技术将计算和存储节点在物理上结合在一起，谁存储谁计算，从而避免在大数据分析和挖掘中 I/O 数据吞吐量的制约，如图 8-5 所示。这类分布式存储的文件系统引入分布式架构的特点，只要进行存储及计算的节点足够，就能达到满足任务要求的并发访问能力，奠定了大数据存储技术的基础。

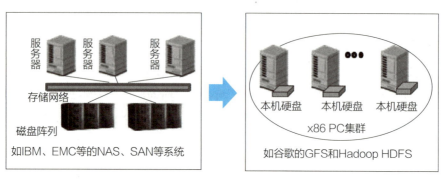

图 8-5 数据存储架构的变化

8.2.2 大数据并行计算技术

作为大数据 5V 特征之一，数据速度快（Velocity）的特征除了表达 DICT 时代大数据体量高速增长外，其另一层含义是由信息时效性决定的数据价值特征，即数据分析和挖掘的速度越快，其分析及挖掘出来的信息价值越高。无论是采用高性能计算机计算，还是采用随机抽样的数学统计方法的传统数据分析方法与理论，其主要目标就是提高数据分析及处理的速度。

大数据时代，随着数据体量与类型多样性日益复杂，为了能够提高数据分析及挖掘速度，大数据技术采用并行计算代替传统的串行计算技术。谷歌在 2004 年公开的 MapReduce 分布式并行计算技术，通过添加服务器节点可线性扩展系统的总处理能力（Scale Out），在成本和可扩展性上都有巨大的优势。

相对于串行计算，并行计算是一种一次可执行多个指令的算法，目的是提高计算速度，以及通过扩大问题求解规模来解决大型而复杂的计算问题。并行计算分为时间上的并行和空间上的并行，时间上的并行就是指流水线技术，而空间上的并行则是指用多个处理器并发地执行计算。并行计算是能够同时使用多种计算资源解决计算问题的过程，是提高计算机系统计算速度和处理能力的一种有效手段。其基本思想是用多个处理器来协同求解同一问题，即将被求解的问题分解成若干个部分，各部分均由一个独立的处理机来并行计算。并行计算系统既可以是专门设计的含有多个处理器的超级计算机，也可以是以某种方式互联的若干台独立计算机构成的集群。通过并行计算集群完成数据的处理，再将处理的结果返回给用户。因此，根据数据的类型和处理速度，大数据并行计算类型又可分为批处理计算、流计算、图计算、交互式计算等，如图 8-6 所示。

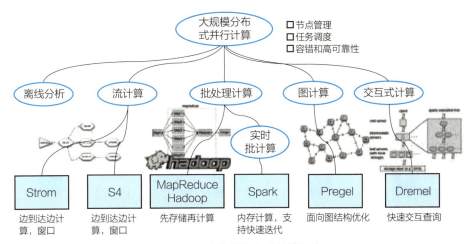

图 8-6　大数据分布式计算架构

批处理计算是针对大规模数据的批量化处理的计算模式，处理时延通常以小时为单位，适用于对时间不敏感的大体量离线数据分析挖掘，其典型代表是 MapReduce、Spark 等。MapReduce 可以并行执行大规模数据处理任务，用于大规模数据集的并行运算（单输入、两阶段、粗粒度数据并行的分布式框架）。它将复杂的、运行于大规模集群上的并行计算过程高度抽象到了两个函数——Map 和 Reduce，并把一个大数据集分成多个小数据集，分布到不同的机器上进行并行处理，极大地方便了分布式编程工作。在 MapReduce 中，数据流从一个稳定的来源进行一系列加工处理后，流出到一个稳定的文件系统（如 HDFS）。MapReduce 架构能够满足"先存储后处理"的离线批量计算需求，但也存在局限性，最大的问题是时延过大，难以适用于机器学习迭代、流处理等实时计算任务，也不适合对大规模图数据等特定数据结构进行快速运算。Spark 是一个针对超大数据集合的低延迟的集群分布式计算系统。它启用了内存分布数据集，可以提供交互式查询、优化迭代工作负载。Spark 则用内存替代 HDFS 或本地磁盘来存储中间结果，因此要快很多。

交互式计算，又称交互式查询，是终端用户的最基本需求，准确完备的检索条件可以更好地帮助用户从数据库获取最需要的信息，计算时延通常为分钟级别。目前，交互式查询的解决方案主要有两种：一种是实现交互式查询运算的工具，最通用的就是通过 SQL 语句直接由数据库查询；另一种是进行交互式查询运算，也可以通过直接编写程序来实现。

流计算是一种高实时性的计算模式，即数据以大量、快速、时变的流形式持续到达，需要对一定时间窗口内应用系统产生的新数据完成实时的计算处理，避免造成数据堆积和丢失。流数据（或数据流）是指在时间分布和数量上无限的一系列动态数据集合体，数据的价值随着时间的流逝而降低，因此必须实时计算，给出毫秒到秒级响应。在大数据时代，数据格式复杂，来源众多，数据量巨大，对实时计算提出了很大的挑战。因此，针对流数据的实时计算——流计算应运而生。业内有许多流计算框架与平台：第一类，商业级流计算平台（IBM InfoSphere Streams、IBM StreamBase 等）；第二类，开源流计算框架（Twitter Storm、S4

等）；第三类，公司为支持自身业务开发的流计算框架。

图计算是专门针对图结构数据的处理，而图数据结构又能够很好地表达数据之间的关联性，同时关联性计算是大数据计算的核心——通过获得数据的关联性，可以从噪声很多的海量数据中抽取有用的信息。因此，图计算技术解决了传统的计算模式下关联查询的效率低、成本高的问题，在问题域中对关系进行了完整的刻画，并且具有丰富、高效和敏捷的数据分析能力，通常用于知识图谱、用户推荐等场合。

总之，大数据并行技术是数据密集型计算，需要巨大的算力资源。与传统"数据简单、算法复杂"的高性能计算不同，大数据的计算是数据密集型计算，对计算单元和存储单元间的数据吞吐率要求极高，对性价比和扩展性的要求也非常高。传统依赖大型机和小型机的并行计算系统不仅成本高，而且数据吞吐量也难以满足大数据要求，靠提升单机 CPU 性能、增加内存、扩展磁盘等实现性能提升纵向扩展（Scale Up）的方式也难以支撑平滑扩容。

8.2.3　大数据管理技术

随着数字技术的快速发展，传统的关系型数据库系统无法满足以数据类型多样性特征为中心的数据管理需求，同时，大数据管理系统实现由以软件为中心到以数据为中心的分布式系统架构迁移，加速推动算力网络基础设施的建设与发展。

1. 数据结构类型

5G DICT 时代，数据类型多样性是数据要素的基本特征。为了方便管理，数据类型通常分为结构化数据、半结构化数据及非结构化数据。

结构化数据是指可以使用关系型数据库表示和存储的表现为二维形式的数据，其中，数据以行为单位，一行数据表示一个实体的信息（即记录），一列代表一个属性，每一列数据的属性是相同的。非结构化数据是数据结构不规则或不完整，没有预定义的数据模型，不方便使用数据库二维逻辑表来表现的数据，包括所有格式的办公文档、文本、图片、XML、HTML、各类报表、图像和音频/视频信息等。半结构化数据是指结构数据中结构不规则的数据，由于结构变化很大，因此不能够简单地建立一个表与其对应。半结构化数据属于同一类实体，可以有不同的属性，虽然它们被组合在一起，但是属性的顺序并不重要。如声音、图像文件等之间的数据，HTML 文档就属于半结构化数据。它一般是自描述的，数据的结构和内容混在一起，没有明显的区分。

2. 大数据管理系统与 CAP 定理

大数据对存储管理提出的另一个挑战是数据类型多样性特征，即数据存储格式多样化，这就决定了大数据存储管理系统应对各种非结构化数据类型进行高效管理。大数据管理系统依托分布式存储与计算架构，提供数据的存储与组织以及查询、分析、维护、安全性等管理服务，提升数据的一致性（Consistency）、可用性（Availability）和分区容错性（Partition-Tolerance）等管理性能，实现数据"分散存储，集中管理"。

分布式存储系统由多个标准 x86 架构服务器组成，利用每台服务器内部的存储与计算资源，通过部署存储功能软件使每台服务器转换为具有标准功能的存储节点，采用高速网络连接技术将所有节点互联，从而形成一个逻辑完整的存储资源池。分布式存储系统将业务数据分散到各个节点上，利用多台服务器的集群分担存储业务负载，为存储系统提供有效的可靠性、可用性与安全性。

5G DICT 时代，作为数字经济的关键生产要素，数据价值化重构生产要素体系，是当前经济社会数字化转型的基础。其中，以分布式系统为基础架构的数据平台在数据价值化过程中发挥算力基础设施的作用，有力支撑 5G 时代的社会数字化转型。但分布式系统的最大难点在于数据管理如何实现一致性、可用性和分区容错性三者之间的动态平衡。CAP 定理是在设计分布式系统的过程中如何处理数据一致性与可用性问题时必须考虑的基本依据。

在计算机科学中，CAP 定理（CAP Theorem）又被称作布鲁尔定理，它指出，对于数据存储管理系统来说，不可能同时满足一致性、可用性、分区容错性。其中，一致性是（C）指"更新操作成功后，所有节点在同一时刻的数据完全一致。从客户端角度来看，一致性主要指多个用户并发访问时更新的数据如何被其他用户获取的问题；从服务端来看，一致性则是用户进行数据更新时如何将数据复制到整个系统，以保证数据的一致。可用性（A）是指用户访问数据时，系统是否能在正常的响应时间返回结果，其主要是指系统能够很好地为用户服务，不出现用户操作失败或者访问超时等用户体验不好的情况。在通常情况下，可用性与分布式数据冗余、负载均衡等有着很大的关联。分区容错性（P）是指分布式系统在遇到某节点或网络分区故障时，仍然能够对外提供满足一致性和可用性的服务。

作为数据存储与管理的基本规律，CAP 定理指出，任何数据存储与管理系统中的数据一致性、可用性和分区容错性不可能同时达到最佳，在设计存储系统时，需要在 C、A、P 三者之间做出权衡，如图 8-7 所示。CAP 定理可用在不同的层面，可以根据 CAP 定理定制局部的设计策略，例如，在分布式系统中，每个节点自身的数据是能保证 CA 的，但在整体上又要兼顾 AP 或 CP，只要在某一时刻点上，C、A、P 不同时实现即可满足。

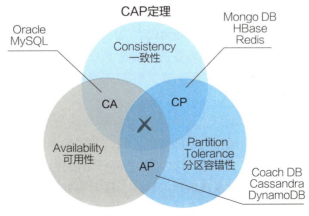

图 8-7　CAP 定理图示

CAP 定理认为数据存储管理系统只能兼顾其中的两个特性，即出现 CA、CP、AP 三种情况：①CA，即不允许分区，强一致性和可用性是可以保证的，如 MySQL、Oracle 等传统关系数据库；②CP，即牺牲可用性，相当于每个请求都需要在各服务器之间强一致，而分区容错性会导致同步时间无限延长，这样 CP 也是可以保证的，如 HBase、Redis 等；③AP，即放弃一致性，满足可用性并允许分区，一旦分区发生，节点之间就可能失去联系，为了实现高可用，每个节点只能用本地数据提供服务，而这样会导致全局数据的不一致性。

对于分布式系统，分区容错性（P）是基础前提，因为分布式系统架构中，存储与计算都是通过网络分区存在的，只要有网络交互，就一定会有延迟和数据丢失，必须保证系统的分区容错性能。所以分布式系统只剩下一致性（C）、可用性（A）可以选择，即要么保证数据一致性（C），要么保证可用性（A）。当选择了一致性（C）时，如果由于网络分区而无法保证特定信息是最新的，则系统将返回错误或超时。当选择了可用性（A）时，系统将始终处理客户端的查询并尝试返回最新的可用的信息版本，即使由于网络分区而无法保证其是最新的。

3. 数据库

作为承载数据存储和计算功能的专用软件，经过半个多世纪的发展演进，数据库系统综合成本低、处理能力高，扮演各类信息系统的核心角色，已成为主流数据处理工具，是各企业数据工作流程的核心。

数据库是支持一个或多个应用领域的按概念结构组织的数据集合，其概念结构描述这些数据的特征及其对应实体间的联系。数据库中的数据按一定的数据模型组织、描述和存储，具有较小冗余度、较高数据独立性和易扩展性，并可为各种用户共享。

首款企业级数据库产品诞生于 20 世纪 60 年代，数据库共经历前关系型、关系型和后关系型三大阶段，如图 8-8 所示。前关系型数据库阶段的数据模型主要基于网状模型和层次模型，代表产品为 IDS 和 IMS，该类产品在当时较好地解决了数据集中存储和共享的问题，但在数据抽象程度和独立性上存在明显不足。关系型数据库阶段以 IBM 公司研究员 E. F. Codd 提出关系模型概念、论述范式理论作为开启标志，期间诞生了一批以 DB2、Sybase、Oracle、SQL Server、MySQL、PostgreSQL 等为代表的广泛应用的关系型数据库。该阶段的技术脉络逐步清晰，市场格局趋于稳定。谷歌的三篇论文开启后关系型数据库阶段，该阶段由于数据规模爆炸式增长，数据类型不断丰富，数据应用不断深化，技术路线呈现多样化发展。

随着各行业数字化转型的不断深入，5G、云计算等新兴技术快速发展，传统数据库的应用系统纷纷优化升级。全球市场格局剧烈变革，我国数据库产业进入重大发展机遇期。特别是云计算技术的大规模应用，传统各类软件产品都开始由独自部署模式向云服务模式转变。其中，关系型数据库作为信息系统的核心软件，逐渐被数据库企业附加云化能力，形成关系型云数据库，以服务或产品形式对外提供技术支撑。

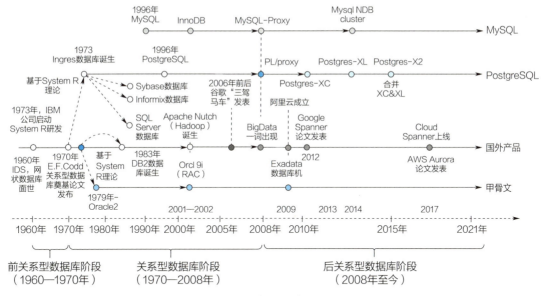

图 8-8 数据库发展历程

4. NoSQL 非关系型数据库

针对大数据类型的多样性特征，非关系型、分布式数据存储得到了快速的发展。它们不保证关系数据的 ACID 特性，即原子性、一致性、隔离性、持久性。一个支持事务的数据库，需要具有这 4 种特性，否则在事务过程中无法保证数据的正确性。为了满足大数据的存储与管理，非关系型数据库 NoSQL 的概念在 2009 年被提了出来。NoSQL 是 Not Only SQL 的缩写，而不是 Not SQL，它不一定遵循传统数据库的一些基本要求，比如遵循 SQL 标准、ACID 属性、表结构等。相比传统数据库，称它为分布式数据管理系统更贴切，数据存储被简化，重点被放在了分布式数据管理上。

NoSQL 数据库种类繁多，具有易扩展、高可用性、大数据量及高性能等优点。根据数据存储类型，可以细分为键值数据库、列存储数据库、文档数据库及图数据库等。

为大数据设计的新型数据管理技术，如谷歌 BigTable 和 Hadoop HBase 等非关系型数据库，使用"键-值（Key-Value）"对、文件等非二维表的结构，具有很好的包容性，适应了非结构化数据多样化的特点。同时，这类 NoSQL 数据库主要面向分析型业务，一致性要求可以降低，只要保证最终一致性即可，给并发性能的提升让出了空间。

根据 CAP 定理将 NoSQL 数据库分成了满足 CA 原则、满足 CP 原则和满足 AP 原则三大类：①CA，单点集群，满足一致性、可用性的系统，通常在可扩展性上不太强大；②CP，满足一致性、分区容忍性的系统，通常性能不是特别高；③AP，满足可用性、分区容忍性的系统，通常对一致性的要求低一些。

8.2.4 大数据挖掘技术

当前，随着信息技术的快速发展，人们面临着"数据爆炸，知识贫乏"的信息时代。在人类的全部数字化数据中，仅有非常小的一部分（约占总数据量的1%）数值型数据得到了深入分析和挖掘（如回归、分类、聚类），大型互联网企业对网页索引、社交数据等半结构化数据进行了浅层分析（如排序）。占总量近60%的语音、图片、视频等非结构化数据还难以进行有效的分析。

1. 大数据挖掘分析基本概念

数据挖掘（Data Mining）是通过分析每个数据，从大量数据中寻找其规律的技术，通常采用分组对比、趋势分析、异常分析、排名分析等方法找到周期规律，提取类型特征，寻找异常、极值等。数据挖掘分析是从大量的数据中自动搜索隐藏于其中的特殊关系型信息的过程，其中，数据本身并没有什么价值，有价值的是人们从数据中提取出来的信息。常见的挖掘算法有关联分析、聚类分析、分类分析、异常分析、特异群组分析和演变分析等。

数据挖掘在技术上的定义是从大量的、不完全的、有噪声的、模糊的和随机的数据中，提取隐含在其中的、事先不知道的但又有潜在有用信息和知识的过程。在特征上，数据挖掘分析应该具备目的性、严谨性、落地性三要素。目的性：只有明确的要求，才能有目的地收集相关数据，确保数据分析过程有效。严谨性：明确通过何种工具和方法收集什么时间范围内的相关数据；落地性：基于数据分析找出内在规律，并为网络营销决策准备可执行支持。

在概念上，数据挖掘与数据分析都是为了从收集来的数据中提取有用信息，发现知识，而对数据加以详细研究和概括总结的过程。但两者也存在本质上的差别，数据分析主要采用统计学原理，是一个假设检验的过程，是一个严重依赖于数据分析师工作经验的过程。而数据挖掘是在没有明确假设的前提下去挖掘信息，发现知识。数据挖掘所得出的信息通常具有先前未知性、有效性和实用性三个特征。

数据挖掘是目前人工智能和数据库领域研究的热点问题，主要基于人工智能、机器学习、模式识别、统计学、数据库、可视化技术等把这些高深复杂的技术封装起来，使人们不用自己掌握这些技术也能完成同样的功能，并且更专注于自己所要解决的问题。

因此，数据挖掘能够高度自动化地分析海量异构数据，做出归纳性的整理，从中挖掘出潜在的模式，从而帮助决策者根据客观规律调整策略、减少风险。应用领域为情报检索、情报分析、模式识别等。

2. 大数据挖掘分析流程与框架

根据数据挖掘分析的严谨性特征，数据挖掘与数据分析需要遵循一定的科学规律，以确保数据分析结果的准确性与可靠性。大数据挖掘分析流程根据先后顺序可以分为业务理解、数据理解、数据准备、建立模型、模型评估及应用六个环节,如图8-9所示。

图8-9 大数据挖掘分析流程

第一步,业务理解。业务理解主要根据数据挖掘的目的性开展业务需求分析,是大数据挖掘分析活动是否成功的前提,主要包括理解业务背景和评估业务需求两个环节。数据分析的本质是服务于业务需求。如果没有业务理解,缺乏业务指导,那么会导致分析无法落地。判断分析需求是否可以转换为数据分析项目,某些需求是不能有效转换为数据分析项目的,如不符合商业逻辑、数据不足、数据质量极差等。

第二步,数据理解。数据理解在完成业务理解的基础上开展提取数据的工作,主要分为数据收集与数据清洗。抽取的数据必须能够正确反映业务需求,否则分析结论会对业务造成误导。原始数据中存在数据缺失和坏数据,如果不处理会导致模型失效,因此对数据通过过滤"去噪"提取出有效数据。

第三步,数据准备。数据准备包括数据探索和数据转换,主要运用统计方法对数据进行探索,发现数据内部规律。同时,为了达到模型的输入数据要求,需要对数据进行转换,包括生成衍生变量等。

第四步,建立模型。建立模型是数据挖掘分析中非常关键的一步,需要综合考虑业务需求精度、数据情况、花费成本等因素,选择最合适的模型。在实践中,对一个分析目的,往往运用多个模型,然后通过后续的模型评估进行优化、调整,以寻求最合适的模型。

第五步,模型评估。为了对模型的性能进行评估,本环节对建立模型过程及模型结果进行评估。其中,建立模型过程评估是对模型的精度、准确性、效率和通用性进行评估。而模型结果评估主要评估是否有遗漏的业务,以及模型结果是否回答了当初的业务问题,需要通过业务专家进行评估。

第六步,应用。作为大数据挖掘分析的变现环节,将模型应用于业务实践,才能实现数据分析的真正价值:产生商业价值和解决业务问题。同时,模型改进主要开展对模型应用效果的及时跟踪和反馈,以便后期的模型调整和优化。

以上六个环节中,业务理解、数据理解、数据准备、建立模型及模型评估五个环节都有一套严谨的科学方法为依据。在大数据挖掘分析过程中,需要将业务需求与该环节业务活动结果进行比对，通过不断迭代来保证数据挖掘分析结果的准确性与可靠性。大数据挖掘分析关键环节流程如图8-10所示。

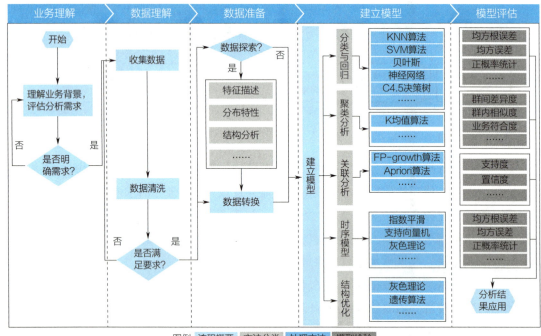

图8-10 大数据挖掘分析关键环节流程

3. 机器学习与数据智能时代

5G DICT 时代，大数据分析技术的发展需要在两个方面取得突破：一是对体量庞大的结构化和半结构化数据进行高效率的深度分析，挖掘隐性知识，如从自然语言构成的文本网页中理解和识别语义、情感、意图等；二是对非结构化数据进行分析，将海量复杂多源的语音、图像和视频数据转换为机器可识别的、具有明确语义的信息，进而从中提取有用的知识。数据智能是指基于大数据相关技术，通过大规模机器学习和深度学习等技术对海量数据进行处理、分析和挖掘，提取数据中所包含的有价值的信息和知识，使数据具有"智能"，并通过建立模型寻求现有问题的解决方案及实现预测等。

机器学习是指计算机程序如何随着经验积累自动提高性能及系统自我改进的过程。计算机利用经验改善系统自身性能的行为，其本质是根据已知样本估计数据之间的依赖关系，对未知或无法测量的数据进行预测和判断，关键在于推广能力。大数据的核心是利用数据的价值。机器学习是利用数据价值的关键技术。对于大数据而言，机器学习是不可或缺的。相反，对于机器学习而言，越多的数据会越可能提升模型的精确性。同时，复杂的机器学习算法的计算时间也迫切需要分布式计算与内存计算这样的关键技术。因此，机器学习的兴盛离不开大数据的帮助。大数据与机器学习两者是互相促进、相依相存的关系。

8.3 大数据平台

5G DICT 时代,作为平台经济的数字底座,大数据平台为大数据提供了计算和存储的能力,使得海量的静态数据"活动"起来,释放出自身价值,加速数字平台经济系统的落地与发展。

8.3.1 大数据平台的概念

5G 数字经济时代,作为算力基础设施的核心支撑平台,大数据平台面向社会经济数字化、网络化、智能化转型的需要,基于数字技术体系的数据采集、汇聚、分析和服务体系及相关技术,上承应用生态,下连系统设备,是集数据采集、汇聚、存储、挖掘分析、安全、治理、审计和服务等大数据全生命周期的"载体",是连接设备、软件、产品、工厂、人等社会经济生活全要素的"枢纽"。作为平台经济的核心载体,大数据平台是数字生产力新的组织方式,支持资源实现泛在连接、弹性供给、高效配置,是需求、设计、制造、销售、物流、服务等社会经济全链条实现社会经济各个环节协同的"纽带",对推动产业升级、优化资源配置、贯通经济循环发挥愈发重要的作用,为推动经济复苏注入了新动能。

大数据概念的内涵伴随着传统信息技术和数据应用的发展不断演进,而大数据技术体系的核心始终面向海量数据的存储、计算、处理等基础技术,逐渐形成集数据存储、分析计算、安全及治理等功能于一体的大数据平台架构。如图 8-11 所示,在大数据平台的发展历

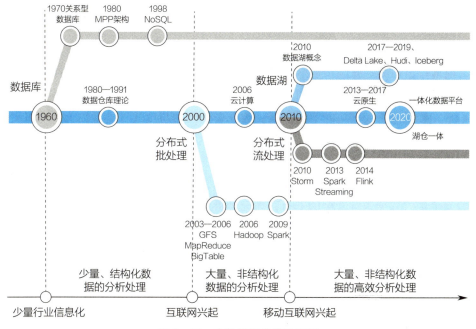

图 8-11 大数据平台发展历程

程中，支撑数据存储计算的软件系统是起源于 20 世纪 60 年代的数据库；70 年代出现的关系型数据库成了沿用至今的数据存储计算系统；80 年代末，专门面向数据分析决策的数据仓库理论被提出，成为接下来很长一段时间中发掘数据价值的主要工具和手段。2000 年前后，在互联网高速发展的时代背景下，数据量急剧增大，数据类型愈加复杂，数据处理速度需求不断提高，大数据时代全面到来。

由此，面向非结构化数据的 NoSQL 数据库兴起，突破单机存储计算能力瓶颈的分布式存储计算架构成为主流，Apache Hadoop 成为大数据技术的代名词，MPP（Massively Parallel Processing）架构也在此时开始流行。2010 年前后，移动互联网时代的到来进一步推动了大数据的发展，对于实时交互性的进一步需求，使得以 Storm、Flink 为代表的流处理框架应运而生，对于庞杂的不同类型的数据进行统一存储使用的需求催生了数据湖的概念。同时，随着云计算技术的深入应用，具有资源集约化和应用灵活性优势的云原生概念产生，大数据技术完成了从私有化部署到云上部署再向云原生的转变。以数据中心为核心的上层智能应用的开发，离不开大数据平台的支持。大数据平台提供统一的数据存储与计算能力。上层应用不需要再重复开发，只需要使用数据中心提供的能力。同时，多个上层应用的数据也集中沉淀到一起，形成有效的数据资产。

传统的数据系统开发模式中，各个应用开发独立进行，各自沉淀自己的数据。各个应用的数据缺乏整合，形成数据孤岛，后续无法沉淀数据资产。同时，因为没有一个统一的大数据平台，各个应用都会有自己的数据存储和计算体系，存在大量的重复建设。目前，大数据平台主要有基于开源技术的自建平台和商业化平台两种。自建平台灵活性强、自主性高，商业化平台安全性强、使用便捷。随着社会各行业数字化转型的深入、数据安全事件的频发，大数据平台的发展重点也从注重效率提升演变为"效率提升、赋能业务、加强安全、促进流通"四者并重。

大数据平台是业务交互的桥梁和数据汇聚分析的中心，连接大量业务系统和设备，与个人生活与企业经营活动密切相关。随着大数据平台对企业运营的支撑能力不断提升，数据来源不断丰富，数据分析挖掘功能不断创新，数据安全问题与挑战日益增加，企业对大数据平台的安全保障要求也不断提高。其高复杂性、开放性和异构性加剧其面临的安全风险，一旦平台遭入侵或攻击，就可能造成数据泄露，波及范围不仅是单个企业和个人，更可延伸至整个产业生态，对国民经济造成重创，影响社会稳定，甚至对国家安全构成威胁。

平台安全是大数据系统安全的基石，无论是自建大数据平台还是商业化大数据平台，都处在高速发展阶段。平台安全防护依然依赖边界防护和操作系统安全机制，需要产业各方在大数据平台安全技术研究方面加大投入。一方面，提升大数据平台本身的安全防御能力，引入组件身份认证、细粒度的访问控制、数据操作安全审计、数据隐私保护机制，从机制上防止数据的未授权访问和泄露，同时加强对平台紧急安全事件的响应能力；另一方面，从攻防两方面入手，密切关注大数据攻击和防御两方面的技术发展趋势，建立适应大数据平台环境的安全防护和系统安全管理机制，构筑更加安全、可靠的大数据平台。

8.3.2 大数据平台的架构

大数据技术自诞生以来始终沿袭着基于 Hadoop\MPP 的分布式框架，利用可扩展的特性，通过资源的水平扩展来适应更大的数据量和更高的计算需求，并形成了具备存储、计算、处理、分析等能力的完整平台架构。

1. 大数据平台核心功能

与传统云计算平台 OpenStack "重存储，轻计算"不同，数据存储与分析计算协同耦合是大数据平台架构的核心基础，如图 8-12 所示。

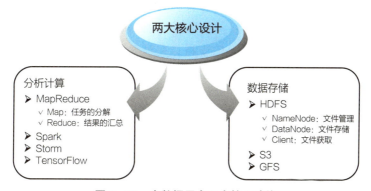

图 8-12 大数据平台两大核心功能

针对海量异构数据，如何高效地进行数据存储与分析计算协同耦合，实现数据存储与计算并重，是所有大数据平台面临的首要问题。全球著名互联网公司 Google 在处理该问题时，率先抛弃传统高性能服务器加昂贵基础软件的做法，在一堆廉价且不可靠的硬件 x86 服务器节点上构建可靠的分布式文件系统 GFS（Google File System）。作为性价比高的分布式文件系统，GFS 在 x86 分布式并行集群架构上利用数据块冗余备份的软件方式处理集群中经常发生的节点失效问题来保证数据一致性。在 GFS 文件系统的基础上，Google 利用并行计算组件 MapReduce 和 BigTable 分别实现大数据的并行计算与异构数据管理，在 x86 服务节点足够的情况下，能够保证在规定的时间内完成 PB 级数据的处理，拉开了大数据时代的序幕。

作为 Google 大数据云平台的开源实现，Hadoop 也是一整套大数据存储和处理方案，是集数据存储与数据并行计算于一体的大数据平台。Apache Hadoop 是一个用 Java 语言实现的软件框架，可在由大量计算机组成的集群中进行海量数据的分布式计算，它可以让应用程序支持上千个节点和 PB 级别的数据。Hadoop 内核主要由 HDFS（Hadoop Distributed File System，HDFS）和 MapReduce 两大组件构成，为用户提供透明的分布式基础设施系统的底层细节，其中，HDFS 负责分布式存储数据，MapReduce 负责对数据并行计算。

Hadoop 可以在多达几千台廉价的量产计算机上运行，并把它们组织为一个计算机集群，其基本框架最根本的原理就是利用大量廉价计算机（如 x86 服务器）并行计算高效地存储数据、分配处理任务，来加快大量数据的处理速度。Hadoop 集群一方面可以降低计算机的建造和维护成本，另一方面，如果一台计算机出现了硬件故障，那么不会对整个计算机系统造成致命的影响，因为面向应用层开发的集群框架本身就必须假定计算机会出现故障。

由此，面向非结构化数据的 NoSQL 数据库兴起，突破单机存储计算能力瓶颈的分布式存储计算架构成为主流，基于 Google "三驾马车" 理论产生的 Apache Hadoop 成为大数据技术的代名词，MPP（Massively Parallel Processing）架构也在此时开始流行。2010 年前后，移动互联网时代的到来进一步推动了大数据的发展，使得以 Storm、Flink 为代表的流处理框架应运而生，对于庞杂的不同类型的数据进行统一存储使用的需求催生了数据湖的概念。同时，随着云计算技术的深入应用，促使具有资源集约化和应用灵活性优势的云原生概念产生，大数据技术完成了从私有化部署到云上部署再向云原生的转变。以数据中台为核心的上层智能应用的开发，离不开大数据平台的支持。大数据平台提供统一的数据存储与计算能力。上层应用不需要重复开发，只需要使用数据中台提供的功能即可。同时，多个上层应用的数据也集中沉淀到一起，形成有效的数据资产。

2. 开源大数据平台 Hadoop 系统架构

Hadoop 是一个由 Apache 基金会开源的分布式系统基础架构，充分利用集群的功能进行高速运算和存储。用户可以在不了解 Hadoop 分布式底层细节的情况下开发分布式程序。Hadoop 于 2008 年成为 Apache 顶级开源项目，经过十几年的应用、发展与完善，目前已经形成 Hadoop 1.x 系列、Hadoop 2.x 系列及 Hadoop 3.x 系列等不同版本，在大数据平台与大数据处理技术中具有核心地位。

作为一个 Apache 开源生态系统，Hadoop 由 HDFS、MapReduce、HBase、Flink、Spark、Hive 等一系列开源组件构成，每个组件解决一类问题，组件间相互配合可共同完成大数据的存储与分析相关功能。

如图 8-13 所示，在大数据云平台 Hadoop 1.0 生态系统中，HDFS 作为分布式文件管理系统（类似于 NTFS、FAT32 等）组件，主要针对 RAW 数据进行存储管理；类似于关系数

图 8-13　大数据云平台 Hadoop 1.0 生态系统

据 MySQL 和 SQL 语言，HBase 和 Hive 主要针对结构、半结构化数据进行管理检索；MapReduce 主要从 Map 和 Reduce 函数的角度对海量数据进行离线分布式计算，而 Mahout 与 Pig 等组件从机器学习算法角度来分析处理数据；最后，所有组件都在 ZooKeeper 组件的同步协调下工作。作为 Google 大数据云平台的开源仿制品，Hadoop 从诞生的那一天起就将数据存储与分析计算并重地集成在一个系统里。因此，MapReduce 和 HDFS 组件被称为 Hadoop Core，其他组件只能属于 Hadoop 生态系统中的一员。

在 Hadoop 1.0 系列平台中，HDFS 文件系统由主节点 Master 和从节点 Slave 构成。主节点起着集群管理者的角色，从节点负责数据存储及计算任务。一旦主节点发生故障，整个系统就会瘫痪。由于 Hadoop 1.0 存在单点故障及数据分析计算只限于离线批处理等缺点，Hadoop 2.0 增加了资源管理系统 YARN 作为上层计算框架的基础服务，解决了计算模式单一的问题，并采用 HA 架构解决单点故障等，如图 8-14 所示。

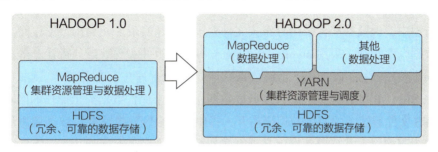

图 8-14　Hadoop 1.0 与 Hadoop 2.0 架构对比

在 Hadoop 2.0 系统架构图中，Hadoop Core 在 Hadoop 2.0 时代由原来的 HDFS、MapReduce 组成升级为由 HDFS、MapReduce 和 YARN 这 3 个核心组件构成，而 MapReduce、HBase 等组件运行在 YARN 上，如图 8-15 所示。其中，YARN 资源管理系统类似于操作系统，可将 HDFS 文件存储管理与上层 MapReduce、Tez、HBase、Storm、Spark 等分析应用解耦分离，使得 Hadoop 2.0 能够兼容不同的组件（如 Storm、Spark 等），拓宽了 Hadoop 系统的应用领域。不同应用领域的大数据可以采用 HDFS、HBase 在分布式系统统一存储管理，而数据挖掘及应用可以开发成 YARN 系统上的应用组件或借助 MapReduce、Spark 等组件进行二次开发。

图 8-15　Hadoop 2.0 系统架构图

3. 大数据平台业务系统架构

自从诞生以来，Hadoop 生态系统得到了 Yahoo、Facebook、亚马逊、阿里巴巴、百度、腾讯、华为等数以万计的互联网公司和企业的认可，并在互联网、通信、金融、交通等不同行业的大型信息系统中起着中流砥柱的作用。

作为大数据平台，Hadoop 生态系统在业务应用架构中通过分布式系统基础架构实现大数据采集、存储及分析功能，并在数据应用、数据存储及分析计算之间采用传统关系数据库（如 MySQL）或非关系数据库（如 HBase、Redis 等）进行隔离，在保护信息系统数据安全的同时也支撑了种类繁多的业务应用系统。

通用大数据应用平台的应用架构通常分为数据采集层、数据存储与分析层、数据共享层及数据应用层，如图 8-16 所示。数据采集层通过 Flume、Kafka、DataHub 等工具将传感器、网络、日志及影像等多元异构数据采集并上传到大数据平台 HDFS 文件系统上；在数据存储与分析层中，大数据平台采用分布式文件系统 HDFS 实现多元异构数据存储，采用 Hive 组件实现数据仓库管理，采用 MapReduce/Spark 等计算组件实现数据分析计算等，并将计算后的数据分析结果通过 DataHub 送到数据共享层的数据库中；数据共享层主要由 Redis、HBase、MySQL、DB 等数据库组成，在通过数据库权限来保护数据安全操作的同时，将用户与底层 HDFS 文件系统上的原始数据隔离开，提供平台系统安全性能；数据应用层主要以用户业务需求为导向，在共享层数据库基础上实现报表、业务产品等应用。

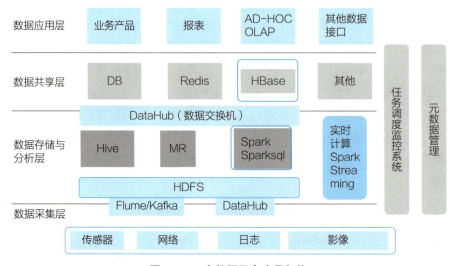

图 8-16 大数据平台应用架构

通用大数据应用平台采用 Hadoop 系统，采用分层结构，具备的优势包括：存储、处理、分析 PB 级别的结构化、半结构化、非结构化数据；低成本运算能力，使用低成本的存储和服务器构建，花费较低的价格便可以达到甚至超越 IOE 架构的性能；动态扩展运算能力，扩容无须停机、服务不中断,数据无须重新分布,数据自动均衡到新的节点中,性能不受影响;高扩展能力,集群规模可扩展至成千上万个节点,动态应对当前大数据 5V 特征的挑战;高容错能力,数据处理过程中存放中间结果,出错时只需要重新运行出错的子任务;应用运算逻辑,支持 Java、R 语言、Scala、SQL 2003 等。

8.3.3 数据中台与数据湖

随着大数据平台的深入发展与应用,数据到底在社会经济数字化转型中扮演什么样的角色?哪些数据需要保存?要如何利用好数据?数据上云后如何支持业务?企业需要哪些核心能力?针对这些问题,数据中台、数据湖等围绕数据关键生产要素的概念快速兴起并得到业界的高度认可。

1. 数据中台

数据中台的概念由阿里巴巴首次提出,是一个可承接技术,引领业务,构建规范定义的、全域可连接萃取的、智慧的数据处理平台,建设目标是高效满足前台数据分析和应用的需求。数据中台以数据标准化、资产化、智能化、服务化为核心,涵盖了数据资产、数据治理、数据模型、垂直数据中心、全域数据中心、萃取数据中心、数据服务等多个层次的体系化建设方法,如图 8-17 所示。

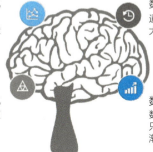

图 8-17 数据中台功能图

数据中台通过数据技术对海量数据进行采集、计算、存储、加工,同时统一标准和口径。数据中台把数据统一之后,形成标准数据,再进行存储,形成大数据资产层,进而为客户提供高效的服务。

简单来说,数据中台是数据服务工厂,其核心是 Data API,即数据中台通过其核心能力将企业的数据能力封装到一个平台中,快速提供给业务前台使用。其核心包括两方面,一个是应用数据的技术能力,另一个是数据资产的管理。数据中台赋能企业数字化转型如图 8-18 所示。

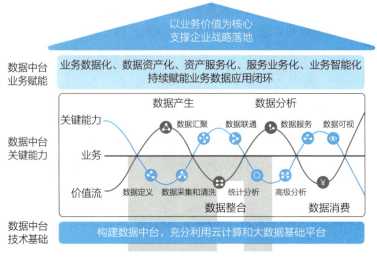

图 8-18 数据中台赋能企业数字化转型

数据中台的使命就是持续让数据用起来，其核心是把数据要素价值化作为一个基础要素独立出来，让成为资产的数据作为生产资料融入业务价值创造过程，持续产生价值。与大数据平台相比，数据中台不是单纯的技术叠加，不是一个技术化的大数据平台，两者有本质区别。大数据平台更关心技术层面的事情，包括研发效率、平台的大数据处理能力等，针对的往往是技术人员；而数据中台的核心是数据服务能力，要结合场景，比如精准营销、风控等，通过服务直接赋能业务应用。数据中台不仅面向技术人员，而且需要面向多个部门的业务人员。

总之，5G DICT 时代，数据中台是企业级战略，支撑企业数字化转型，涉及企业的方方面面。数据中台战略的执行必然伴随着企业组织保障以及整个企业数据意识的提升。

2．数据湖

数据湖是 2010 年由 Pentaho 公司的 CTO Dixon 率先提出的，主要思想源于大数据文件系统 HDFS 在廉价硬件上实现多源异构数据的存储形态。在概念上，数据湖"未经处理和包装的原生状态水库，不同源头的水体源源不断地流入数据湖，为企业带来各种分析、探索的可能性"。

数据湖推崇 Schema on Read 模式，强调数据无须加工整合，可直接堆积在平台上，最终由使用者按照自己的需要进行数据处理。与传统的数据架构要求整合、面向主题、固定分层等特点不同，数据湖为企业中的全部人员独立参与数据运营和应用创新提供了极大的灵活性，并可优先确保数据的低时延、高质量和高可用，给运营商数据架构优化提供了很好的参考思路。

在理念上，数据湖强调原生数据存储、事后绑定建模、统一数据管理，不受限于数据应用的建模体系，提供了一个全新的数据管理思路。数据湖是一类存储数据自然/原始格式的系统或存储，通常是对象块或者文件，即企业中全量数据的单一存储。其中，全量数据是信息系统所产生的原始数据拷贝以及为了各类任务而产生的转换数据，包括报表，以及可视化、高级分析和机器学习生成的数据。因而，数据湖中包括来自于关系型数据库中的结构化数据（行和列）、半结构化数据（如CSV、日志、XML、JSON）、非结构化数据（如Email、文档、PDF等）和二进制数据（如图像、音频、视频）。数据沼泽是一种退化的、缺乏管理的数据湖。对于用户来说，数据沼泽要么不可访问，要么无法提供足够的价值。

如图8-19所示，数据湖可很好地实现规模化、低成本的原生数据存储，保存最"原汁原味"的实时有效数据，消除数据共享的政治和技术壁垒，规避数据存储和应用建模的相互制约，降低应用开发门槛，为企业构建以数据为中心的IT架构提供了很好的参考，可以有效解决企业数据架构面临的质量不高、预先建模、应用门槛高、成本昂贵等难题。

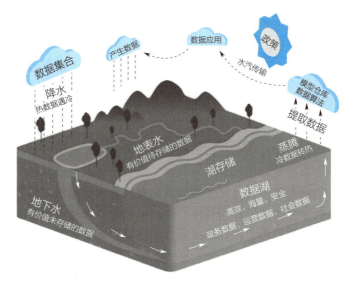

图8-19 数据湖概念图

3. 大数据与数据湖、数据中台的区别

大数据、数据湖及数据中台都以数据要素为核心，围绕数据科学基本规律，践行数据要素价值化、资产化的数字理念，构筑算力新基建，但三者之间也存在本质上的区别。

大数据可将多元异构的海量数据以结构化或非结构化形式快速导入一个集中的大型分布式数据库或分布式存储集群中，利用大数据关键技术来对存储于其内的集中海量数据进行查询和分类汇总等，以支持后续数据分析需求。适用于大数据的技术，包括大规模并行处理（MPP）数据库、数据挖掘、分布式文件系统、分布式数据库、云计算平台、互联网和可扩展的存储系统等。按照大数据（Big Data）研究机构Gartner公司给出的定义，"大数据"是需要新处理模式才能具有更强的决策力、洞察发现力和流程优化能力的海量、高增长率和多样化的信息资产，因此，大数据为企业数字化转型提供了基础和源动力。

数据湖具有卓越的数据存储能力，支持海量、多种类型的大数据统一存储。但随着企业业务模式的发展与演变，沉积到数据湖中的数据定义、数据格式等都在发生改变，如果不加以治理，企业的"数据湖"就有可能变成"垃圾"堆积的"数据沼泽"，从而无法支撑企业的数据分析和使用。只有让"数据湖"中的"水"流动起来，并在流动过程中进行疏导和净化，才能让"数据湖"的"水"保持清澈、流畅。所谓"数据治理"，也就是在迁移数据源时进行一定的数据转换，形成清晰的数据目录，对数据湖中的数据分区域、分阶段地进行清洗和处理的过程。

数据中台是一套可持续"让企业的数据用起来"的机制，是针对企业数据的一种战略选择和组织形式，是依据企业特有的业务模式和组织架构，通过有形的产品和实施方法论支撑而构建的一套持续不断地把数据变成资产并服务于业务的机制。数据中台和数据治理工作是具有体系性的工作。虽然涉及的绝大部分领域相同，但数据中台并不仅仅是数据治理工作的放大升级版，而是数据治理工作的深化，它强化了数据治理的深度和广度，并拓展了数据治理不涉及的数据应用领域。借助数据中台，企业才真正实现了内部数据的闭环。

8.3.4　城市大数据平台

作为大数据平台的典型应用案例，城市大数据平台以数据生产要素为重要战略资源，突出数据驱动在新型智慧城市建设中的核心作用，推动智慧城市建设向网络化、数字化、智能化转型。

1. 城市大数据

随着数据处理技术的不断进步，以及人们对于数据应用的意识不断提高，各行业运行产生的数据呈现爆发式的增长，形成城市大数据。城市大数据是指城市运转过程中产生或获得的数据，以及其与信息采集、处理、利用、交流能力有关的活动要素构成的有机系统，是国民经济和社会发展的重要战略资源。用简单、易于理解的公式可以表达为城市大数据 = 城市数据 + 大数据技术 + 城市职能。

城市大数据的数据资源丰富多样，广泛存在于经济、社会各个领域和部门，是政务、行业、企业等各类数据的总和。同时，城市大数据的结构异构特征显著，数据类型丰富，数量大，增速快，处理速度和实时性要求高，并且具有跨部门、跨行业流动的特征。

按照数据源和数据权属不同，城市大数据可以分为政务大数据、产业大数据和社会公益大数据，见表 8-1。政务大数据指政务部门在履行职责过程中制作或获取的以一定形式记录、保存的文件、资料、图表和数据等各类信息资源。产业大数据指在经济发展中产生的相关数据，包括工业数据、服务业数据等。此外，还有一些社会公益大数据。当前，城市大数据多数为政务大数据和产业大数据，所以城市大数据的主要推动者应为一个城市的政府和相关的具有一定数据规模的企业。

表8-1 城市大数据的分类

分类	城市数据
政务大数据	安防数据、环保数据、城管数据、交通数据、养老数据、医疗数据、社区数据、教育数据、能源数据、计生数据、社保数据等
产业大数据	工业数据、服务业数据、金融数据、物流数据、电商数据、企业数据等
社会公益大数据	国家基金会数据、社会捐助数据、居民生活数据等

2. 城市大数据平台

城市大数据平台就是采集与城市运行相关的信息，进行集中存储，经过数据治理等环节建立的一个城市数据综合处理中枢，并提供城市数据应用服务。城市大数据平台可以强化跨部门、跨行业的组织统筹力度，提升信息资源整合水平，全面加快城市信息资源的有序汇聚、深度共享、关联分析、高效利用，为政府、企业和市民提供跨层级、跨地域、跨部门、跨业务的协同服务，最大程度地展现城市"智慧"。

如图8-20所示，城市大数据平台汇聚政务、公共安全、运营商、互联网企业等众多相关方的结构化、半结构化和非结构化数据，通过云计算、大数据和人工智能等技术进行数据融合治理，形成数据智能，驱动智慧应用，支撑政务服务、城市治理、产业经济等领域的应

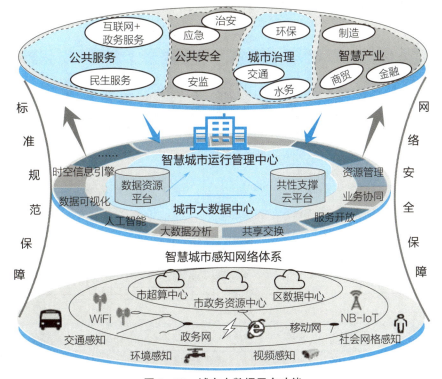

图8-20 城市大数据平台功能

用创新。城市大数据平台应具备大规模动态拓扑网络下的实时计算能力、超大规模下全量多源的数据汇聚能力、基于机器学习深度挖掘数据价值的人工智能、基于全生命周期数据安全的保障能力，为数据开放创新提供平台支撑，为各行各业的智慧应用提供数据引擎。

总之，城市大数据平台汇聚城市运行中的各种数据，经过相应治理后实现共享开放及横向贯通。城市大数据平台作为城市数据运行的数字大脑，在设计建造时需充分考虑、统一建设。通常，城市大数据平台由城市管理者负责运营，而非某些横向部门负责各自领域的运营模式。同时，针对数据生命周期的各个环节、城市运行的不同系统，城市大数据平台可以实现全流程、全行业服务。

3. 城市大数据平台参考架构

目前，尽管各个城市大数据平台的技术架构千差万别，根据总结的各城市大数据平台技术，通用的城市大数据平台在云平台基础设施、业务支撑系统的基础上，其核心功能需要涵盖教育、卫生、金融、产业以及政府公共服务等领域。

同时，新型智慧城市建设是一次全方位、全领域的复杂系统改革，其架构更需要顶层设计，也需要顶层设计流程规范，以保障改革进程有目标、有方向、有路径、有节奏地持续推进。

建设城市大数据平台的顶层设计需要涵盖架构设计、详细设计、交付赋能、运维运营等阶段的一整套完善的流程规范。如图8-21所示，通用的城市大数据平台建立在新型智慧城

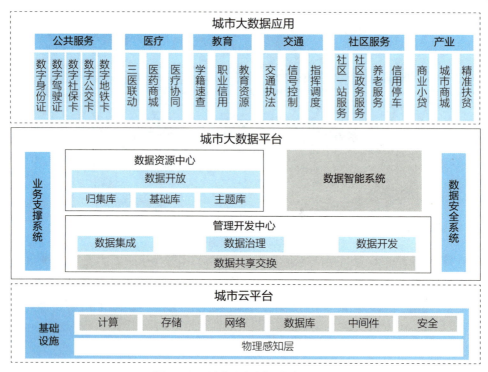

图8-21 城市大数据平台参考架构

市的整体架构中，以城市云平台为基础，并对外提供城市大数据应用。城市云平台是落实智慧城市战略的第一承载体，也是城市所有云计算资源和大数据资源的统一管控者及统一调配者。建设城市云平台能够将现有资源充分整合，实现计算资源、网络资源、存储资源等的合理利用，通过资源整合与平台统一提高服务效率，减少资源浪费，降低运营成本。城市云平台可以提供支撑新型智慧城市运行的各种资源，包括云服务器、均衡负载、关系型数据库服务、对象存储服务、缓存服务、容器服务、消息服务、大规模计算服务等。

新型智慧城市的实现需要以数据共享为基础，而城市大数据平台就是实现数据共享与治理的核心引擎。通常的城市大数据平台包含数据管理开发系统、业务支撑系统、资源中心、智能系统、安全系统等。

4. 城市大数据平台的作用

城市大数据平台助力城市数字化转型，其作用主要体现在以下几个方面：

1）通过数据汇集加速信息资源整合应用。首先，城市大数据平台建立了数据治理的统一标准，提高了数据管理效率。通过统一标准避免了数据混乱冲突、一数多源等问题。通过集中处理延长了数据的"有效期"，可快速挖掘出多角度的数据属性以供分析应用。通过质量管理，及时发现并解决数据质量参差不齐、数据冗余、数据缺值等问题。其次，城市大数据平台规范了数据在各业务系统间的共享流通，促进了数据价值的充分释放。通过统筹管理，消除了信息资源在各部门内的"私有化"和各部门之间的相互制约，增强了数据共享的意识，提高了数据开放的动力。通过有效整合，提高了数据资源的利用水平。

2）通过精准分析提升政府公共服务水平。在交通领域，通过卫星分析和开放云平台等实时监测流量，感知交通路况，帮助市民优化出行方案。在平安城市领域，通过行为轨迹、社会关系、社会舆情等集中监控和分析，为公安部门指挥决策、情报研判提供有力支持。在政务服务领域，依托统一的互联网电子政务数据服务平台，可实现"数据多走路，群众少跑腿"等。在医疗健康领域，通过健康档案、电子病历等数据互通，既能提升医疗服务质量，也能及时监测疫情，降低市民医疗风险。

3）通过数据开放助推城市数字经济发展。开放共享的大数据平台，将推动政企数据双向对接，激发社会力量参与城市建设。一方面，企业可获取更多的城市数据，挖掘商业价值，提升自身业务水平。另一方面，企业、组织等数据贡献到统一的大数据平台，可以反哺政府数据，支撑城市的精细化管理，进一步促进现代化的城市治理。

8.4 大数据产业

大数据产业是以数据生成、采集、存储、加工、分析、服务为主的战略性新兴产业，是激活数据要素潜能的关键支撑，是加快经济社会发展质量变革、效率变革、动力变革的重要引擎。"十四五"时期是我国工业经济向数字经济迈进的关键时期，对大数据产业发展提出了新的要求，产业将步入集成创新、快速发展、深度应用、结构优化的新阶段。

8.4.1 大数据产业的概念

在概念上，大数据产业是以数据及数据所蕴含的信息价值为核心生产要素，通过数据技术、数据产品、数据服务等形式，使数据流与信息价值流在各行业经济活动中得到充分释放的赋能型产业。在表现形式上，大数据产业包括以大数据生命周期为关键对象的产业集群、产业园区，涵盖大数据技术产品研发、工业大数据、行业大数据、大数据产业主体、大数据安全保障、大数据产业服务体系等组成的大数据工业园区等。

大数据产业层次划分难以明确统一的原因之一在于各层次之间的企业业务经营存在交叉覆盖。从实践上看，以互联网巨头为代表的诸多科技企业在大数据产业上的布局已跨越了多个层次，可提供硬件设备、技术软件与应用方案等多类产品与服务。

传统的大数据产业定义一般分为核心业态、关联业态、衍生业态三大业态。核心业态包括从大数据采集到服务、数据交易、数据安全以及相关平台运营建设等围绕数据全生命周期的大数据关键技术与业务；关联业态以软件、电子信息制造业为代表，包括智能终端、集成电路、软件和服务外包等大数据产业所需的软硬件制造业务；衍生业态包括工业、农业、金融等各行业的大数据融合应用。对大数据产业的另一种分类是基础支撑、数据服务和融合应用三层业态。基础支撑层包含网络、存储和计算等硬件设施，资源管理平台以及与数据采集、分析、处理和展示相关的技术和工具；数据服务层围绕各类应用和市场需求，提供包括数据交易、数据采集与处理、数据分析与可视化、数据安全等辅助性服务；融合应用层则包含了与政府、工业、交通等行业密切相关的应用软件和整体解决方案。

以上两种传统分类较为笼统，并未将数据资源明确纳入大数据产业的相关业态中，而数据资源应是大数据产业链条的起始点，不可忽略。除此之外，两种分类的本质几乎一致，核心业态与数据服务、关联业态与基础支撑、衍生业态与融合应用各自相互对应，后一种分类可以看作围绕前者描述的具体展开。因此，根据大数据从产生到市场应用的发展环节，可将大数据产业划分为"数据源""基础设施"、"软件系统"和"应用服务"等四个主体环节，并将"产业支撑"作为辅助环节，其主要功能为提供大数据资源供应、大数据设备、大数据技术服务和大数据融合应用，即在沿用上述传统分类的基础之上，将基于互联网、物联网等信息技术渠道而大量产生并提供数据资源的经济活动单列出来，成为大数据产业链条的第一层。

8.4.2 大数据产业的商业模式

商业模式决定了公司在价值链中的位置，明确了一个公司通过开展什么活动来创造价值，在价值链中如何选取上下游合作伙伴以及怎样与客户达成交易、为客户提供价值。

依据大数据产业链结构，衍生出大数据各环节的商业模式分布，包括大数据应用服务、数据交易平台、软件系统提供、基础设施提供、数据源提供、产业支撑服务等六大类发展模式，如图8-22所示。

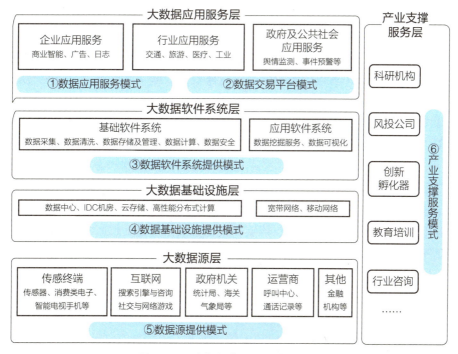

图 8-22 大数据产业链及商业模式

1）数据应用服务模式。数据应用服务模式可将大数据分析处理成果以服务的形式提供给政府、企业、公众等需求者，满足其现实应用需求，并帮助需求者获取更大的社会、经济价值。该模式是大数据应用服务层的主要商业模式之一，处于大数据产业链的顶端，用户群体最为广泛，需求最为丰富多样，基本涵盖了社会经济生活的所有主体，市场前景广阔。

2）数据交易平台模式。数据交易平台模式通过吸收第三方数据构建开放的数据交易平台，通过平台交易模式提供用户所需数据并获取收益。该模式也是大数据应用服务层的主要商业模式之一。该模式需打通线上及线下的数据服务营销、购买、消费链，对于数据技术支撑和数据安全保障等有较高的能力要求，在大数据发展初期并非主流模式，但随着大数据应用市场的不断成熟和发展，发展空间将不断扩大。

3）数据软件系统提供模式。软件系统提供模式可通过将大数据软件系统（Hadoop）以交易的形式提供给政府、企业等需求者，支撑其更好地管理数据资源并从中获取相应价值。具体服务内容包括基础软件系统服务和应用软件系统服务。基础软件系统可为大数据的存储、管理、计算等提供基础运行环境，应用软件可为满足应用需求提供支持。该模式是大数据软件系统层的主要商业模式，主要以大数据分析能力为产品输出，客户需求相对统一。

4）数据基础设施提供模式。基础设施提供模式可将大数据基础设施以交易的形式提供给政府、企业等需求者，支撑其从数据资源中获得丰富的价值，具体服务内容包括 IDC 数据中心建设运维、"云计算"平台建设租赁、数据传输网络建设等。该模式是大数据基础设施层的主要商业模式，主要以大数据基础设施建设为服务输出，对于供应商的准入门槛相对较高。目前的市场发展已较为成熟,预计未来将呈平稳增长趋势,但不排除技术创新带来突破性增长的可能性。

5)数据源提供模式。数据源提供模式是指将源数据以库表、接口等形式提供给数据需求者,使其获得数据资产中所蕴含的价值,供应商根据数据需求量收费。该模式是大数据源层的主要商业模式,涵盖大数据产生的相关领域,包括传感终端、互联网、政府机关、运营商等。该模式主要以数据为产品输出,相对简单,不涉及数据的分析处理,但信息安全的政策风险较高,而且市场空间有限,当前只适合于政府层面公共服务领域的数据源供应服务。

6)产业支撑服务模式。产业支撑服务模式可通过为大数据产业发展提供资金、技术、影响力等方面的支撑服务,以收入分成或服务佣金的形式获取收益。该模式是产业支撑服务层的主要商业模式,主要应用在辅助或推动大数据产业发展的相关领域,包括科研教育机构、创投孵化组织、行业咨询公司等。该层以提供大数据产业支撑服务为输出,不直接涉及大数据生产领域,但对大数据产业发展具有重要的推动作用。

总之,从数据采集、存储、分析及应用的角度,大数据产业链具有以下三类关键价值:提供数据或技术工具,即以数据资源本身或数据库、各类 Hadoop 商业版本、大数据软硬件结合一体机等技术产品,为客户解决大数据业务链条中某个环节的对应问题;提供独立的数据服务,主要指为数据资源拥有者或使用者提供数据分析、挖掘、可视化等第三方数据服务,如情报挖掘、舆情分析、精准营销、个性化推荐、可视化工具等,以付费工具或产品的形式向客户提供;提供整体化的解决方案,主要为缺乏技术能力但需要引入大数据系统支撑企业或组织业务升级转型的用户定制化构建和部署一整套完整的大数据应用系统,并负责运营、维护、升级等。

8.4.3 "十四五"时期大数据产业的发展规划

"十四五"时期是我国工业经济向数字经济迈进的关键时期,对大数据产业发展提出了新的要求,产业将步入集成创新、快速发展、深度应用、结构优化的新阶段。

"十三五"时期,我国大数据产业取得了重要突破,但仍然存在一些制约因素。一是社会认识不到位,"用数据说话、用数据决策、用数据管理、用数据创新"的大数据思维尚未形成,企业的数据管理能力偏弱。二是技术支撑不够强,基础软硬件、开源框架等关键领域与国际先进水平存在一定差距。三是市场体系不健全,数据资源产权、交易流通等基础制度和标准规范有待完善,多源数据尚未打通,数据壁垒突出,碎片化问题严重。四是安全机制不完善,数据安全产业支撑能力不足,敏感数据泄露、违法跨境数据流动等隐患依然存在。

"十四五"时期,以习近平新时代中国特色社会主义思想为指导,深入贯彻党的政策和精神,立足新发展阶段,完整、准确、全面贯彻新发展理念,构建新发展格局,以推动高质量发展为主题,以供给侧结构性改革为主线,以释放数据要素价值为导向,围绕夯实产业发展基础,着力推动数据资源高质量、技术创新高水平、基础设施高效能,围绕构建稳定高效产业链,着力提升产业供给能力和行业赋能效应,统筹发展和安全,培育自主可控和开放合作的产业生态，打造数字经济发展新优势，为建设制造强国、网络强国、数字中国提供有力支撑。

坚持"价值引领、基础先行、系统推进、融合创新、安全发展、开放合作"的原则，以"产业保持高速增长、价值体系初步形成、产业基础持续夯实、产业链稳定高效、产业生态良性发展"为发展目标，构建大数据产业发展格局，重点加快培育数据要素市场、发挥大数据特性优势、夯实产业发展基础、构建稳定高效产业链、打造繁荣有序产业生态、筑牢数据安全保障防线，关键在于培育壮大企业主体，发挥龙头企业研制主体、协同主体、使用主体和示范主体的作用，持续提升自主创新、产品竞争和知识产权布局能力，利用资本市场做强做优。鼓励中小企业"专精特新"发展，不断提升创新能力和专业化水平，引导龙头企业为中小企业提供数据、算法、算力等资源，推动大中小企业融通发展和产业链上下游协同创新。支持有条件的垂直行业企业开展大数据业务剥离重组，提升专业化、规模化和市场化服务能力，加快企业发展。

8.5 数据成为数字经济时代的关键生产要素

以 5G、人工智能等为代表的数字技术创新日新月异，数据上升为国家基础性战略资源，成为社会核心生产要素。大数据已经成为全球重要发展领域，对经济发展、社会治理、人民生活等方方面面产生影响深远。

5G DICT 时代，随着人类社会步入数据驱动的数字经济时代，数据具有基础性战略资源和关键性生产要素的双重角色，进一步提升了全要素生产率。一方面，有价值的数据资源是生产力的重要组成部分，是催生和推动众多数字经济新产业、新业态、新模式发展的基础。另一方面，数据区别于以往生产要素的突出特点是对其他要素资源具有乘数作用，可以放大劳动力、资本等要素在社会各行业价值链流转中产生的价值。善用数据生产要素，解放和发展数字化生产力，有助于推动数字经济与实体经济深度融合，实现高质量发展。

建立数据要素价值体系，按照数据性质完善产权性质，建立数据资源产权、交易流通、跨境传输和安全等基础制度和标准规范，健全数据产权交易和行业自律机制。制定数据要素价值评估框架和评估指南，包括价值核算的基本准则、方法和评估流程等。在互联网、金融、通信、能源等数据管理基础好的领域，开展数据要素价值评估试点，总结经验，开展示范。

数字经济时代，加快数据要素化，发挥数据要素配置作用，健全数据要素市场规则，培育数据驱动的产融合作、协同创新等新模式。同时，推动要素数据化，引导各类主体提升数据驱动的生产要素配置能力，促进劳动力、资金、技术等要素在行业间、产业间、区域间的合理配置，提升全要素生产率。其具体措施如下：

1）加快数据"大体量"汇聚。支持企业通过升级信息系统、部署物联感知设备等方式，推动研发、生产、经营、服务等全环节数据的采集。

2）强化数据"多样性"处理。提升数值、文本、图形及图像、音频及视频等多类型数据的多样化处理能力。促进多维度异构数据关联，创新数据融合模式，提升多模态数据的综合处理水平，通过数据的完整性提升认知的全面性。

3）推动数据"时效性"流动。建立数据资源目录和数据资源动态更新机制，以适应数据动态更新的需要。率先在工业等领域建设安全可信的数据共享空间，形成供需精准对接、及时响应的数据共享机制，提升高效共享数据的能力。发展云边端协同的大数据存算模式，支撑大数据高效传输与分发，提升数据流动效率。

4）加强数据"高质量"治理。围绕数据全生命周期，通过质量监控、诊断评估、清洗修复、数据维护等方式提高数据质量，确保数据可用、好用。

5）促进数据"高价值"转化。强化大数据在政府治理、社会管理等方面的应用，提升态势研判、科学决策、精准管理水平，降低外部环境的不确定性，提升各类主体风险应对能力。强化大数据在制造业各环节的应用，持续优化设计、制造、管理、服务全过程，推广数字样机、柔性制造、商业智能、预测性维护等新模式，推动生产方式变革。强化大数据在信息消费、金融科技等领域的应用，推广精准画像、智能推介等新模式，推动商业模式创新。

总之，数据是5G DICT数字经济时代关键的生产要素，是国家基础性战略资源。大数据是数据的集合，以容量大、类型多、速度快、精度准、价值高为主要特征，是推动经济转型发展的新动力，是提升政府治理能力的新途径，是重塑国家竞争优势的新机遇。大数据产业是以数据生成、采集、存储、加工、分析、服务为主的战略性新兴产业，是激活数据要素潜能的关键支撑，是加快经济社会发展质量变革、效率变革、动力变革的重要引擎。

第 9 章 人工智能构建 DICT 时代数字生产力

人工智能基础设施作为"新基建"的重要部分，是人工智能产业赋能经济社会的关键载体，为壮大数字经济产业发展、加速迈向智能社会提供强大牵引力，受到业界的重点关注。主要国家和地区纷纷加快人工智能基础设施布局。近年来，我国重视并积极支持人工智能基础设施发展，各地出台了相关政策，围绕数据集、智能计算中心、开源开放平台等进行重点布局，推动人工智能基础设施建设。

9.1 人工智能 AI 基础

5G DICT 时代，人工智能（AI）作为数字技术体系中的核心使能技术，正在与 5G、云计算、大数据等数字技术交织并进、融合创新，依托工业互联网平台，对激活实体经济具有溢出带动性很强的"头雁效应"，共同构筑起赋能千行百业的新型基础设施，为我国人工智能产业的发展壮大、数字经济的蓬勃发展提供强大的牵引力。

9.1.1 人工智能发展史

人工智能始于 20 世纪 50 年代，大致分为三个发展阶段。第一阶段（20 世纪 50—80 年代），人工智能刚刚诞生，基于抽象数学推理的可编程数字计算机已经出现，符号主义（Symbolism）快速发展，但由于很多事物不能形式化表达，建立的模型存在一定的局限性。此外，随着计算任务的复杂性不断加大，人工智能发展一度遇到瓶颈，从 1974 年开始进入第一次行业寒冬。第二阶段（20 世纪 80—90 年代初），专家系统得到快速发展，数学模型有重大突破，但由于专家系统在知识获取、推理能力等方面的不足，以及开发成本高等原因，1987 年，人工智能的发展又一次进入低谷期。第三阶段（20 世纪 90 年代初至今），随着大数据的积聚、理论算法的革新、计算能力的提升，特别是随着 2006 年深度学习算法的提出，人工智能在很多应用领域取得了突破性进展，迎来了一个繁荣时期。人工智能的发展历程如图 9-1 所示。

在人工智能发展的历程中，1956 年，美国达特茅斯学院举行了历史上第一次人工智能研讨会，被认为是人工智能诞生的标志。参加第一届人工智能大会的 AI 大师如图 9-2 所示。在会上，麦卡锡首次提出了"人工智能"概念，纽厄尔和西蒙则展示了编写的逻辑理论机器。而马文·明斯基提出的"智能机器能够创建周围环境的抽象模型，如果遇到问题，则能够从抽象模型中寻找解决方法"这一定义，更是后 30 年智能机器人的研究方向。

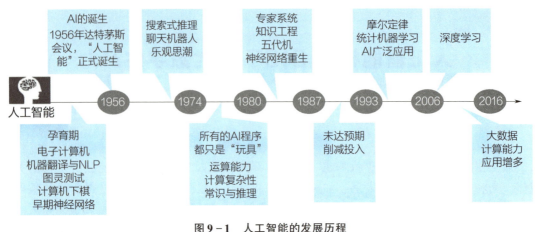

图 9-1 人工智能的发展历程

麦卡锡（J.McCarthy）
- 首次提出人工智能的概念
- 发明 α—β 剪枝算法
- 提出人工智能语言Lisp
- 提出情景演算理论

马文·明斯基（M.L.Minsky）
- 提出思维如何萌发并形成的基本理论
- 建造第一个神经网络模拟器，学习如何穿过迷宫
- 最早提出agent的概念
- 提出知识表示的框架理论

西蒙（H.A.Simon）
- 符号主义学派的创始人之一
- 开创了机器定理证明
- 最早的AI语言IPL
- 开发"通用问题求解系统"

纽厄尔（A.Newell）
- 符号主义学派的创始人之一
- 西蒙的学生与同事
- 1975年与西蒙同获图灵奖

图 9-2 参加第一届人工智能大会的 AI 大师

9.1.2 人工智能的定义

人工智能是一门融合了计算机科学、统计学、脑神经学和社会科学的前沿综合性学科。它的目标是希望计算机拥有像人一样的智力，可以替代人类实现识别、认知、分类和决策等多种功能。

人工智能是计算机科学的一个分支，它企图了解智能的实质，并生产出一种新的能以人类智能相似的方式做出反应的智能机器，该领域的研究包括机器人、语言识别、图像识别、自然语言处理和专家系统等。人工智能从诞生以来，理论和技术日益成熟，应用领域也不断扩大，可以设想，未来人工智能带来的科技产品将会是人类智慧的"容器"。人工智能可以对人的意识、思维进行信息过程的模拟。人工智能不是人的智能，但能像人那样思考，也可能超过人的智能。

根据模拟智能化水平的高低，人工智能通常被划分为弱人工智能、强人工智能及超人工智能三类。弱人工智能不能制造出真正地思考、推理和解决问题的智能机器，这些机器行为都是程序设置好的，只不过看起来像是智能的，但是并不真正拥有智能，也不会有自主意识，自动控制程序就是其典型代表操作。强人工智能能够在弱人工智能的基础上，通过自我学习、分析、挖掘，找到超出程序设定的更优的解决方案，虽然具备一定的自我思考能力，但依然没有意识的能力，通常用于基础的、特定场景下角色型的任务，如 Siri 等聊天机器人和 AlphaGo 等下棋机器人等。超人工智能被定义为一种能够通过表现出认知技能和发展自己的思维技能来超越人类智能的人工智能形式，具有自我意识和足够的智能，足以超越人类的认知能力，其决策和解决问题的能力将比人类更精确，是比人类更聪明的机器，是最先进、最强大、最智能的人工智能类型。弱人工智能与强人工智能的核心差别在于机器能否自我思考，而强人工智能与超人工智能的区别在于机器人是否有自我意识。

人工智能是一门极富挑战性的科学，从事这项工作的人必须懂得计算机知识、心理学和哲学。人工智能由不同的领域组成，如机器学习、计算机视觉等，总的说来，人工智能研究的一个主要目标是使机器能够胜任一些通常需要人类智能才能完成的复杂工作，但不同的时代、不同的人对这种"复杂工作"的理解是不同的。

9.1.3 人工智能流派

人工智能在发展过程中产生了很多的流派，如符号主义、连接主义和行为主义。这些流派的相辅相成推进了人工智能的发展，如图 9-3 所示。

图 9-3 人工智能流派

1）符号主义，又称逻辑主义、心理学派或计算机学派。符号主义认为，人工智能源于数学逻辑，人的认知基源是符号，认知过程即符号操作过程，通过分析人类认知系统所具备的功能和机能，然后通过计算机来模拟这些功能来实现人工智能。符号主义的发展大概经历了两个阶段：推理期（20世纪50—70年代）、知识期（20世纪70年代至今）。在推理期，人们基于符号表示，通过演绎推理技术，取得了很大的成就；在知识期，人们基于符号表示，通过获取和利用领域知识来建立专家系统，取得了大量的成果。

2）连接主义，又称仿生学派或生理学派。连接主义认为，人工智能源于仿生学，特别是对人脑模型的研究，人的思维基元是神经元，而不是符号处理过程。20世纪60—70年代，对以感知机（perceptron）为代表的脑模型的研究出现了热潮，由于受到当时的理论模型、生物原型和技术条件的限制，脑模型研究在20世纪70年代后期至80年代初期落入低潮。直到 Hopfield 教授在 1982 年和 1984 年发表了两篇重要论文，提出用硬件模拟神经网络以后，连接主义才又重新抬头。1986年，鲁梅尔哈特（Rumelhart）等人提出多层网络中的反向传播算法（BP）。进入21世纪后，连接主义卷土重来，提出了"深度学习"的概念。

3）行为主义，又称进化主义或控制论学派，是一种基于"感知—动作"的行为智能模拟方法。其思想来源是进化论和控制论。其原理为控制论及感知—动作型控制系统。其核心思想为：智能取决于感知和行为，取决于对外界复杂环境的适应，而不是表示和推理，不同的行为表现出不同的功能和不同的控制结构。生物智能是自然进化的产物，生物通过与环境及其他生物之间的相互作用发展出越来越强的智能，人工智能也可以沿这个途径发展。行为主义对传统人工智能进行了批评和否定，提出了无须知识表示和无须推理的智能行为观点。相比于智能是什么，行为主义对如何实现智能行为更感兴趣。在行为主义者眼中，只要机器能够具有和智能生物相同的表现，那它就是智能的。

9.2 人工智能关键技术

随着以数据、算法及算力为核心架构的人工智能基础设施的建设和发展，人工智能关键技术也逐渐由传统的启发式搜索、知识的模型化和表示、常识性推理演绎等基本方法和技术拓展到自然语言系统、自动程序设计、机器人等众多学科，如图9-4所示。其中，机器学习、深度学习、知识图谱、自然语言处理等技术是当前认知智能领域最为关键技术。

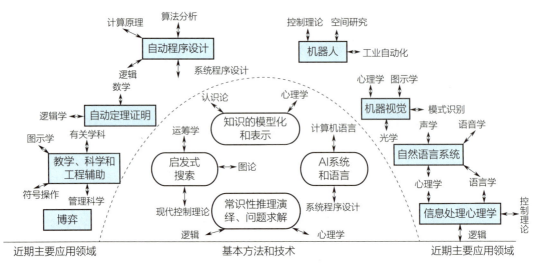

图9-4 人工智能关键技术

9.2.1 机器学习

机器学习（Machine Learning）是一门涉及统计学、系统辨识、逼近理论、神经网络、优化理论、计算机科学、脑科学等诸多领域的交叉学科。它研究计算机怎样模拟或实现人类的学习行为，以获取新的知识或技能。重新组织已有的知识结构，使之不断改善自身的性能，是人工智能技术的核心。基于数据的机器学习是现代智能技术中的重要方法之一，研究从观测数据（样本）出发寻找规律，利用这些规律对未来数据或无法观测的数据进行预测。根据学习模式、学习方法以及算法的不同，机器学习存在不同的分类方法。

20世纪80年代，机器学习成为一个独立的科学领域，各种机器学习技术百花初绽。E. A. Feigenbaum等人在著名的《人工智能手册》中，把机器学习划分为"机械学习""示教学习""类比学习"和"归纳学习"。机械学习将外界的输入信息全部存储下来，等到需要时原封不动地取出来；示教学习和类比学习就是"从指令中学习"和"通过观察和发现学习"；归纳学习就是从样例中学习。20世纪80年代以来研究最多的就是归纳学习。

归纳学习有两大主流：符号主义学习，其代表包括决策树和基于逻辑的学习（事实上，机器学习在20世纪80年代正是由于被视为"解决公式工程瓶颈问题的关键"而走上人工智能主舞台的）；基于神经网络的连接主义学习，20世纪90年代中期，统计学习出现，并迅速占据主流舞台，代表性技术是支持向量机以及更一般的"核方法"。人们目前所说的机器学习方法，一般认为是统计机器学习方法。根据学习模式将机器学习分类为监督学习、无监督学习和强化学习等。

1）监督学习。监督学习利用已标记的有限训练数据集，通过某种学习策略/方法建立一个模型，实现对新数据/实例的标记（分类）/映射。典型的监督学习算法包括回归和分类。监督学习要求训练样本的分类标签已知，分类标签精确度越高，样本越具有代表性，学习模型的准确度越高。监督学习在自然语言处理、信息检索、文本挖掘、手写体辨识、垃圾邮件侦测等领域获得了广泛应用。

2）无监督学习。无监督学习利用无标记的有限数据描述隐藏在未标记数据中的结构/规律。典型的非监督学习算法包括单类密度估计、单类数据降维、聚类等。无监督学习不需要训练样本和人工标注数据，这便于压缩数据存储、减少计算量、提升算法速度，还可以避免正、负样本偏移引起的分类错误问题。无监督学习主要用于经济预测、异常检测、数据挖掘、图像处理、模式识别等领域，如组织大型计算机集群、社交网络分析、市场分割、天文数据分析等。

3）强化学习。强化学习，也叫再励学习、评价学习或增强学习，是机器学习的典型范式和方法论之一，用于描述和解决智能体（Agent）在与环境的交互过程中通过学习策略以达成回报最大化或实现特定目标的问题。强化学习是智能系统从环境到行为映射的学习，即以"试错"的方式进行学习，通过与环境进行交互获得正反馈的指导行为，以使强化信号函数值最大。不同于监督学习和非监督学习，强化学习不要求预先给定任何数据，而是通过接收环境对动作的奖励（反馈）获得学习信息并更新模型参数。当前，强化学习已经在机器人控制、无人驾驶、下棋、工业控制等领域获得成功应用。

4）迁移学习。迁移学习是指当在某些领域无法取得足够多的数据进行模型训练时，利用另一领域数据获得的关系进行的学习。迁移学习可以把已训练好的模型参数迁移到新的模型来指导新模型训练，从而可以更有效地学习底层规则，减少数据量。目前的迁移学习技术主要在变量有限的小规模应用中使用，如基于传感器网络的定位、文字分类和图像分类等。

未来，迁移学习将被广泛应用于解决更有挑战性的问题，如视频分类、社交网络分析、逻辑推理等。

5）主动学习。主动学习通过一定的算法查询最有用的未标记样本，并交由专家进行标记，然后用查询到的样本训练分类模型来提高模型的精度。主动学习能够选择性地获取知识，可通过较少的训练样本获得高性能的模型，通常通过不确定性准则和差异性准则选取有效的样本。

6）演化学习。演化学习对优化问题性质的要求极少，只需能够评估解的好坏即可，适用于求解复杂的优化问题，也能直接用于多目标优化。演化算法包括粒子群优化算法、多目标演化算法等。目前针对演化学习的研究主要集中在演化数据聚类、对演化数据更有效地分类，以及提供某种自适应机制以确定演化机制的影响等。

9.2.2 深度学习

传统机器学习从一些观测（训练）样本出发，试图发现不能通过原理分析获得的规律，实现对未来数据行为或趋势的准确预测。相关算法包括逻辑回归、隐马尔科夫方法、支持向量机方法、K 近邻方法、三层人工神经网络方法、Adaboost 算法、贝叶斯方法及决策树方法等。传统机器学习平衡了学习结果的有效性与学习模型的可解释性，为解决有限样本的学习问题提供了一种框架，主要用于有限样本情况下的模式分类、回归分析、概率密度估计等。传统机器学习方法共同的重要理论基础之一是统计学，在自然语言处理、语音识别、图像识别、信息检索和生物信息等许多计算机领域获得了广泛应用。

相比于传统学习，深度学习是建立深层结构模型的学习方法。典型的深度学习算法包括深度置信网络、卷积神经网络、受限玻尔兹曼机和循环神经网络等。深度学习又称为深度神经网络（指层数超过 3 层的神经网络）。深度学习作为机器学习研究中的一个新兴领域，由 Hinton 等人于 2006 年提出。深度学习源于多层神经网络，其实质是给出了一种将特征表示和学习合二为一的方式。深度学习的特点是放弃了可解释性，单纯追求学习的有效性。经过多年的摸索尝试和研究，已经产生了诸多深度神经网络的模型，其中卷积神经网络、循环神经网络是两类典型的模型。卷积神经网络常被应用于空间性分布数据；循环神经网络在神经网络中引入了记忆和反馈，常被应用于时间性分布数据。深度学习框架是进行深度学习的基础底层框架，一般包含主流的神经网络算法模型，可提供稳定的深度学习 API，支持训练模型在服务器和 GPU、TPU 间的分布式学习。部分框架还具备在包括移动设备、云平台在内的多种平台上运行的移植能力，从而为深度学习算法带来前所未有的运行速度和实用性。目前主流的开源算法框架有 TensorFlow、Caffe/Caffe2、CNTK、MXNet、Paddle-paddle、Torch/PyTorch、Theano 等。

深度学习的概念源于人工神经网络的研究。多层感知器就是一种深度学习结构。深度学习通过组合低层特征形成更加抽象的高层来表示属性类别或特征，以发现数据的分布式特征表示。

基于深度置信网络（DBN）提出的非监督贪心逐层训练算法，为解决深层结构相关的优化难题带来希望，随后提出多层自动编码器深层结构。此外，Lecun 等人提出的卷积神经网络是第一个真正多层结构学习算法，它利用空间相对关系减少参数数目以提高训练性能。

深度学习是机器学习中的一种基于对数据进行表征学习的方法。观测值（如一幅图像）可以使用多种方式来表示，如表示成每个像素强度值的向量，或者更抽象地表示成一系列边、特定形状的区域等。而使用某些特定的表示方法更容易从实例中学习任务（如人脸识别或面部表情识别）。深度学习的好处是用非监督式或半监督式的特征学习和分层特征提取高效算法来替代手工获取特征，如图 9-5 所示。本质上，深度学习模型模拟人脑，通过分级的、多层网络模型来识别目标，核心在于减少数据量，保留物体的有用信息。

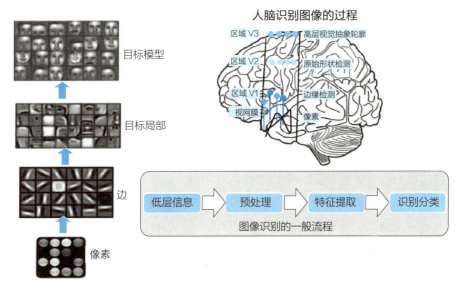

图 9-5　深度学习特征提取过程

深度学习是机器学习研究中的一个新的领域，其动机在于模拟人脑进行分析学习，它模仿人脑的机制来解释数据，如图像、声音和文本。同机器学习方法一样，深度机器学习方法也有监督学习与无监督学习之分。不同的学习框架下建立的学习模型是不同的。例如，卷积神经网络（Convolutional Neural Networks，CNNs）就是一种深度的监督学习下的机器学习模型，而深度置信网络（Deep Belief Nets，DBNs）就是一种无监督学习下的机器学习模型。

9.2.3　知识图谱

知识图谱（Knowledge Graph）始于 20 世纪 50 年代，至今大致分为三个发展阶段：第一阶段（1955—1977 年）是知识图谱的起源阶段，引文网络分析开始成为一种研究当代科学发展脉络的常用方法；第二阶段（1977—2012 年）是知识图谱的发展阶段，语义网得到快速发展，"知识本体"的研究开始成为计算机科学的一个重要领域，知识图谱吸收了语义网、本体在知识组织和表达方面的理念，使得知识更易于在计算机之间和计算机与人之间交换、流通和加工；第三阶段（2012年至今）是知识图谱繁荣阶段，2012年谷歌提出Google Knowledge Graph，知识图谱正式得名，谷歌通过知识图谱技术改善了搜索引擎性能。在人工智能的蓬勃发展下，知识图谱涉及的知识抽取、表示、融合、推理、问答等关键问题得到一定程度的解决和突破，知识图谱成为知识服务领域的一个新热点，受到国内外学者和工业界的广泛关注。

知识图谱以结构化的形式描述客观世界中的概念、实体及其关系，将互联网的信息表达成更接近人类认知世界的形式，提供了一种更好地组织、管理和理解互联网海量信息的能力。知识图谱给互联网语义搜索带来了活力，同时也在智能问答中显示出强大威力，已经成为互联网知识驱动的智能应用的基础设施。知识图谱与大数据和深度学习一起，成为推动互联网和人工智能发展的核心驱动力之一。

知识图谱不是一种新的知识表示方法，而是知识表示在工业界的大规模应用，它将互联网上可以识别的客观对象进行关联，以形成客观世界实体和实体关系的知识库，其本质上是一种语义网络，其中的节点代表实体（Entity）或者概念（Concept），边代表实体/概念之间的各种语义关系。知识图谱的架构包括知识图谱自身的逻辑结构以及构建知识图谱所采用的技术（体系）架构。知识图谱的逻辑结构可分为模式层与数据层。模式层在数据层之上，是知识图谱的核心。模式层存储的是经过提炼的知识。通常采用本体库来管理知识图谱的模式层，借助本体库对公理、规则和约束条件的支持能力来规范实体、关系以及实体的类型和属性等对象之间的联系。数据层主要由一系列的事实（Fact）组成，知识将以事实为单位进行存储。在知识图谱的数据层，知识以事实为单位存储在图数据库。如果以"实体—关系—实体"或者"实体—属性—值"三元组作为事实的基本表达方式，则存储在图数据库中的所有数据将构成庞大的实体关系网络，形成"知识图谱"。

知识图谱本质上是结构化的语义知识库，是一种由节点和边组成的图数据结构，以符号形式描述物理世界中的概念及其相互关系，其基本组成单位是"实体—关系—实体"三元组，以及实体及其相关"属性—值"对。不同的实体之间通过关系相互联结，构成网状的知识结构。在知识图谱中，每个节点都表示现实世界的"实体"，每条边都为实体与实体之间的"关系"。通俗地讲，知识图谱就是把所有不同种类的信息连接在一起而得到的一个关系网络，提供了从"关系"的角度去分析问题的能力。

知识图谱可用于反欺诈、不一致性验证、组团欺诈等公共安全保障领域，需要用到异常分析、静态分析、动态分析等数据挖掘方法。特别地，知识图谱在搜索引擎、可视化展示和精准营销方面有很大的优势，已成为业界的热门工具。但是，知识图谱的发展还有很大的挑战，如数据的噪声问题，即数据本身有错误或者数据存在冗余。随着知识图谱应用的不断深入，还有一系列关键技术需要突破。

9.2.4 自然语言处理

自然语言处理是计算机科学领域与人工智能领域中的一个重要方向,研究能实现人与计算机之间用自然语言进行有效通信的各种理论和方法,涉及的领域较多,主要包括机器翻译、语义理解和问答系统等。

1. 机器翻译

机器翻译技术是指利用计算机技术实现从一种自然语言到另外一种自然语言的翻译过程。基于统计的机器翻译方法突破了之前基于规则和实例翻译方法的局限性,翻译性能取得巨大提升。基于深度神经网络的机器翻译在日常口语等一些场景的成功应用已经显现出了巨大的潜力。随着上下文的语境表征和知识逻辑推理能力的发展,以及自然语言知识图谱的不断扩充,机器翻译将会在多轮对话翻译及篇章翻译等领域取得更大进展。

目前,非限定领域机器翻译中性能较佳的一种是统计机器翻译,包括训练及解码两个阶段。训练阶段的目标是获得模型参数,解码阶段的目标是利用所估计的参数和给定的优化目标,获取待翻译语句的最佳翻译结果。统计机器翻译主要包括语料预处理、词对齐、短语抽取、短语概率计算、最大熵调序等步骤。基于神经网络的端到端翻译方法不需要针对双语句子专门设计特征模型,而是直接把源语言句子的词串送入神经网络模型,经过神经网络的运算,得到目标语言句子的翻译结果。在基于端到端的机器翻译系统中,通常采用递归神经网络或卷积神经网络对句子进行表征建模,从海量训练数据中抽取语义信息。与基于短语的统计翻译相比,基于端到端的机器翻译的结果更加流畅自然,在实际应用中取得了较好的效果。

2. 语义理解

语义理解技术是指利用计算机技术实现对文本篇章的理解,并且回答与篇章相关问题的技术。语义理解更注重对上下文的理解以及对答案精准程度的把控。随着 MCTest 数据集的发布,语义理解受到更多关注,取得了快速发展,相关数据集和对应的神经网络模型层出不穷。语义理解技术将在智能客服、产品自动问答等相关领域发挥重要作用,进一步提高问答与对话系统的精度。

在数据采集方面,语义理解通过自动构造数据方法和填空型问题的方法来有效扩充数据资源。为了解决填充型问题,一些基于深度学习的方法相继提出,如基于注意力的神经网络方法。当前主流的模型是利用神经网络技术对篇章、问题建模,对答案的开始和终止位置进行预测,抽取出篇章片段。对于进一步泛化的答案,处理难度进一步提升,目前的语义理解技术仍有较大的提升空间。

3. 问答系统

问答系统分为开放领域的对话系统和特定领域的问答系统。问答系统技术是指让计算机像人类一样用自然语言与人交流的技术。人们可以向问答系统提交用自然语言表达的问题，系统会返回关联性较高的答案。尽管问答系统目前已经出现了不少应用产品，但大多是实际信息服务系统和智能手机助手等领域中的应用，在鲁棒性方面仍然存在着问题和挑战。自然语言处理面临四大挑战：一是在词法、句法、语义、语用和语音等不同层面存在不确定性；二是新的词汇、术语、语义和语法导致未知语言现象的不可预测性；三是数据资源的不充分使其难以覆盖复杂的语言现象；四是语义知识的模糊性和错综复杂的关联性难以用简单的数学模型描述，语义计算需要参数庞大的非线性计算。

9.2.5 人机交互

人机交互主要研究人和计算机之间的信息交换，主要包括人到计算机和计算机到人的两部分信息交换，是人工智能领域重要的外围技术。人机交互是与认知心理学、人机工程学、多媒体技术、虚拟现实技术等密切相关的综合学科。传统的人与计算机之间的信息交换主要依靠交互设备进行，包括键盘、鼠标、操纵杆、眼动跟踪器、位置跟踪器、数据手套、压力笔等输入设备，以及打印机、绘图仪、显示器、头盔式显示器、音箱等输出设备。人机交互技术除了传统的基本交互和图形交互外，还包括语音交互、情感交互、体感交互及脑机交互等技术。下面对后四种与人工智能关联密切的典型交互手段进行介绍。

1. 语音交互

语音交互是一种高效的交互方式，是人以自然语音或机器合成语音同计算机进行交互的综合性技术，结合了语言学、心理学、工程和计算机技术等领域的知识。语音交互不仅要对语音识别和语音合成进行研究，还要对人在语音通道下的交互机理、行为方式等进行研究。语音交互过程包括四部分：语音采集、语音识别、语义理解和语音合成。语音采集完成音频的录入、采样及编码；语音识别完成语音信息到机器可识别的文本信息的转换；语义理解根据语音识别转换后的文本字符或命令完成相应的操作；语音合成完成文本信息到声音信息的转换。作为人类沟通和获取信息最自然、便捷的手段，语音交互比其他交互方式具备更多的优势，能为人机交互带来根本性变革，是大数据和认知计算时代未来发展的制高点，具有广阔的发展前景和应用前景。

2. 情感交互

情感是一种高层次的信息传递，而情感交互是一种交互状态，它在表达功能和信息时传递情感，勾起人们的记忆或内心的情愫。传统的人机交互无法理解和适应人的情绪或心境，缺乏情感理解和表达能力，计算机难以具有类似人一样的智能，也难以通过人机交互做到真正的和谐与自然。情感交互就是要赋予计算机类似于人一样的观察、理解和生成各种情感的能力，最终使计算机像人一样能进行自然、亲切和生动的交互。情感交互已经成为人工智能领域中的热点方向，旨在让人机交互变得更加自然。目前，在情感交互信息的处理方式、情感描述方式、情感数据获取和处理过程、情感表达方式等方面还有诸多技术挑战。

3. 体感交互

体感交互是指个体不需要借助任何复杂的控制系统，以体感技术为基础，直接通过肢体动作与周边的数字设备装置和环境进行自然的交互。依照体感方式与原理的不同，体感技术主要分为三类：惯性感测、光学感测以及光学联合感测。体感交互通常由运动追踪、手势识别、运动捕捉、面部表情识别等一系列技术支撑。与其他交互手段相比，体感交互技术无论是在硬件还是在软件方面都有了较大的提升，交互设备向小型化、便携化、使用方便化等方面发展，大大降低了对用户的约束，使得交互过程更加自然。目前，体感交互在游戏娱乐、医疗辅助与康复、全自动三维建模、辅助购物、眼动仪等领域有了较为广泛的应用。

4. 脑机交互

脑机交互又称为脑机接口，指不依赖于外围神经和肌肉等神经通道，直接实现大脑与外界信息传递的技术。脑机接口系统检测中枢神经系统活动，并将其转换为人工输出指令，能够替代、修复、增强、补充或者改善中枢神经系统的正常输出，从而改变中枢神经系统与内外环境之间的交互作用。脑机交互通过对神经信号解码，实现脑信号到机器指令的转换，一般包括信号采集、特征提取和命令输出三个模块。从脑电信号采集的角度，一般将脑机接口分为侵入式和非侵入式两大类。除此之外，脑机接口还有其他常见的分类方式：按照信号传输方向，可以分为脑到机、机到脑和脑机双向接口；按照信号生成的类型，可分为自发式脑机接口和诱发式脑机接口；按照信号源的不同，还可分为基于脑电的脑机接口、基于功能性核磁共振的脑机接口以及基于近红外光谱分析的脑机接口。

9.2.6 计算机视觉

计算机视觉是使用计算机模仿人类视觉系统的科学，让计算机拥有类似人类提取、处理、理解和分析图像以及图像序列的能力。自动驾驶、机器人、智能医疗等领域均需要通过计算机视觉技术从视觉信号中提取并处理信息。随着深度学习的发展，预处理、特征提取与算法处理逐渐融合，形成端到端的人工智能算法技术。根据解决的问题，计算机视觉可分为计算成像学、图像理解、三维视觉、动态视觉和视频编解码五大类。

1. 计算成像学

计算成像学是探索人眼结构、相机成像原理以及其延伸应用的科学。在相机成像原理方面，计算成像学不断促进现有可见光相机的完善，使得现代相机更加轻便，可以适用于不同场景。同时，计算成像学也推动着新型相机的产生，使相机超出可见光的限制。在相机应用科学方面，计算成像学可以提升相机的能力，从而通过后续的算法处理使得在受限条件下拍摄的图像更加完善，如图像去噪及去模糊、暗光增强、去雾霾等，还可以实现新的功能，如全景图、软件虚化、超分辨率等。

2. 图像理解

图像理解是通过计算机系统解释图像，实现类似人类视觉系统理解外部世界的一门科学。通常，根据理解信息的抽象程度可分为三个层次：浅层理解，包括图像边缘、图像特征点、纹理元素等；中层理解，包括物体边界、区域与平面等；高层理解，根据需要抽取的高层语义信息，可大致分为识别、检测、分割、姿态估计、图像文字说明等。目前，高层图像理解算法已逐渐广泛应用于人工智能系统，如刷脸支付、智慧安防、图像搜索等。

3. 三维视觉

三维视觉即研究如何通过视觉获取三维信息（三维重建）以及如何理解所获取的三维信息的科学。根据重建的信息来源，三维重建可分为单目图像重建、多目图像重建和深度图像重建等。三维信息理解即使用三维信息辅助图像理解或者直接理解三维信息。三维信息理解可分为：浅层，如角点、边缘、法向量等；中层，如平面、立方体等；高层，如物体检测、识别、分割等。三维视觉技术可以广泛应用于机器人、无人驾驶、智慧工厂、虚拟/增强现实等方向。

4. 动态视觉

动态视觉即分析视频或图像序列，模拟人处理时序图像的科学。通常，动态视觉问题可以定义为寻找图像元素（如像素、区域、物体在时序上的对应）及提取其语义信息的问题。动态视觉研究被广泛应用在视频分析以及人机交互等方面。

5. 视频编解码

视频编解码是指通过特定的压缩技术将视频流进行压缩。视频流传输中最为重要的编解码标准有国际电联的 H.261、H.263、H.264、H.265、M-JPEG 和 MPEG 系列标准。视频压缩编码主要分为两大类：无损压缩和有损压缩。无损压缩指使用压缩后的数据进行重构时，重构后的数据与原来的数据完全相同，如磁盘文件的压缩。有损压缩也称为不可逆编码，指使用压缩后的数据进行重构时，重构后的数据与原来的数据有差异，但人们对原始资料所表达的信息不会产生误解。有损压缩的应用范围广泛，如视频会议、可视电话、视频广播、视频监控等。目前，计算机视觉技术发展迅速，已具备初步的产业规模。未来计算机视觉技术的发展主要面临以下挑战：一是如何在不同的应用领域和其他技术更好地结合，计算机视觉在解决某些问题时可以广泛利用大数据，已经逐渐成熟且可以超过人类，而在某些问题上却无法达到很高的精度；二是如何降低计算机视觉算法的开发时间和人力成本，目前，计算机视觉算法需要大量的数据与人工标注，需要较长的研发周期，以达到应用领域所要求的精度；三是如何加快新型算法的设计开发，随着新的成像硬件与人工智能芯片的出现，针对不同芯片与数据采集设备的计算机视觉算法的设计与开发也是挑战之一。

9.2.7 生物特征识别

生物特征识别技术是指通过个体生理特征或行为特征对个体身份进行识别认证的技术。从应用流程看，生物特征识别通常分为注册和识别两个阶段。注册阶段通过传感器对人体的生物表征信息进行采集，如利用图像传感器对指纹和人脸等光学信息、利用麦克风对说话声等声学信息进行采集，利用数据预处理以及特征提取技术对采集的数据进行处理，得到相应的特征后进行存储。识别过程采用与注册过程一致的信息采集方式对待识别人进行信息采集、数据预处理和特征提取，然后将提取的特征与存储的特征进行比对分析，完成识别。从应用任务看，生物特征识别一般分为辨认与确认两种任务。辨认是指从存储库中确定待识别人身份的过程，是一对多的问题；确认是指将待识别人信息与存储库中的特定单人信息进行比对来确定身份的过程，是一对一的问题。生物特征识别技术涉及的内容十分广泛，包括指纹、掌纹、人脸、虹膜、指静脉、声纹、步态等多种生物特征，其识别过程涉及图像处理、计算机视觉、语音识别、机器学习等多项技术。目前，生物特征识别作为重要的智能化身份认证技术，在金融、公共安全、教育、交通等领域得到广泛的应用。下面将对指纹识别、人脸识别、虹膜识别、指静脉识别、声纹识别以及步态识别等技术进行介绍。

1. 指纹识别

指纹识别通常包括数据采集、数据处理、分析判别三个步骤。数据采集通过光、电、力、热等物理传感器获取指纹图像；数据处理包括预处理、畸变校正、特征提取三个步骤；分析判别是对提取的特征进行分析判别的过程。

2. 人脸识别

人脸识别是典型的计算机视觉应用，从应用过程来看，可将人脸识别技术划分为检测定位、面部特征提取以及人脸确认三个步骤。人脸识别技术的应用主要受到光照、拍摄角度、图像遮挡、年龄等多个因素的影响。在约束条件下，人脸识别技术相对成熟；在自由条件下，人脸识别技术还在不断改进。

3. 虹膜识别

虹膜识别的理论框架主要包括虹膜图像分割、虹膜区域归一化、特征提取和识别四个部分，研究工作大多基于此理论框架发展而来。虹膜识别技术应用的主要难题包含传感器和光照影响两个方面：一方面，由于虹膜尺寸小且受黑色素遮挡，需在近红外光源下采用高分辨图像传感器才可清晰成像，对传感器质量和稳定性的要求比较高；另一方面，光照的强弱变化会引起瞳孔缩放，导致虹膜纹理产生复杂形变，增加了匹配的难度。

4. 指静脉识别

指静脉识别利用了人体静脉血管中的脱氧血红蛋白对特定波长范围内的近红外线有很好的吸收作用这一特性，是采用近红外光对指静脉进行成像与识别的技术。由于指静脉血管分布的随机性很强，其网络特征具有很好的唯一性，且属于人体内部特征，不受外界影响，因此模态特性十分稳定。指静脉识别技术应用面临的主要难题来自于成像单元。

5. 声纹识别

声纹识别是指根据待识别语音的声纹特征识别说话人的技术。声纹识别技术通常可以分为前端处理和建模分析两个阶段。声纹识别的过程是将某段来自某个人的语音经过特征提取后与多复合声纹模型库中的声纹模型进行匹配。常用的识别方法可以分为模板匹配法、概率模型法等。

6. 步态识别

步态是远距离复杂场景下唯一可清晰成像的生物特征，步态识别是指通过身体体型和行走姿态来识别人的身份。相比上述几种生物特征识别，步态识别的技术难度更大，体现在需要从视频中提取运动特征，以及需要更高要求的预处理算法。步态识别具有远距离、跨角度、光照不敏感等优势。

9.2.8　虚拟现实/增强现实

虚拟现实（VR）/增强现实（AR）是以计算机为核心的新型视听技术。结合相关科学技术，在一定范围内，在视觉、听觉、触感等方面生成与真实环境高度近似的数字化环境。用户借助必要的装备与数字化环境中的对象进行交互，相互影响，获得近似真实环境的感受和体验，通过显示设备、跟踪定位设备、数据获取设备、专用芯片等实现。

虚拟现实/增强现实从技术特征角度，按照不同的处理阶段，可以分为获取与建模技术、分析与利用技术、交换与分发技术、展示与交互技术以及技术标准与评价体系五个方面。获取与建模技术研究如何把物理世界或者人类的创意进行数字化和模型化，难点是三维物理世界的数字化和模型化技术；分析与利用技术重点研究对数字内容进行分析、理解、搜索和知识化的方法，其难点在于内容的语义表示和分析；交换与分发技术主要强调各种网络环境下大规模的数字化内容流通、转换、集成和面向不同终端用户的个性化服务等，其核心是开放的内容交换和版权管理技术；展示与交互技术重点研究符合人类习惯数字内容的各种显示技术及交互方法，以期提高人对复杂信息的认知能力，其难点在于建立自然、和谐的人机交互环境；技术标准与评价体系重点研究虚拟现实/增强现实基础资源、内容编目、信源编码等的规范标准以及相应的评估技术。

目前，虚拟现实/增强现实面临的挑战主要体现在智能获取、普适设备、自由交互和感知融合四个方面。在硬件平台与装置、核心芯片与器件、软件平台与工具、相关标准与规范等方面存在一系列科学技术问题。总体来说，虚拟现实/增强现实呈现虚拟现实系统智能化、虚实环境对象无缝融合、自然交互全方位与舒适化的发展趋势。

9.3　人工智能基础设施

人工智能基础设施作为"新基建"的重要部分，我国重视并积极支持人工智能基础设施建设的发展，在公共数据集、行业资源库、计算平台、AI芯片、算法学习框架、开放AI平台、网络基础设施等人工智能基础设施方面重点布局。人工智能基础设施以算力要素能力、数据要素能力、算法要素能力构成的基础能力平台为底座，以应用开放平台等为主要载体，以赋能制造、医疗、交通等重点行业和领域智能化转型为目标，是实现壮大智能经济、构建智能社会的专有服务设施能力体系。

9.3.1 智能基础设施构成

智能基础设施为人工智能产业提供计算能力支撑，其范围包括智能芯片、智能传感器、分布式计算框架等，是人工智能产业发展的重要保障。

1. 智能芯片

智能芯片从应用角度可以分为训练和推理两种类型，从部署场景角度可以分为云端和设备端两大类。训练过程由于涉及海量的训练数据和复杂的深度神经网络结构，需要庞大的计算规模，主要使用智能芯片集群来完成。与训练的计算量相比，推理的计算量较少，但仍然涉及大量的矩阵运算。目前，训练和推理通常都在云端实现，只有对实时性要求很高的设备会交由设备端进行处理。

从技术架构来看，智能芯片可以分为通用类芯片（CPU、GPU、FPGA）、基于 FPGA 的半定制化芯片、全定制化 ASIC 芯片、类脑计算芯片（IBM TrueNorth）。另外，主要的人工智能处理器还有 DPU、BPU、NPU、EPU 等，可适用于不同的场景和功能。

随着互联网用户量和数据规模的急剧膨胀，人工智能发展对计算性能的要求迫切增加，对 CPU 计算性能提升的需求超过了摩尔定律的增长速度。同时，受限于技术，传统处理器性能也无法按照摩尔定律继续增加，发展下一代智能芯片势在必行。未来的智能芯片主要向两个方向发展：一是模仿人类大脑结构的芯片，二是量子芯片。智能芯片是人工智能时代的战略制高点。

2. 智能传感器

智能传感器是具有信息处理功能的传感器。智能传感器具有微处理机，具备采集、处理、交换信息等功能，是传感器集成化与微处理机相结合的产物。智能传感器属于人工智能的神经末梢，用于全面感知外界环境。各类传感器的大规模部署和应用为实现人工智能创造了不可或缺的条件。不同的应用场景，如智能安防、智能家居、智能医疗等，对传感器的应用提出了不同的要求。未来，随着人工智能应用领域的不断拓展，市场对传感器的需求会不断增加。未来，高敏度、高精度、高可靠性、微型化、集成化将成为智能传感器发展的重要趋势。

3. 分布式计算框架

面对海量的数据处理、复杂的知识推理，常规的单机计算模式已经不能支撑。所以，计算模式必须将巨大的计算任务分成小的单机可以承受的计算任务。目前流行的分布式计算框架包括 OpenStack、Hadoop、Storm、Spark、Samza、Bigflow 等。各种开源深度学习框架也层出不穷，其中包括 TensorFlow、Caffe、Keras、CNTK、Torch7、MXNet、Leaf、Theano、DeepLearning4、Lasagne、Neon 等。

9.3.2 智能基础设施架构

人工智能基础设施架构通常由资源层、技术层及应用层构成，如图9-6所示。

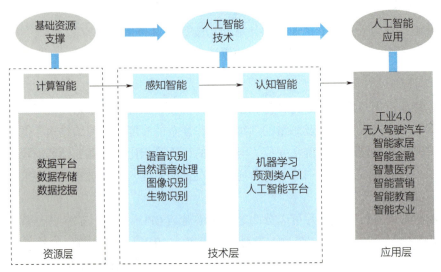

图9-6 人工智能基础设施架构

资源层主要提供数据平台、数据存储、数据挖掘等人工智能相关硬软件资源，属于计算智能范畴，包括了硬件和软件平台。其中，硬件主要包括CPU、GPU等通用芯片，深度学习、类脑等人工智能芯片，以及传感器、存储器等感知存储硬件，主导厂商主要为云计算服务提供商、传统芯片厂商以及新兴人工智能芯片厂商。软件平台可细分为开放平台、应用软件等。开放平台主要指面向开发者的机器学习开发及基础功能框架，如TensorFlow开源开发框架、百度PaddlePaddle开源深度学习平台，以及讯飞、腾讯、阿里等公司的技术开放平台；应用软件主要包括计算机视觉、自然语言处理、人机交互等软件工具，以及应用这些工具开发的相关应用软件。

技术层由人工智能感知智能与认知智能构成，提供从数据感知、识别到机器学习相关的技术，主要包括基础语言处理、知识图谱、计算机视觉、人机交互等，是人工智能底层的技术，是人工智能终端产品和行业解决方案的基础。人工智能技术形式多样，已涵盖了听觉、视觉、触觉、认知等多种形态，能够支持处理文字、语音、图像、感知等多种输入或输出形式，产品形式多样，如语音识别、机器翻译、人脸识别、体感交互等。全球互联网企业积极布局各产品领域，加强各类产品AI技术创新，有效支撑各种应用场景。

在应用层，人工智能技术对各领域的渗透形成"人工智能+"的行业应用终端、系统及配套软件，然后切入各种场景，为用户提供个性化、精准化、智能化服务，深度赋能医疗、交通、金融、零售、教育、家居、农业、制造、网络安全、人力资源、安防等领域。人工智能应用领域没有专业限制。通过人工智能产品与生产及生活的各个领域相融合，对于改善传统环节流程、提高效率、提升效能、降低成本等方面提供了巨大的推动作用，大幅提升业务体验，有效提升各领域的智能化水平，给传统领域带来变革。其中，人工智能技术层由感知智能与认知智能构成，提供从数据感知、识别到机器学习相关的技术；应用层主要面向各个行业的差异性需求，将基础资源层与技术层资源和功能封装起来，通过接口方式提供给任务，满足不同行业的定制化要求。

9.3.3 智能数据与服务

信息数据是人工智能创造价值的关键要素之一。我国庞大的人口和产业基数带来了数据方面的天生优势。随着算法、算力技术水平的提升，围绕数据的采集、分析、处理产生了众多的企业。目前，人工智能数据采集、分析、处理方面的企业主要有两种：一种是数据集提供商，以提供数据为主要业务，为需求方提供机器学习等技术所需要的不同领域的数据集；另一种是数据采集、分析、处理综合性厂商，自身拥有获取数据的途径，可对采集到的数据进行分析处理，最终将处理后的结果提供给需求方进行使用。对于一些大型企业，企业本身也是数据分析处理结果的需求方。

智能技术服务主要关注如何构建人工智能的技术平台，并对外提供人工智能相关的服务。此类厂商在人工智能产业链中处于关键位置，依托基础设施和大量的数据为各类人工智能的应用提供关键性的技术平台、解决方案和服务。目前，从提供服务的类型来看，提供技术服务的厂商包括以下几类：

1）提供人工智能的技术平台和算法模型。此类厂商主要针对用户或者行业需求提供人工智能技术平台及算法模型。用户可以在人工智能平台之上通过一系列的算法模型来进行人工智能的应用开发。此类厂商主要关注人工智能的通用计算框架、算法模型、通用技术等关键领域。

2）提供人工智能的整体解决方案。此类厂商主要针对用户或者行业需求设计和提供软/硬件一体的行业人工智能解决方案。整体方案中集成了多种人工智能算法模型以及软/硬件环境，帮助用户或行业解决特定的问题。此类厂商重点关注人工智能在特定领域或者特定行业的应用。

3）提供人工智能在线服务。此类厂商一般为传统的云服务提供厂商，主要依托其已有的云计算和大数据应用的用户资源，聚集用户的需求和行业属性，为客户提供多类型的人工智能服务。从各类模型算法和计算框架的 API 等特定应用平台到特定行业的整体解决方案等，进一步吸引大量的用户使用，从而进一步完善其提供的人工智能服务。此类厂商主要提供相对通用的人工智能服务，同时也会关注一些重点行业和领域。

9.4 人工智能重构 DICT 时代生产力

人工智能的概念诞生于 1956 年，在半个多世纪的发展历程中，由于受到智能算法、计算速度、存储水平等多方面因素的影响，人工智能技术和应用发展经历了多次高潮和低谷。2006年以来，以深度学习为代表的机器学习算法在机器视觉和语音识别等领域取得了极大的成功，识别准确性大幅提升，使人工智能再次受到学术界和产业界的广泛关注。云计算、大数据等技术在提升运算速度及降低计算成本的同时，也为人工智能的发展提供了丰富的数据资源，协助训练出更加智能化的算法模型。人工智能的发展模式也从过去的追求"用计算机模拟人工智能"，逐步转向机器与人结合而成的增强型混合智能系统，机器、人、网络结合而成的群智系统，以及机器、人、网络和物结合而成的更加复杂的智能系统。

作为新一轮产业变革的核心驱动力，人工智能在催生新技术、新产品的同时，对传统行业也具备较强的赋能作用，能够引发经济结构的重大变革，实现社会生产力的整体跃升。人工智能将人从枯燥的劳动中解放出来，越来越多的简单性、重复性、危险性任务由人工智能系统完成，在减少人力投入、提高工作效率的同时，还能够比人类做得更快、更准确。人工智能还可以在教育、医疗、养老、环境保护、城市运行、司法服务等领域得到广泛应用，能够极大提高公共服务精准化水平，全面提升人们的生活品质。同时，人工智能可帮助人类准确感知、预测、预警基础设施和社会安全运行的重大态势，及时把握群体认知及心理变化，主动做出决策反应，显著提高社会治理能力和水平，保障公共安全。

科学技术是第一生产力，而且是先进生产力的集中体现和主要标志。5G DICT时代，随着5G、云计算、大数据等数字技术重构数字经济时代数字基础设施、生产工具及生产原料与要素，以算法为核心的人工智能就成了数字生产力的集中体现和主要标志，推动人类社会进入数字经济时代。

第 10 章 区块链构建 DICT 时代数字生产关系

5G DICT 时代，随着数字经济的深入发展，围绕着数据要素可信流通，区块链开始步入以"信任链""协作链"为导向的新发展阶段，并日益融入经济社会发展各领域全过程，正在成为重组全球要素资源、重塑全球经济结构、改变全球竞争格局的重要力量。数据要素价值正在持续释放，全社会对数据更大范围、更深层次的共享需求不断提升，如何确保数据共享全过程真实可信成为影响数字化发展的关键因素。区块链技术基于多方共识、不可篡改、透明可追溯等特征，能够助力构建数字经济信任基础设施，形成产业链多方之间的分布式可信协作网络，重构 DICT 时代数字经济生产关系，并在低成本构建数据全流程信任通道的基础上，促进产业主体数据共享、紧密协作，助力产业数字化转型，推动数字经济更加强劲、绿色、健康发展。

10.1 区块链基础

国家政策高度重视以区块链为代表的新型基础设施在新的技术革新和产业变革中的重要作用，积极推进区块链技术与产业创新、经济社会融合的高速发展。2020 年 4 月 20 日，国家发展改革委首次提出"新基建"范围，明确区块链属于新型基础设施中的新技术类基础设施。2021 年 3 月，区块链被写入《中华人民共和国国民经济和社会发展第十四个五年规划和 2035 年远景目标纲要》，提出培育壮大区块链等新兴数字产业。2021 年 6 月，工信部、中央网信办发布《关于加快推动区块链技术应用和产业发展的指导意见》，提出构建基于标识解析的区块链基础设施，打造基于区块链技术的工业互联网新模式、新业态。

10.1.1 区块链发展历程

区块链的概念起源于 2008 年，由日裔美国人中本聪在其论文《比特币：一种点对点的电子现金系统》(*Bitcoin: A Peer-to-Peer Electronic Cash System*) 中首先提出，旨在解决困扰电子现金系统的"双花"难题。如图 10-1 所示，区块链发展历程最早可追溯到 20 世纪 80 年代的电子现金系统中的盲签名、椭圆曲线加密、工作量证明等技术研究。21 世纪初期，中本聪将非对称加密、点对点技术、工作量证明 3 项关键技术结合在一起，创造了第一个不依赖于中心化机构的点对点电子现金系统，并且在全球大规模部署。比特币系统的底层是一种分布式账本，俗称区块链（Blockchain）。在随后的发展过程中，区块链技术逐渐从比特币和电子现金的领域向其他领域扩展，产生了公有链、联盟链及私有链的应用方向。

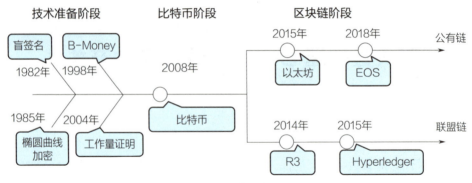

图 10-1　区块链发展历程

2015 年，以太坊的出现极大地扩展了区块链的可编程性。以太坊（ETH）提出了智能合约的概念，用户可编写智能合约的程序并将其部署在区块链上，使得区块链从主要用于记录电子现金转账的"专有账本"升级为可记录计算状态的"通用账本"，区块链进入可编程时代，大大丰富了区块链的应用潜力。

同时，国内外的一些大型机构也开始将区块链思想引入 ICT 系统的变革中，逐渐兴起了联盟链（又称许可链）的范式。2014 年，R3 公司联合 9 家金融机构组建了 R3 金融区块链联盟。2015 年，Hyperledger 由 Linux Foundation 创立，旨在帮助企业开发、应用区块链技术，其成员包括 IBM、Intel、思科、德意志银行、NEC、日立、百度、万达、华为等。联盟链方案催生了企业家和管理人员将区块链技术应用于供应链管理、司法记录、数字版权、食药溯源等各个方面。联盟链（许可链）一般由行业联盟或科技公司设计、实现和推动，具有高性能，注重金融和企业场景。

10.1.2　什么是区块链

区块链是一种由多方共同维护，使用密码学保证传输和访问安全，能够实现数据一致存储、难以篡改、防止抵赖的记账技术，也称为分布式账本技术（Distributed Ledger Technology）。作为一系列现有成熟技术的有机组合，区块链可对账本进行分布式的有效记录，并且提供完善的脚本以支持不同的业务逻辑。在典型的区块链系统中，数据以区块（Block）为单位产生和存储，并按照时间顺序连成链式（Chain）数据结构。所有节点共同参与区块链系统的数据验证、存储和维护。新区块的创建通常需要得到全网多数（数量取决于不同的共识机制）节点的确认，并向各节点广播以实现全网同步，之后不能更改或删除。

区块链作为一种在不可信的竞争环境中低成本建立信任的新型计算范式和协作模式，凭借其独有的信任建立机制，正在改变诸多行业的应用场景和运行规则，不仅适用于加密数字货币等场景，而且适用于工业互联网、5G 等与社会、经济密切相关的新兴领域，更是未来发展数字经济、构建新型信任体系不可或缺的技术之一，甚至可能会对整个网络空间的核心架构带来变革。

10.1.3 区块链内涵与特征

信任是社会秩序的基础，也是稳定社会关系的基本因素。如图 10-2 所示，人际信任以血缘关系为基础，建立在私人关系和家庭或准家族的关系上，其基础是经验性的"道德人格"，并以熟人社会的舆论场来维护。人际信任是一切信任的基础，是主观化、人格化的信任。相比于人际信任，制度信任是一种信任中介，它把人与人的信任转换为人与制度的信任关系。制度信任是以契约、法规、制度作为约束的信任，不以关系和人情为基础，而以正式的规章、制度和法律为保障，是一种客观的、普遍的、抽象的、确定的、公共性的信任机制，是以实际法规范和审判制度为保障的信用（Credit）体系。

图 10-2 信任机制的发展历程

在内涵上，区块链信任是一种信任中介，它把人与人的信任转换为人与机器的信任。区块链的信任基础在于各方在平权、分散的网络中独立地记账、验证。各个参与者在公有链无门槛、自由出入、多方持有、多方维护的公共账本上独立地记录、验证每一笔交易及合约。在共识机制的作用下，每一个网络参与者都有可能成为会计（记账人），而在交易确认验证的机制下，每一个网络（全节点）都是审计人。对于区块链的使用者来说，无须信任任何具体参与这个网络生态的成员，就可以完成对于记账和合约计算的信任。

区块链的本质是一种数字分布式账本，它由一系列算法、技术、工具集构成的架构组合而成，以分布式、不可篡改和可信的方式保证所记录交易的完整性、不可反驳和不可抵赖性。区块是一种只可写入和添加的数据集，包含交易及其他记录的确认、合约、存储、复制、安全等信息。

区块链的"多方写入，共同维护""公开账本""去中心化""去信任""不可篡改"等特性构筑了区块链的核心应用能力。

1) 多方写入，共同维护。此处的多方仅指记账参与方，不包含使用区块链的客户端。区块链的记账参与方应当由多个利益不完全一致的实体组成，并且在不同的记账周期内，由不同的参与方主导发起记账（轮换方式取决于不同的共识机制），而其他的参与方将对主导方发起的记账信息进行共同验证。

2) 公开账本。区块链系统记录的账本应处于所有参与者被允许访问的状态，为了验证区块链记录信息的有效性，记账参与者必须有能力访问信息内容和账本历史。但是公开指的是可访问性的公开，并不代表信息本身的公开，因此，业界期望将很多隐私保护方面的技术，如零知识证明、同态加密、门限加密等，应用到区块链领域，以解决通过密文操作就能验证信息有效性的问题。

3）去中心化。区块链应当是不依赖于单一信任中心的系统，在处理仅涉及链内封闭系统中的数据时，区块链本身能够创造参与者之间的信任。但是在某些情况下，如身份管理等场景，不可避免地会引入外部数据，并且这些数据需要可信第三方的信任背书，此时，对于不同类型的数据，其信任应来源于不同的可信第三方，而不应依赖于单一的信任中心。在这种情况下，区块链本身不创造信任，而是作为信任的载体。

4）去信任。在区块链系统中，节点之间无须任何信任也可以进行交易，因为整个系统的运作规则是公开透明的，所有的数据内容也是公开的，所有节点都必须遵守同一交易规则来运作。这个规则基于共识算法，而不基于信任，因此在系统指定的规则范围和时间范围内，节点之间不能也无法欺骗其他节点，自然无须任何第三方介入。

5）不可篡改。作为区块链最为显著的特征，不可篡改性是区块链系统的必要条件，而不是充分条件，很多基于硬件的技术同样可以实现数据一次写入，多次读取且无法篡改，典型的例子如一次性刻录光盘（CD-R）。区块链的不可篡改基于密码学的散列算法及多方共同维护的特性，但同时由于这些特性，区块链的不可篡改并不是严格意义上的，称之为难以篡改更为合适。

10.1.4　区块链分类

按照节点参与方式的不同，区块链可以分为公有链、联盟链和私有链。按照权限的不同，区块链可以分为许可链和非许可链。其中，联盟链和私有链属于许可链，公有链属于非许可链。

1）公有链。公有链的特点是面向所有人开放，无访问限制，任何人均可参与到网络中来共同维护区块链，新成员在加入公有链时无须进行任何形式的认证、授权或审核，具备强匿名性。每个互联网用户都可以在公有链上发布、验证、接收交易，都可以竞争记账权。比特币、以太坊是公有链的典型代表。

2）联盟链。联盟链由符合某种条件的成员组成的联盟来管理的区块链。它不像公有链那样对全社会开放，只有经过许可的可信节点才能参与该联盟链的记账，其他用户仅有部分权限。联盟链的特点是限定了联盟成员的范围，系统内部进行事务确认的共识节点是事前设定或选举好的。新成员在加入联盟链时，需要经过联盟成员投票决定是否同意。由于联盟链模式符合监管要求，拥有更高的应用可扩展性，能够与实体经济紧密结合，因此我国目前的区块链应用模式主要以联盟链为主。

3）私有链。私有链的特点是仅限于单个机构内部使用，读写权、记账权和成员范围由组织自由定制。与联盟链的区别在于，联盟链是机构与机构之间的区块链网络，而私有链是单个机构内部的区块链网络。私有链模式大多用于联盟链的过渡，少部分情况下在机构内部的不同部门之间应用。

总之，公有链是完全开放的网络，所有参与者都可以参与系统维护。联盟链和私有链则是有限开放的网络，链中的参与方需要事先约定。典型的联盟链有 Fabric、Hyperchain、PoissonChain 区块链。私有链由个人或者私人机构所有，记账权归个人或私人机构所有，不对外开放。公有链、联盟链及私有链在激励机制、Token3、节点准入限制、服务对象以及典型场景等方面的差异对比见表 10-1。

表 10-1 区块链类型间的对比

分类	公有链	联盟链	私有链
激励机制	区块奖励、记账手续费奖励等	无	无
Token3	必须	不必须	不必须
节点准入限制	无	有	有
服务对象	不特定对象	特定对象	特定对象
典型场景	数字资产 智能合约平台等	供应链金融 司法存证 政务协同 食药溯源 跨境支付等	内部审计 数据治理 企业管理等

10.1.5 比特币

比特币（Bitcoin）的概念最初由中本聪在 2008 年提出，于 2009 年 1 月 3 日正式诞生。本质上，比特币是一种 P2P 形式的数字货币。点对点的传输意味着一个去中心化的支付系统。

与大多数货币不同，比特币不依靠特定货币机构发行，它依据特定算法，通过大量的计算产生。比特币经济使用整个 P2P 网络中众多节点构成的分布式数据库来确认并记录所有的交易行为，并使用密码学的设计来确保货币流通各个环节的安全性。P2P 的去中心化特性与算法本身可以确保无法通过大量制造比特币来人为操控币值。基于密码学的设计可以使比特币只能被真实的拥有者转移或支付。这同样确保了货币所有权与流通交易的匿名性。比特币与其他虚拟货币最大的不同是其总数量非常有限，具有极强的稀缺性。该货币系统曾在 4 年内只有不超过 1050 万个，之后的总数量将被永久限制在 2100 万个。

因此，比特币又称"比特金"，是一种网络虚拟货币，网民可以使用比特币购买一些虚拟物品，比如网络游戏中的衣服、帽子、装备等，网民之间也有用来购买现实物品的情况。

10.2 区块链关键技术

区块链技术不是一个单项的技术，而是一个集成了多方面研究成果的综合性技术系统。在其众多技术中，有 4 项必不可缺的核心技术，分别是分布式账本、共识机制、密码学和智能合约等。

10.2.1 分布式账本

分布式账本技术（Distributed Ledger Technology，DLT）本质上是一种可以在多个网络节点、多个物理地址或者多个组织构成的网络中进行数据分享、同步和复制的去中心化数据存储技术。相较于传统的分布式存储系统，分布式账本技术主要具备两种不同的特征：

1）传统分布式存储系统执行受某一中心节点或权威机构控制的数据管理机制，分布式账本往往基于一定的共识规则，采用多方决策、共同维护的方式进行数据的存储、复制等操作。面对互联网数据的爆炸性增长，当前由单一中心组织构建数据管理系统的方式正受到更多的挑战，服务方不得不持续追加投资构建大型数据中心，不仅带来了计算、网络、存储等各种庞大资源池效率的问题，不断推升的系统规模和复杂度也带来了愈加严峻的可靠性问题。然而，分布式账本技术去中心化的数据维护策略恰恰可以有效减少系统臃肿的负担。在某些应用场景，甚至可以有效利用互联网中大量零散节点所沉淀的庞大资源池。

2）传统分布式存储系统将系统内的数据分解成若干片段，然后在分布式系统中进行存储，而分布式账本中的任何一方节点都各自拥有独立的、完整的一份数据存储，各节点之间彼此互不干涉、权限等同，通过相互之间的周期性或事件驱动的共识达成数据存储的最终一致性。经过几十年的发展，传统业务体系中的高度中心化数据管理系统在数据可信、网络安全方面的短板已经日益受到人们的关注。普通用户无法确定自己的数据是否被服务商窃取或篡改，在受到黑客攻击或发生信息泄露时更加显得无能为力。为了应对这些问题，人们不断增加额外的管理机制或技术，这种情况进一步推高了传统业务系统的维护成本，降低了商业行为的运行效率。分布式账本技术可以在根本上大幅改善这一现象，由于各个节点均各自维护了一套完整的数据副本，任意单一节点或少数集群对数据的修改均无法对全局大多数副本造成影响。换句话说，无论是服务提供商在无授权情况下的蓄意修改，还是网络黑客的恶意攻击，均需要同时影响到分布式账本集群中的大部分节点，才能实现对已有数据的篡改，否则系统中的剩余节点将很快发现并追溯到系统中的恶意行为，这显然大大提升了业务系统中数据的可信度和安全保证。

这两种特有的系统特征，使得分布式账本技术成为一种非常底层的、对现有业务系统具有强大颠覆性的革命性创新。

10.2.2 共识机制

区块链是一个历史可追溯、不可篡改、解决多方互信问题的分布式（去中心化）系统。分布式系统必然面临着一致性问题，而解决一致性问题的过程称为共识。

分布式系统的共识达成需要依赖可靠的共识算法，共识算法通常解决的是分布式系统中由哪个节点发起提案，以及其他节点如何就这个提案达成一致的问题。人们根据传统分布式系统与区块链系统的区别，将共识算法分为可信节点间的共识算法与不可信节点间的共识算法。前者已经被深入研究，并且在现在流行的分布式系统中广泛应用，其中，Paxos 和 Raft

及其相应变种算法最为著名。对于后者，虽然也早被研究，但直到近年，随着区块链技术的发展如火如荼，相关共识算法才得到大量应用。而根据应用场景的不同，后者又分为以 PoW（Proof of Work）和 PoS（Proof of Stake）等算法为代表的适用于公有链的共识算法和以 PBFT（Practical Byzantine Fault Tolerance）及其变种算法为代表的适用于联盟链或私有链的共识算法。

工作量证明（PoW）算法是比特币系统采用的算法，该算法于 1998 年由 W. Dai 在 B-money 的设计中提出。以太坊系统当前同样采用 PoW 算法进行共识，但由于以太坊系统出块更快（约 15s），更容易产生区块，为了避免大量节点白白陪跑，以太坊提出了叔（Uncle）块奖励机制。PoS（Proof of Stake）算法最早由 Sunny King 在 2012 年 8 月发布的 PPC（Peer to Peer Coin，点点币）系统中首先实现，而以太坊系统也一直对 PoS 抱有好感，计划后续以 PoS 代替 PoW 作为其共识机制。PoS 及其变种算法可以解决 PoW 算法一直被诟病的浪费算力问题，但其本身尚未经过足够验证。PBFT 算法最早由 Miguel Castro（卡斯特罗）和 Barbara Liskov（利斯科夫）在 1999 年的 OSDI99 会议上提出，该算法相较原始的拜占庭容错算法具有更高的运行效率。假设系统中共有 N 个节点，那么 PBFT 算法可以容忍系统中存在 F 个恶意节点，并且 $3F+1$ 不大于 N。PBFT 共识算法虽然随着系统中节点数的增多而可以容忍更多的拜占庭节点，但其共识效率却在以极快的速率下降，这也是人们能看到的将 PBFT 作为共识算法的系统中很少有超过 100 个节点的原因。

无论是 PoW 算法还是 PoS 算法，其核心思想都是通过经济激励来鼓励节点对系统的贡献和付出，通过经济惩罚来阻止节点作恶。公有链系统为了鼓励更多节点参与共识，通常会发放代币（Token）给对系统运行有贡献的节点。而联盟链或者私有链与公有链的不同之处在于，联盟链或者私有链的参与节点通常希望从链上获得可信数据，这对于通过记账来获取激励而言有意义得多，所以更有义务和责任去维护系统的稳定运行。PBFT 及其变种算法恰好适用于联盟链或者私有链的应用场景。

10.2.3 密码学

信息安全及密码学技术，是整个信息技术的基石。在区块链中，也大量使用了现代信息安全和密码学的技术成果，主要包括哈希算法、对称加密、非对称加密、数字签名、数字证书、同态加密、零知识证明等。本小节从安全的完整性、机密性、身份认证等维度简要介绍区块链中安全及密码学技术的应用。

1）完整性（防篡改）。区块链采用密码学哈希算法技术，保证区块链账本的完整性不被破坏。哈希（散列）算法能将二进制数据映射为一串较短的字符串，并具有输入敏感特性，一旦输入的二进制数据发生微小的篡改，经过哈希运算得到的字符串，就将发生非常大的变化。此外，优秀的哈希算法还具有冲突避免特性，输入不同的二进制数据，得到的哈希结果字符串是不同的。区块链利用哈希算法的输入敏感和冲突避免特性，在每个区块内生成包含上一个区块的哈希值，并在区块内生成验证过的交易的 Merkle 根哈希值。一旦整个区块链的某些区块被篡改,就无法得到与篡改前相同的哈希值,从而保证区块链被篡改时能够被迅速识别,最终保证区块链的完整性(防篡改)。

2)机密性。加解密技术从技术构成上可分为两大类:一类是对称加密,一类是非对称加密。对称加密的加解密密钥相同;而非对称加密的加解密密钥不同,一个被称为公钥,一个被称为私钥。公钥加密的数据,只有对应的私钥可以解开,反之亦然。区块链,尤其是联盟链,在全网传输过程中,需要 TLS(Transport Layer Security)加密通信技术来保证传输数据的安全性。而 TLS 加密通信,正是非对称加密技术和对称加密技术的完美组合:通信双方利用非对称加密技术协商生成对称密钥,再将生成的对称密钥作为工作密钥,完成数据的加解密,同时利用了非对称加密不需要双方共享密钥、对称加密运算速度快的优点。

3)身份认证。单纯的 TLS 加密通信,仅能保证数据传输过程的机密性和完整性,无法保障通信对端可信(中间人攻击)。因此,需要引入数字证书机制来验证通信对端身份,进而保证对端公钥的正确性。数字证书一般由权威机构进行签发。通信的一侧持有权威机构根(Certification Authority,CA)的公钥,用来验证通信对端证书是否被自己信任(即证书是否由自己颁发),并根据证书内容确认对端身份。在确认对端身份的情况下,取出对端证书中的公钥,完成非对称加密过程。

此外,区块链中还应用了现代密码学最新的研究成果,包括同态加密、零知识证明等,在区块链分布式账本公开的情况下,最大限度地提供隐私保护功能。这方面的技术还在不断发展完善中。

区块链安全是一个系统工程,系统配置及用户权限、组件安全性、用户界面、网络入侵检测和防攻击能力等,都会影响最终区块链系统的安全性和可靠性。区块链系统在实际构建过程中,应当在满足用户要求的前提下,在安全性、系统构建成本及易用性等维度取得一个合理的平衡。

10.2.4 智能合约

智能合约(Smart Contract)是一种旨在以信息化方式传播、验证或执行合同的计算机协议。智能合约允许在没有第三方的情况下进行可信交易。这些交易可追踪且不可逆转。其目的是提供优于传统合同方法的安全,并减少与合同相关的其他交易成本。

智能合约的概念可追溯到 20 世纪 90 年代,由计算机科学家、法学家及密码学家尼克·萨博(Nick Szabo)首次提出。他对智能合约的定义为"智能合约是一套以数字形式定义的承诺,包括合约参与方可以在上面执行这些承诺的协议"。尼克·萨博等研究学者希望能够借助密码学及其他数字安全机制,将传统的合约条款的制定与履行方式置于计算机技术之下,降低相关成本。然而,由于当时的许多技术尚未成熟,缺乏能够支持可编程合约的数字化系统和技术,尼克·萨博关于智能合约的工作理论迟迟没有实现。

随着区块链技术的出现与成熟,智能合约作为区块链及未来互联网合约的重要研究方向,得以快速发展。基于区块链的智能合约包括事件处理和保存的机制,以及一个完备的状态机，用于接收和处理各种智能合约。数据的状态处理在合约中完成。事件信息传入智能合约后，触发智能合约进行状态机判断。如果自动状态机中某个或某几个动作的触发条件满足，则状态机根据预设信息选择合约动作的自动执行。因此，智能合约作为一种计算机技术，不仅能够有效地对信息进行处理，而且能够保证合约双方在不必引入第三方权威机构的条件下强制履行合约，避免了违约行为的出现。

随着智能合约在区块链技术中的广泛应用，其优点已被越来越多的研究人员与技术人员认可。总体来讲，智能合约具备以下优点：

1）合约制定的高时效性。智能合约在制定中，不必依赖第三方权威机构或中心化代理机构的参与，只需合约各方通过计算机技术手段将共同约定条款转换为自动化、数字化的约定协议即可，大大减少了协议制定的中间环节，提高了协议制定的响应效率。

2）合约维护的低成本性。智能合约在实现过程中以计算机程序为载体，一旦部署成功，就由计算机系统按照合约中的约定监督、执行；一旦发生毁约，就可按照事前约定由程序强制执行。因此，极大地降低了人为监督与执行的成本。

3）合约执行的高准确性。智能合约的执行过程中，由于减少了人为参与的行为，因此利益各方均无法干预合约的具体执行，计算机系统能够确保合约正确执行，有效提高了合约的执行准确性。虽然智能合约较传统合约具有明显的优点，但对智能合约的深入研究与应用仍在不断探索中，人们不能忽略这种新兴技术潜在的风险。

2017 年，多重签名的以太坊钱包 Parity 宣布了一个重大漏洞，这个关键漏洞会使多重签名的智能合约无法使用，导致了超过 1.5 亿美元的以太坊资金被冻结。无独有偶，2018 年 2 月，新加坡国立大学、耶鲁—新加坡国立大学学院和伦敦大学学院的研究人员发布了一份报告，声称他们运用分析工具 Maian 分析基于以太坊的近 100 万个智能合约，发现有 34 200 个合约含有安全漏洞，给黑客可乘之机，可窃取以太币或是冻结资产、删除合约。

安全风险事件的发生值得人们反思，但不管怎样，业内人士普遍认为，区块链技术及智能合约将成为未来 IT 技术发展的一个重要方向，目前的风险是新技术成熟所必然经历的过程。

目前，智能合约作为区块链的一项核心技术，已经在以太坊、Hyperledger Fabric 等影响力较强的区块链项目中得到广泛应用。

1）以太坊的智能合约应用。以太坊的一个智能合约就是一段可以被以太坊虚拟机执行的代码。以太坊支持强大的图灵完备的脚本语言，允许开发者在上面开发任意应用，这些合约通常可以由高级语言（如 Solidity、Serpent、LLL 等）编写，并通过编译器转换成字节码（Byte Code）存储在区块链上。智能合约一旦部署，就无法被修改。用户通过合约完成账户的交易，实现对账户的货币及状态进行管理与操作。

2）Hyperledger Fabric 的智能合约应用。在 Hyperledger Fabric 项目中，智能合约的概念及应用被更广泛延伸。作为无状态的、事件驱动的、支持图灵完备的自动执行代码，智能合约在 Hyperledger Fabric 中被部署在区块链网络中，直接与账本进行交互，处于十分核心的位置。和以太坊相比，Hyperledger Fabric 的智能合约和底层账本是分开的，升级智能合约时并不需要迁移账本数据到新智能合约中，真正实现了逻辑与数据的分离。Hyperledger Fabric 的智能合约称为链码，分为系统链码和用户链码。系统链码用来实现系统层面的功能，负责 Hyperledger Fabric 节点自身的处理逻辑，包括系统配置、背书、校验等工作。用户链码实现用户的应用功能，提供了基于区块链分布式账本的状态处理逻辑，由应用开发者编写，对上层业务进行支持。用户链码运行在隔离的链码容器中。

总之，在区块链四大核心技术中，分布式账本发挥着数据存储作用；共识机制起到了统筹节点的行为，明确数据处理的作用；密码学可以保证数据安全，验证数据归属；智能合约起到了数据执行与应用的功能。

10.3 区块链架构

为实现区块链在应用场景中的系统性能、功能完备性、系统扩展性、易用性等优点，区块链系统可采用分层架构设计、云链结合、优化共识算法、容器、微服务架构、可伸缩的分布式云存储技术等创新技术方案，通过分层架构设计为用户提供全方位的区块链服务，帮助企业快速简单地落地区块链场景。

10.3.1 区块链核心组件

区块链架构应包括管理平台和运行态两个部分。管理平台分为：底层资源的管理，如云资源管理、云资源适配器管理等；针对区块链组件的管理配置，如区块链的部署配置、智能合约管理、动态联盟管理、区块浏览器以及链码和链上应用的监控等；平台管理，主要是对使用区块链系统的用户提供更为广义和通用的管理服务，如账户管理、日志管理、安全防护、计费管理、系统资源监控等。

各类区块链虽然在具体实现上各有不同，其整体架构却存在共性。区块链通用架构主要由基础设施、基础组件、账本、共识、智能合约、接口、应用、操作运维和系统管理等关键组件构成，如图 10 - 3 所示。

图 10 - 3 区块链通用架构

1. 基础设施（Infrastructure）

基础设施层提供区块链系统正常运行所需的操作环境和硬件设施（如物理机、云等），具体包括网络资源（如网卡、交换机、路由器等）、存储资源（如硬盘和云盘等）和计算资源（如 CPU、GPU、ASIC 等芯片）。基础设施层为上层提供物理资源和驱动，是区块链系统的基础支持。

2. 基础组件（Utility）

基础组件层可以实现区块链系统网络中信息的记录、验证和传播。在基础组件层之中，区块链是建立在传播机制、验证机制和存储机制基础上的一个分布式系统，整个网络没有中心化的硬件或管理机构，任何节点都有机会参与总账的记录和验证，将计算结果广播发送给其他节点，且任一节点的损坏或者退出都不会影响整个系统的运作。具体而言，主要包含网络发现、数据收发、密码库、数据存储和消息通知五类模块。

3. 账本（Ledger）

账本层负责区块链系统的信息存储，包括收集交易数据，生成数据区块，对本地数据进行合法性校验，以及将校验通过的区块加到链上。账本层将上一个区块的签名嵌入下一个区块中来组成块链式数据结构，使数据完整性和真实性得到保障，这正是区块链系统防篡改、可追溯特性的来源。典型的区块链系统数据账本设计，采用了一种按时间顺序存储的块链式数据结构。

账本层有两种数据记录方式，分别是基于资产和基于账户，见表 10-2。基于资产的方式中，首先以资产为核心进行建模，然后记录资产的所有权，即所有权是资产的一个字段。基于账户的方式中，建立账户作为资产和交易的对象，资产是账户下的一个字段。相比而

表 10-2 账本层的两种数据记录方式对比

项目	基于资产的记录方式	基于账户的记录方式
建模对象	资产	用户
记录内容	记录资产所有权	记录账户操作
系统中心	状态（交易）	事件（操作）
计算重心	计算发生在客户端	计算发生在节点
判断依赖	方便判断交易依赖	较难判断交易依赖
并行	适合并行	较难并行
账户管理	难以管理账户元数据	方便管理账户元数据
适用的查询场景	方便获取资产最终状态	方便获取账户资产余额
客户端	客户端复杂	客户端简单
举例	比特币、R3 Corda	以太坊、超级账本 Fabric

言,基于账户的数据记录方式可以更方便地记录、查询账户相关信息,基于资产的数据记录方式可以更好地适应并发环境。为了获取高并发的处理性能,以及及时查询账户的状态信息,多个区块链平台正向两种数据记录方式的混合模式发展。

4. 共识(Consensus)

共识层负责协调及保证全网各节点数据记录的一致性。区块链系统中的数据由所有节点独立存储,在共识机制的协调下,共识层同步各节点的账本,从而实现节点选举、数据一致性验证和数据同步控制等功能。数据同步和一致性协调使区块链系统具有信息透明、数据共享的特性。

区块链有两类现行的共识机制,根据数据写入的先后顺序判定,见表10-3。从业务应用的需求看,共识算法的实现应综合考虑应用环境、性能等诸多要求。一般来说,许可链采用节点投票的共识机制,以降低安全为代价,提升系统性能。非许可链采用基于工作量、权益证明等的共识机制,主要强调系统安全性,但性能较差。为了鼓励各节点共同参与进来,维护区块链系统的安全运行,非许可链采用发行Token的方式作为参与方的酬劳和激励机制,即通过经济平衡的手段来防止对总账本内容进行篡改。因此,根据运行环境和信任分级,选择适用的共识机制是区块链应用落地应当考虑的重要因素之一。

表10-3 两类共识机制对比

项目	第一类共识机制	第二类共识机制
写入顺序	先写入后共识	先共识后写入
算法代表5	PoW、PoS、DPoS	PBFT及BFT变种
共识过程	大概率一致就共识 工程学最后确认	确认一致后再共识 共识即确认
复杂性	计算复杂度高	网络复杂度高
仲裁机制	如果一次共识同时出现多个记账节点,就产生分叉,最终以最长链为准	法定人数投票,各节点间的P2P广播沟通达成一致
是否分叉	有分叉	无分叉
安全阈值	作恶节点权益之和不超过1/2	作恶节点数不超过1/3的总节点数
节点数量	节点数量可以随意改变,节点数越多,系统越稳定	随着节点数增加,性能下降,节点数量不能随意改变
应用场景	多用于非许可链	用于许可链

5. 智能合约

作为区块链关键技术,区块链架构中的智能合约层负责将区块链系统的业务逻辑以代码的形式实现、编译并部署,完成既定规则的条件触发和自动执行,最大限度地减少人工干预。智能合约的操作对象大多为数字资产,数据上链后难以修改、触发条件强等特性决定了智能合约的使用具有高价值和高风险，如何规避风险并发挥价值是当前智能合约大范围应用的难点。

智能合约根据图灵完备与否可以分为两类，即图灵完备和非图灵完备，其智能合约特性见表10-4。影响实现图灵完备的常见原因包括循环或递归受限、无法实现数组或更复杂的数据结构等。图灵完备的智能合约有较强的适应性，可以对逻辑较复杂的业务操作进行编程，但有陷入死循环的可能。对比而言，图灵不完备的智能合约虽然不能进行复杂的逻辑操作，但更加简单、高效和安全。

表10-4 部分区块链系统的智能合约特性

区块链平台	是否图灵完备	开发语言
比特币	不完备	Bitcoin Script
以太坊	完备	Solidity
EOS	完备	C++
Hyperledger Fabric	完备	Go
Hyperledger Sawtooth	完备	Python
R3 Corda	完备	Kotlin/Java

当前，智能合约的应用仍处于比较初级的阶段，智能合约成为区块链安全的"重灾区"。从历次智能合约漏洞引发的安全事件看，合约编写存在较多安全漏洞，对其安全性带来了巨大挑战。

6. 接口（Interface）

接口层主要用于完成功能模块的封装，为应用层提供简洁的调用方式。应用层通过调用RPC接口与其他节点进行通信，通过调用SDK工具包对本地账本数据进行访问、写入等操作。同时，RPC和SDK应遵守以下规则：一是功能齐全，能够完成交易和维护分布式账本，有完善的干预策略和权限管理机制；二是可移植性好，可以用于多种环境中的多种应用，而不仅限于某些绝对的软件或硬件平台；三是可扩展和兼容，应尽可能向前和向后兼容，并在设计中考虑可扩展性；四是易于使用，应使用结构化设计和良好的命名方法以方便开发人员使用。常见的实现技术包括调用控制和序列化对象等。

7. 应用（Application）

应用层作为最终呈现给用户的部分，主要作用是调用智能合约层的接口，适配区块链的各类应用场景，为用户提供各种服务和应用。区块链具有数据确权属性以及价值网络特征，目前产品应用中的很多工作都可以交由底层的区块链平台处理。在开发区块链应用的过程中，前期工作须非常慎重，应当合理选择去中心化的公有链、高效的联盟链或安全的私有链作为底层架构，以确保设计阶段的核心算法无致命错误问题。因此，合理封装底层区块链技术，并提供一站式区块链开发平台将是应用层发展的必然趋势。同时，跨链技术的成熟可以在应用层选择系统架构时增加一定的灵活性。

8. 操作运维（Operation and Maintenance）

操作运维层负责区块链系统的日常运维工作，包含日志库、监视库、管理库和扩展库等。在统一的架构之下，各主流平台的自身需求及定位不同，其区块链体系中的存储模块、数据模型、数据结构、编辑语言、沙盒环境的选择亦存在差异，给区块链平台的操作运维带来较大的挑战。

9. 系统管理（System Management）

系统管理层负责对区块链体系结构中的其他部分进行管理，主要包含权限管理和节点管理两类功能。

权限管理是区块链技术的关键部分，尤其对于对数据访问有更多要求的许可链而言。权限管理可以通过以下几种方式实现：

1）将权限列表提交给账本层，并实现分散权限控制。
2）使用访问控制列表实现访问控制。
3）使用权限控制，如评分/子区域。

通过权限管理，可以确保数据和函数调用只能由相应的操作员操作。

节点管理的核心是节点标识的识别，通常使用以下技术实现：

1）CA7 认证：集中式颁发 CA 证书给系统中的各种应用程序，身份和权限管理由这些证书进行认证和确认。
2）PKI8 认证：身份由基于 PKI 的地址确认。
3）第三方身份验证：身份由第三方提供的认证信息确认。

由于各种区块链具有不同的应用场景，因此节点管理具有更多差异。现有的业务扩展可以与现有的身份验证和权限管理进行交互。

10.3.2 区块链即服务

区块链即服务（Blockchain as a Service，BaaS）是非常流行的区块链云服务模式，也被称为区块链云服务。在云计算概念中，IaaS 把计算资源作为服务，PaaS 把软件研发的平台作为服务，SaaS 把软件作为一种服务。BaaS 作为一种云服务，是区块链设施的云端租用平台，其多租户特性让计算资源、平台资源、软件资源得到了最大程度的共享。BaaS 提供节点租用、链租用以及工具租用的能力，其中，工具包括开发工具、部署工具、监控工具等，并通过大容量的资源池保障租户的业务规模灵活伸缩。

在概念上，BaaS 是一种帮助用户创建、管理和维护企业级区块链网络及应用的服务平台。它具有降低开发及使用成本、兼顾快速部署、方便易用、高安全可靠等特性，是为区块链应用开发者提供区块链服务的平台。BaaS 通过把计算资源、通信资源、存储资源，以及上层的区块链记账能力、区块链应用开发能力、区块链配套设施能力转化为可编程接口，让应用开发过程和应用部署过程简单而高效，同时通过标准化的能力建设，保障区块链应用的安全可靠，对区块链业务的运营提供支撑，解决弹性、安全性、性能等运营难题，让开发者专注开发。

BaaS 的架构如图 10-4 所示，包括管理平台和运行态两个部分。管理平台分为：底层资源的管理，如云资源管理、云资源适配器管理等；针对区块链管理的配置，如区块链部署配置、智能合约管理、动态联盟管理、区块链浏览器以及链码和链上应用的监控等；平台管理，主要是对使用区块链系统的用户提供更为广义和通用的管理服务如账户管理、日志管理、计费管理、系统监控等。运行态包括 4 个层面，自底向上为底层资源层、区块链基础层、业务层和应用层。

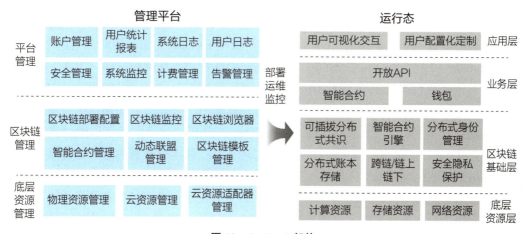

图 10-4　BaaS 架构

BaaS 作为一种云服务，是区块链设施的云端租用平台，其具有的多租户特性让计算资源、平台资源、软件资源得到了最大程度的共享。BaaS 提供节点租用、链租用以及工具租用的能力，其中，工具包括开发工具、部署工具、监控工具等，并通过大容量的资源池保障租户的业务规模灵活伸缩，租用设施可共享和独享，安全可靠运行。此外，BaaS 还提供必要的技术支持服务。BaaS 的具体能力包括区块链节点及整链搭建的能力、区块链应用开发的能力、区块链应用部署的能力、区块链运行监控的能力。

10.3.3　企业级区块链系统案例

企业应用是区块链的主战场，具有安全准入机制的联盟链和私有链将成为主趋势。同时，云的开放性和云资源的易获得性，决定了公有云平台是当前区块链创新的最佳载体。

1. 常见的企业级区块链系统

常见的企业级区块链系统有 Hyperledger Fabric、Ethereum、Quorum、Corda 等。

1）Hyperledger Fabric。Hyperledger Fabric（超级账本）是区块链行业中最大的项目之一，由一组开源工具和多个子项目组成。它最早是 Digital Asset 和 IBM 组织的编程马拉松的产物，并被开源给 Linux 基金会，是由 Linux 基金会主办的一个全球协作项目。与其他区块链技术一样，它有一个账本，使用智能合约，是一个由参与者共同管理交易的系统。Hyperledger Fabric 和公有区块链系统的不同之处在于它是私有的和有准入资格授权的。Hyperledger Fabric 的成员要在会员服务提供商（MSP）注册。Hyperledger Fabric 也提供一些可插拔的选项。账本数据能够以多种格式存储，一致性机制可以引入也可以退出，并且支持不同的多个 MSP。Hyperledger Fabric 还提供创建通道（Channel）的能力，允许一组参与者建立一个单独的交易账本。

2）Ethereum。Ethereum（以太坊）是一个基于区块链技术的去中心化应用平台，可允许任何人在平台中建立和使用通过区块链技术运行的去中心化应用。以太坊普遍被认为是区块链 2.0 时代的代表性产品。创始人 Vitalik Buterin 于 2013 年底发布了以太坊白皮书，标志着该项目正式启动。2015 年 7 月，以太坊的最初版本 Frontier 发布，同时其主网正式上线。Frontier 并不是一个完全可靠和安全的网络，而是空白版的以太坊网络，即一个用于挖矿的界面和一种上传及执行合约的方法。2016 年，以太坊发布了第二个重大版本——Homestead。2017 年 10 月，以太坊发布了第三个版本的 Byzantium 部分。至此，以太坊已经发展成为区块链世界最重要的一个平台，大量基于以太坊的 DApp（分布式应用）基于以太坊来开发。就像比特币一样，以太坊是去中心化的，由全网共同记账，账本公开透明且不可篡改。没有任何人或者组织能够控制以太坊区块链，任何新添加的数据都需要获得全网的一致认可。

与比特币不同的是，以太坊是可编程的区块链，提供了一套图灵完备的脚本语言。以太坊平台对底层区块链技术进行了封装，让区块链应用开发者直接基于以太坊平台进行开发，只须专注于应用本身，而无须实现区块链底层代码。以太坊上的程序被称为智能合约，是代码和数据（状态）的集合。开发人员可以直接用以太坊原生支持的 Solidity 语言编写与区块链交互的智能合约，大大降低了区块链应用的开发难度。

3）Quorum。Quorum 是 J. P. Morgan 集团开发的一条基于以太坊的联盟链，用来向用户提供企业级分布式账本和智能合约开发，适用于高速交易和高吞吐量处理联盟链间私有交易的应用场景。其主要设计目的是解决区块链技术在金融及其他行业应用的特殊挑战。Quorum 的设计思想是尽量使用以太坊现有的技术，而不是重新研发一条全新的链。通过合理的设计，尽量减少与 Ethereum 的耦合，从而保持与以太坊公有链的版本一致。其主要的逻辑功能位于专门设计的抽象层中。相比以太坊，Quorum 使用了 RAFT 共识算法，增加了隐私性设置，对网络和节点进行了权限管理。隐私性是 Quorum 的重要部分，Quorum 将交易和数据进行了隐私性隔离，包括加密和零知识证明等。创建交易时，允许交易数据被加密哈希替代，以维护必需的隐私数据。在将隐私性相关功能抽象出来以后，将会导致状态数据库的分裂。在以太坊中，MPT（Merkle Patricia Trie）主宰的状态树控制着整个以太坊的世界。但是在 Quorum 中，公有的数据仍然保持全局状态的更新，但是私有的数据不被更新到全局状态中，而是被加密保存到节点上，同样通过分布式的事务等同步到所有的节点上。

4）Corda。Corda 是由 R3CEV 推出的一款开源的分布式账本平台，用来记录、管理、同步协议与交换价值，其借鉴了区块链的部分特性，如 UTXO 模型以及智能合约，但它在本质上又不同于区块链。并非所有业务都适用于这种平台，其面向的是银行间或银行与其商业用户之间的互操作场景。最初，Corda 就是为了商业世界而设计的。Corda 允许构建可以直接交易的共同协作的分布式账本网络，而且具有严格的隐私性。在 Corda 的网络中没有全局广播的操作。每个 Corda 网络都会有一个 Network Map Service，它发布了能够联系到网络中每一个节点的地址、这些节点的身份证书，以及这些节点所能提供的服务。Corda 合约是一段验证逻辑代码，而且这个代码是使用 JVM 编程语言编写的，如 Java 或者 Kotlin。合约的执行需要有一个确定性结果，并且它对于一个交易的接受仅仅基于交易内容。一个有效的交易必须要被它的所有输入和输出状态中的合约接受。一个交易只有在被所有要求的签名方提供了签名之后才会被认为是有效的。除了获得所有人的签名，还必须满足合约有效性才会被最终认为有效。

2. 华为区块链

华为区块链是基于开源区块链技术和华为在分布式并行计算、PaaS、数据管理、安全加密等核心技术领域多年积累的基础上推出的企业级区块链云服务产品，架构如图 10-5 所示。华为区块链以融合技术为基础，不仅结合多方计算技术、可信执行环境技术等保障区块链技术自身应用的安全，以及保障业务流在流转中的安全，而且华为区块链还结合华为综合的技术特点，将软硬技术融合在区块链架构中，实现区块链+，形成从数据流的输入到数据流的分析、数据从云平台到网络及芯片的端到端支撑，并形成全面的区块链服务架构，为区块链基础设施奠定坚实的技术能力，可实现真正的链上数据确权、信息存储锚定。广泛的数据协同等以数据安全流转为目标的应用实施，成为数字基建的新基石。

华为区块链经历了三个发展阶段。第一个阶段（2015—2018 年）为探索期：华为从 2015 年开始启动对区块链技术的研究，并纳入华为 2012 实验室技术孵化，以研究技术的可行性并作为重要创新技术发展。同期，华为是 Hyperledger 的重要成员，不仅为 Hyperledger Fabric 和 Sawtooth Lake 项目贡献了大量代码，担任国内仅有的项目 Maintainer 职位，而且也为 Hyperledger 社区贡献了区块链性能测评工具 Caliper。第二个阶段（2018—2020 年）为成型期：华为于 2018 年 2 月推出华为云区块链服务（Blockchain Service，BCS）进行公测，在公测期间约有 1000 多家企业试用。2018 年 10 月，BCS 正式商用，内核是基于 Hyperledger Fabric 的华为增强版本，为用户提供一站式高性能区块链服务。在这一阶段，BCS 服务于七大领域（政务服务、医疗健康、工业、金融、文娱版权、能源、物流），涉及 400 多个 PoC 及正式商业应用，加速了区块链产业的应用发展。第三个阶段（2020 年至今）为成长期：数字经济发展对区块链技术提出了更高的要求，特别是跨链、分布式身份、隐私计算、共识算法、智能合约、链上及链下协同、区块链网络等都需要进一步完善，且秉承国家对区块链的强化核心技术发展的要求。2020 年，华为 BCS 集合前期经验，发布华为研发的区块链内核引擎——华为链，突出隐私安全、高并发等能力，既能满足千级节点的可靠组网诉求，又可满足在大规模节点环境下保持单链 10 万多 TPS 的高性能处理能力。

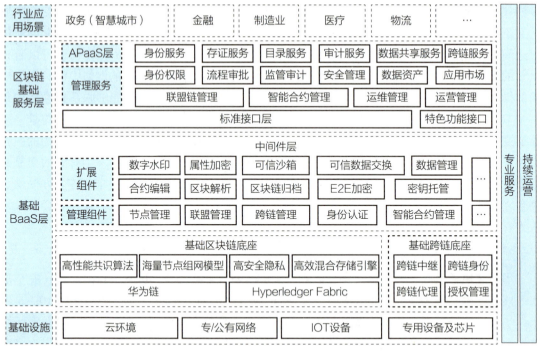

图 10-5 华为区块链架构

3. 腾讯可信区块链

腾讯可信区块链致力于提供企业级区块链基础设施、行业解决方案,以及安全、可靠、灵活的区块链云服务,为合作企业提供一站式的构建区块链行业应用的整体解决方案,助力合作企业在新的区块链领域里发展得更快更远,如图 10-6 所示。

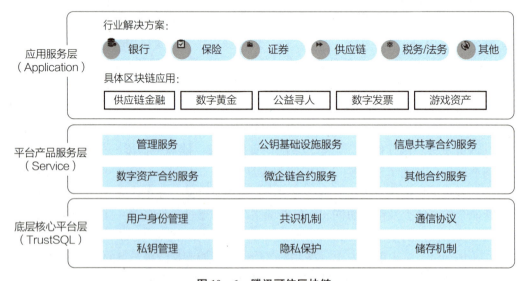

图 10-6 腾讯可信区块链

腾讯区块链主要包括 BaaS 和 TrustSQL 两部分。BaaS 主要提供商户注册、链、节点信息查询及一些链的操作，商户注册成功之后，通过 BaaS 可以获取机构 ID、链信息等。这些信息是后续接口服务的必要信息。TrustSQL 是腾讯区块链的底层服务，主要提供交易的插入、查询等操作。用户可以直接针对这一层进行开发，但是难度也会相对增加很多。为了让用户快速地接入腾讯区块链，TrustSQL 提供了上层接口封装，主要有两种方式，即数字资产服务、共享信息服务。这两种服务提供 rest 风格的接口，便于用户接入。数字资产服务、共享信息服务以及 TrustSQL 服务都是去中心化的，以镜像形式部署到节点上，有操作权限的控制，用户可以根据自己的需要关闭和打开接口。

10.4 区块链基础设施

2021 年，工信部发布的《"十四五"信息通信行业发展规划》提出要建设区块链基础设施，通过加强区块链基础设施建设增强区块链的服务和赋能能力，更好地发挥区块链作为基础设施的作用和功能，为技术和产业变革提供创新动力。同时，随着全球范围对 Web3、元宇宙等数字原生空间的技术研究、产品研发、应用探索大幅加速，数字原生空间内部的经济理论模型已经发生改变，依赖于对数据要素的确权、交互、交易等基本支持及数字身份、数字资产等基本单元，迫切需要借助于区块链基础设施在传递价值和管理信任等方面的功能。

10.4.1 区块链基础设施的概念

作为信息传递的高速公路，互联网让人类实现了信息交换自由，但也带来了网络空间中的信任缺失问题。TCP/IP（Transmission Control Protocol/Internet Protocol，传输控制协议/网际协议）为移动互联网的成功创造了巨大的活力，同时也是互联网体系架构安全信任缺失的根源。5G DICT 时代，工程师们为增强互联网的可信性，在现有基础上不断尝试了许多打补丁式的修正。随着数字技术体系间的融合创新，以数据为关键生产要素的数字生产力推动数字经济高速发展，使得信任与数据安全问题的解决已经刻不容缓。

作为数字技术的重要演进，区块链为数据要素的管理和价值释放提供了新思路，为建立跨产业主体的可信协作网络提供了新途径。区块链通过运用数学算法，在机器之间建立"信任"网络机制，通过技术背书来进行全新的信用创造，有效解决社会经济活动开展所需的跨实体信任问题，成为可支撑数字经济传递信任和管理价值的关键，区块链正成为未来发展数字经济不可或缺的信任基础设施。

狭义的区块链基础设施是分布式信任平台。区块链基础设施是由遵循一套预先定义好共识机制的节点构成的可信网络平台。每个节点自下而上地由基础资源、区块链核心框架、服务系统组成，任何去中心化的应用都可以部署在上面。区块链基础设施提供的分布式可信管理模式，将创新金融服务模式，促进医疗数据开放共享、文化成果转化，实现制造业个性化定制，有助于推动数字经济高速发展。

广义的区块链基础设施是大规模可信协作网络。区块链基础设施可以定义为一种新的分布式治理理念，核心是变革现有的社会经济运行模式。区块链基础设施基于共识机制构建的智能计算网络，形成了经济社会运行的信任模型，通过智能合约定义业务参与方承诺执行的协议，将物理世界无序的业务规则化。两者结合形成的大规模的协作网络，将重新构建数字经济时代秩序、规则和信任机制，直接影响原有社会的组织方式、商业秩序，颠覆数字经济时代的生产关系，创新商业模式，实现市场智能化运作。

区块链基础设施通过建立区块链底层架构和平台，为区块链技术、产业和应用落地提供区块链底层核心能力、资源和服务，可有力清扫区块链落地进程中必须解决的区块链底层性能不足和开发技术门槛过高等障碍，逐步成为区块链竞争的新热点领域。随着区块链应用在政府、企业等国计民生多领域落地探索，它所提供的资源丰富、弹性按需分配的底层技术为上层区块链应用提供存储、传输、计算、开发和测试等资源能力的区块链基础设施，其发展已成为推动区块链业务主流化的决胜关键所在。

总之，区块链基础设施是由具有广泛接入能力、公共服务能力、可灵活部署的公共链网及连接这些区块链的跨链系统组成的网络服务设施。狭义的区块链基础设施是由遵循预定义共识机制的若干节点构成的分布式信任平台；广义的区块链基础设施，面向数据这一新型生产要素，支持合规高效的数据要素流通和交易等市场化配置，从而推动构建大规模的可信协作网络。

10.4.2 区块链基础设施的属性与特征

区块链基础设施与其他数字技术协同为各行各业赋能增效。区块链基础设施通过预定义的共识协议将硬件资源抽象为信任的底座，通过智能合约定义业务参与方承诺执行的协议，重新构建数字经济时代秩序、规则和信任机制，同时辅以物联网、云计算、大数据、人工智能等信息网络技术来实现业务逻辑的闭环，正在改变诸多行业的运行规则，是未来发展数字经济不可或缺的设施。

1. 区块链基础设施属性

在属性上，区块链基础设施具备基础性、公共性、强外部性等三个新基建属性。区块链基础设施通过分布式账本技术为社会经济活动提供了信任的基础属性，通过开放共享的机制为个人、组织、企业等实体提供公共服务，同时可作为一种管理型技术与实体业务强关联，通过与其他技术的配合使用，优化业务流程，创新商业运行模式。

区块链基础设施为社会运转提供基础性的信任管理能力。在5G DICT时代，通过超级链接实现了信息的传递和互联，深刻变革了人们的生活习惯，使线上生活常态化。而区块链技术创建了一种基于技术的社会信任体系，通过账本描述了社会经济活动，为社会运转提供基础性的信任能力，提升了主体参与者之间的协作效率。区块链基础设施面向公众提供公共普惠性的价值传递能力。区块链基础设施通过构建可信协作的分布式网络，可以面向社会提供大规模泛在直连交易服务，进而支持交易在社会化活动的任意环节随时触发，具有巨大的市场规模，受众范围广。区块链基础设施带来的这种无处不在的价值交换能力，将提升各类要素的市场化配置能力，使生产、消费更加畅通循环，加速经济运转。

2. 区块链基础设施特征

为构建坚实的区块链基础设施底座，区块链基础设施需要具备4点特征：①区块链基础设施以联盟链为发展方向，以数据要素构筑数据的可信价值传递；②区块链作为基础设施将不再关注单一技术模式，而是依靠区块链的可信理念，以数据业务端到端的安全为方向，形成以区块链技术为核心的多技术融合体，而高安全、高扩展、高弹性需要纳入整个区块链融合体；③以跨链实现链链互通，解决区块链从当前"局域网"向"全局网络"发展的问题；④区块链基础设施要赋能千行百业，依托行业特征以数据为主线构筑不同的应用，如数据共享、供应链金融、产品溯源、电子证照等细化应用，同时应用将可能从2B、2G向2C的应用进行延伸。

区块链具备新型基础设施范畴的持续拓展延伸的特点。数字技术体系创新活跃，各数字技术之间、数字技术与传统领域之间都在深度融合，越来越多的新兴数字技术正在演进形成新的基础设施形态。区块链起源于加密数字货币应用，但其价值没有局限于该领域，其应用范围正在逐步拓展至金融业、制造业、服务业等。随着区块链技术与实体经济深度融合，区块链基础设施形态逐渐形成。

区块链具备新型基础设施技术迭代升级迅速的特点。新型基础设施技术性强，技术在不断升级，部分技术还不稳定，数字基础设施需迭代式开发。区块链基础设施不是一蹴而就的，区块链技术创新迭代以不断完善自身性能并满足瞬息万变的市场需求。

区块链具备新型基础设施持续性投资需求大的特点。数字技术迭代快的特点决定了新型基础设施建设和运营需要大量的持续性投入，而不仅仅是一次性投资。虽然区块链架构基本形成，但是扩容、分布式存储、隐私保护等技术不断创新以满足业务发展的需求，区块链项目引入基金会的模式对生态可持续发展提供资金支持。

区块链具备新型基础设施互联互通需求更高的特点。在以市场力量为主的建设模式下，统一的建设标准和建设规范更为重要。单独为政的区块链类似于局域网，难以大范围统一使用，规模影响力有限，而跨链互联的区块链类似于广域网，实现了服务范围的延伸，可以发挥基础设施规模化优势。所以，区块链基础设施互联互通需求明显，建设需要整合行业和区域需求，从顶层规划出发，一盘棋考虑，实现跨链协同。

区块链具备新型基础设施安全可靠要求更高的特点。新型基础设施实行联网运行，恶意攻击或者网络故障会给社会带来不可估量的损失。区块链构建了机器的信任，但代码的逻辑还是人构建的，如果出现漏洞或者被攻击，那么将导致信任基础的全面瓦解。因此，该特点对新型基础设施代码的可信性检查和安全审计至关重要。

区块链具备新型基础设施对技能人才和创新人才需求大的特点。新型基础设施建设和运营对技术要求高，需要大量的技术型人才和融合型人才。尤其是区块链相对前沿，可借鉴经验少，拥有相关知识结构和工作经验的人才在现阶段极度稀缺。

10.4.3 区块链基础设施的组成要素

作为新型基础设施的重要成员，区块链通过运用基于共识的数学算法在机器之间建立"信任"网络，是分布式网络、加密技术、智能合约等多种技术集成的分布式账本系统。相比传统的中心化信息技术，区块链采用多方共同见证记账的方式，通过技术背书来进行全新的信用创造，具有高可靠性、不可伪造、全程留痕、可以追溯、公开透明、集体维护等特征，是支撑数字经济传递信任和管理价值的关键。但区块链也需要服从治理，做到链运行规则可控、节点网络可控、链上数据内容可控，以保障基础设施稳定运行，以及企业、用户权益得到有效保护。

如图10-7所示，区块链基础设施是由具有广泛接入能力、公共服务能力、可灵活部署的公共链网（包括公有链和面向非特定应用场景的联盟链），以及连接这些区块链的跨链系统组成的网络服务设施。垂直来看，区块链技术协议栈中的资源层、数据层、网络层、共识层是构成区块链基础设施节点的必备要素。

图10-7 区块链基础设施形态

水平来看，区块链基础设施与互联网呈现相同的发展路径。传统的互联网作为信息传递的载体由局域网逐渐发展为广域网，而区块链基础设施作为信任传递的载体，由一个个独立的链逐渐发展为跨链互联的形态。

垂直来看，资源层、数据层、网络层、共识层是构成区块链基础设施节点的必备要素，是支持上层应用开发和运作的底层基础，为区块链运行提供必需的核心技术。该部分主要由技术开源社区、联盟组织或初创公司驱动，聚焦区块链底层技术，通过不断创新提高区块链的可扩展性、隐私性、安全性等，以更好地支撑上层应用。资源层的核心要素是网络、存储、计算和电力，主要功能是为区块链基础设施的稳定运行提供灵活可扩展的资源。该层主要由传统的基础设施和信息基础设施服务商提供服务。当前，传统的 ICT 企业正从区块链基础资源提供方切入，通过整合底层网络、存储和计算资源，以区块链服务平台的形式对外提供开箱即用的区块链服务，包括亚马逊、谷歌、微软、阿里云、腾讯云、华为云等。

总体上看，区块链基础设施接入方式多样化，部署模式简易化，跨链系统模块化，如图 10-8 所示。

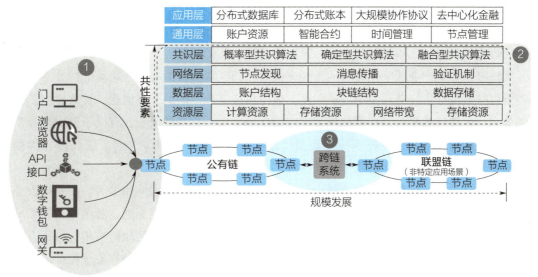

图 10-8 区块链基础设施框架

区块链基础设施中的公共链网主要由存储账本能力、共识协议和算力、接入能力、服务接口能力组成。存储账本能力负责存储事务的交易记录，相比于传统账本数据库，具有可追溯、多方校验、难以篡改的特点，支持本地存储和云化存储两种模式。共识协议和算力通过引入外部成本来防止节点作恶，保证多个主体之间数据的一致性。接入能力负责链下业务与区块链公共链网之间的适配。服务接口能力为上层用户提供灵活的接入方式，提高应用便利程度。

区块链基础设施中的跨链系统主要由价值跨链能力、数据跨链能力、业务跨链能力组成。区块链基础设施具备新型基础设施互联互通的特点，跨链系统是区块链基础设施的重要装置。跨链系统实现跨链信任的延伸，价值跨链实现不同数字资产之间的交易和兑换，数据跨链实现不同链之间的数据互通和信息可信共享，业务跨链实现业务逻辑的互联、业务范围的互补。主流跨链方案有公证人、侧链\中继链、哈希时间锁定等。其中，中继链技术占比最高，中继链即通过构建一条链和配套策略的形式提供跨链信息传递及信息可信担保，跨链项目包括 Polkdot、Wecross、BitXHub 等。

10.4.4　区块链赋能经济社会数字化转型

作为 5G DICT 时代引领价值网络生态的核心技术，区块链正在推动信息互联网向价值互联网变迁，充分发挥区块链促进数据共享、提升业务协同能力的核心价值，促进区块链与实体经济、数字经济深度融合。区块链基础设施的构建需要数字技术体系作为支撑。同时，区块链基础设施的发展对推动数字技术产业发展具有重要的促进作用，二者相互赋能可共同助力数字化转型。在硬件方面，随着存储器、内存、芯片等技术的发展，推动区块链软件的安全性、隐私和性能持续发展。在通信技术方面，5G 等技术使区块链软件更好地与边缘计算融合，为区块链基础设施提供灵活、高效的资源供给调度。在智能计算方面，随着人工智能、大数据等技术与区块链的融合，加速群体智能时代的开启。

区块链是传统产业数字化转型的重要突破口，即区块链去中心化、可验证性及不可篡改等特点可有效增加供应链环节中的透明度，减少供应链环节中的文书流程，显著提高了供应链的效率。区块链技术可以构建信任、多方协作的去中心化基础设施，有助于打破行业中的数据孤岛，通过智能合约等技术构建新型协作生产体系和产能共享平台，提高多方协作效率，推动降低社会总体的能耗水平和碳排放水平。

作为新兴技术，区块链在赋能社会经济数字化转型中具有较大应用潜力。在基础设施方面，与传统行业加速融合，探索在数字基础设施、金融科技、智慧交通、能源电力等领域实现赋能，提升社会管理的智能化、精准化水平。在数据资源方面，区块链有望打破原有数据流通共享壁垒，提供高质量数据共享保障，提升数据管控能力，提高数据安全保护能力。在智能应用方面，区块链将围绕惠民服务、精准治理、生态宜居、产业经济等经济社会应用场景来催生社会经济新模式、新业态。

区块链基础设施处于规模化部署阶段，但未来呈现形态还没有定型，在区块链发展向好的国家背景下，具有自主可控能力的区块链底层基础设施尤为重要，并将成为区块链发展的基石。

总之，加速构建区块链新型数字基础设施，推动技术融合创新，持续提升其应用深度和广度，脱虚向实，加速与实体经济融合，将使在智慧农业、司法存证、疫情防控、数字政府等关键领域的价值及实现"碳达峰、碳中和"等国家重大战略方向的价值不断体现，赋能社会经济数字化转型。

10.5　区块链赋能社会经济数字化转型

5G DICT 数字时代，与 5G 万物互联重构社会经济数字基础设施、云计算重构数字生产工具、大数据重构关键生产要素与生产原料、人工智能重构生产力一样，区块链将围绕数据关键生产要素，通过运用基于共识的数学算法及分布式网络、加密技术、智能合约等技术，在数字生产要素之间建立"机器信任"机制，重构数字生产关系系统，加速数字经济时代的生产力变革与发展。

生产关系主要解决生产资料的所有制形式，区块链不是一个新技术，而是将现有多种技术组合的新应用范式，主要为解决互联网在研发之初缺乏对数据可行性保证的天生的基因缺陷而做的一种能力的补充。它是基于互联网、分布式的账本技术。区块链作为一种在不可信的竞争环境中低成本建立信任的新型计算范式和协作模式，能够在互联网信息自由交换的基础上构建数字经济时代价值互联网（数字货币+数字资产+生态系统）的"通用基础设施"和赋能的"链接器"。

在本质上，区块链是实现价值交换网络的底层技术，提供了一种人力不可修改的记录规则，构筑其独有的信任建立机制，实现数据要素资源的自由交换。在区块链基础设施平台上，所有副本上的数据都是保持一致的，链上的数据天生就是开放共享的。

区块链不仅是人类社会从现实世界向数字世界迁徙的关键技术，更是一种思维。区块链正在改变诸多行业的应用场景和运行规则，不仅仅适用于加密数字货币等场景，更大的应用空间必将是工业互联网、5G 等与社会、经济密切相关的新兴领域，更是未来发展数字经济、构建新型信任体系不可或缺的技术之一，甚至可能对整个网络空间的核心架构带来变革。

总之，区块链技术可在赋能数字资产重新配置的基础上，引发数字生产关系与信任关系的重构和体系再造，赋能社会经济数字化转型，加速数字经济高质量发展。

第 3 部分

DICT 时代社会经济数字化转型及案例

5G DICT 时代，数字经济是全球未来的发展方向，是推动世界经济发展的重要动能。数字化转型作为数字经济发展的重要着力点，以云计算、大数据、人工智能等数字技术为抓手，广泛赋能各行业、各领域，已成为激发企业创新活力，推动经济发展质量变革、效率变革、动力变革，提升国家数字竞争力的核心驱动。

从数字技术到数字经济、数字社会，再到数字治理，数字技术及其价值的实现得到四个延伸：第一，数字技术本身的价值通过数字技术产业化向信息通信和互联网产业延伸；第二，信息通信互联网产业的价值通过产业数字化向各产业延伸；第三，由经济领域数字化向社会文化领域数字化延伸；第四，数字技术由生产力的功能向生产力与生产关系兼有的功能延伸，从创造物质财富向辅助监管和治理的层面扩展。

随着数字科技的日益发展和数字技术价值的不断延伸，人们能感受到万物皆数，而且数字间的关联正在上升为一种普遍规律。如同土地意味着农业时代、机器意味着工业时代一样，数字意味着数字时代。数字时代正在走来，数字世界正在崛起。

第 11 章 工业互联网赋能工业数字化转型

作为数字技术体系与工业经济深度融合的产物，工业互联网受到党中央、国务院的高度重视，已连续四年被写入政府工作报告，成为促进数字经济时代发展的重要战略举措。2021年3月11日，十三届全国人大第四次会议通过的《中华人民共和国国民经济和社会发展第十四个五年规划和2035年远景目标纲要》中三次提及工业互联网，并要求积极稳妥地发展工业互联网，推进"工业互联网+智能制造"产业生态建设。

5G DICT 时代，深入实施工业互联网创新发展战略，系统推进工业互联网基础设施和数据资源管理体系建设，发挥数据的基础资源作用和创新引擎作用，赋能工业数字化转型，促进我国供给侧结构性改革，加快新旧动能转换，加快形成以创新为主要引领和支撑的数字经济。

11.1 工业互联网的概念

工业互联网是数字技术与制造业深度融合创新的产物，通过人、机、物的万物互联，构建全要素、全产业链、全价值链泛在连接的先进制造业体系和现代服务业体系，是实现工业数字化、网络化、智能化发展的新型基础设施，是第四次工业革命的重要基石，是支撑一、二、三产业及大中小企业数字化转型发展的重要支撑，是促进数字经济和实体经济深度融合的关键依托，是经济高质量发展的重要引擎，是实现制造强国、网络强国的重要途径。

11.1.1 工业互联网的发展历程

中华人民共和国成立以来，在共产党的带领下，我国在一穷二白的工业发展基础上坚定地走上了独立自主、自力更生的发展道路，建立了门类齐全的现代化工业体系，成为世界上唯一的一个拥有完整工业体系的国家。我国的工业互联网先后经历了"十二五"时期的概念萌芽与普及、"十三五"时期的实践发展，进入"十四五"时期后走向深耕应用期。

美国通用电气公司于2012年发布白皮书《工业互联网：打破智慧与机器的边界》，从技术架构、发展机会、潜在收益、应用条件等方面详细阐述工业互联网的内涵、外延和未来愿景，其本质是工业系统与数字技术能力的集成、融合和创新。工业互联网发展的基础在于制造业底层设备设施的全面数字化、网络化、智能化，构建支撑工业系统全生产要素互联互通。工业互联网发展的关键在于制造能力的平台化，即工业互联网平台化、模块化部署数据制造资源,进而在线交易制造能力。工业互联网发展的主要目标是人与工业智能的融合创新,通过大数据、物联网、人工智能等数字技术赋能工业知识和经验的沉淀、复用和创新,提升创新主体掌握和运用知识、技术的能力,显著降低创新门槛和成本。

"十四五"时期,制造业正从数字化阶段向网络化阶段加速过渡,工业互联网已成为全球竞争的新重点。工业互联网是数字经济背景下工业和互联网深度融合的产物,支撑新一轮工业革命,同时促进中国供给侧结构性改革,加快新旧动能转换,加快制造强国和网络强国建设。我国是互联网大国,目前互联网与消费领域的融合已取得较为瞩目的成就,持续推动工业互联网发展对我国未来经济发展的意义重大而深远。

11.1.2 工业互联网的内涵

工业互联网是以5G、云计算、大数据、人工智能及区块链为核心的数字技术体系与制造业深度融合的新型基础设施、应用模式和工业生态,是实现产业数字化、网络化、智能化发展的重要基础设施,通过人、机、物的万物互联,以及全要素、全产业链、全价值链的泛在连接,构建数据驱动的生产制造和服务体系,是经济转型升级的关键依托、重要途径、全新生态,是第四次工业革命的重要基石。在构成上,工业互联网主要包括工业软件、工业通信、工业云平台、工业互联网基础设施、工业安全等。

工业互联网不是互联网在工业的简单应用,而是具有更为丰富的内涵和外延。工业互联网可用于界定范畴和特征,明确工业互联网总体目标,是研究工业互联网的基础和出发点,即工业互联网是数字技术体系与工业系统全方位深度融合所形成的产业和应用生态,是工业数字化、网络化、智能化发展的关键数字信息基础设施。其本质是以机器、原材料、控制系统、信息系统、产品以及人之间的网络互联为基础,通过对工业数据的全面深度感知、实时传输交换、快速计算处理和高级建模分析,实现智能控制、运营优化和生产组织方式变革。它以网络为基础、以平台为中枢、以数据为要素、以安全为保障,既是工业数字化、网络化、智能化转型的基础设施,也是互联网、大数据、人工智能与实体经济深度融合的应用模式,同时也是一种新业态、新产业,将重塑企业形态、供应链和产业链。

工业互联网融合应用向国民经济重点行业广泛拓展,形成平台化设计、智能化制造、网络化协同、个性化定制、服务化延伸、数字化管理六大新模式,赋能、赋智、赋值作用不断显现,有力促进了实体经济提质、增效、降本、绿色、安全发展。工业互联网的实质是人、机、物的万物互联,是依靠对制造业的不同环节植入不同的传感器,进而不断进行实时感知和数据收集,然后借助于数据陆续对工业环节进行准确化、有效的控制,最终实现效率提高。

工业互联网作为全要素、全产业链、全价值链连接的枢纽,能够优化社会资源配置,对于新发展格局的构建发挥着至关重要的作用。《中华人民共和国国民经济和社会发展第十四个五年规划和2035年远景目标纲要》中指出,要"加快构建以国内大循环为主体、国内国际双循环相互促进的新发展格局"。工业互联网在促进国内生产要素循环流转的同时，有力推动了国际供给与需求的匹配衔接，是打造"双循环"的重要引擎，如图 11-1 所示。

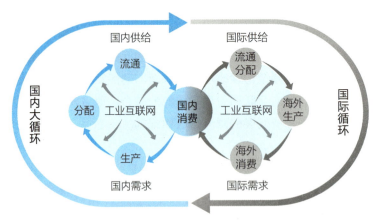

图 11-1 工业互联网推动国际及国内双循环

5G DICT 时代，工业互联网的基础已经逐步落实，包括工业连接、高级分析、基于条件的监控、预测维护、机器学习和增强现实等，世界各主要发达国家和地区的领先企业均通过积极部署工业互联网平台提供多样化服务，以既有高端装备、产品为基础，打造可实现工业设备连接、工业大数据分析和工业应用服务等强大功能的工业互联网平台，展开激烈的生态竞争。美国、欧盟各国、日本等纷纷加大对工业互联网的投入。美国持续加强 5G、工业互联网等方向战略布局，打造支撑数字化转型、智能化发展的新型基础设施。欧盟于 2019 年 11 月发布了《增强欧盟未来工业的战略价值链》，将工业互联网纳入首批欧洲一体化价值链建设项目并进行资助。日本将"互联工业"列为发展重点，编制专门投资计划。全球竞争加剧，使得我国工业互联网创新发展的任务更加迫切。

11.1.3 工业互联网平台

工业互联网平台是在传统云平台的基础上综合运用物联网、大数据、人工智能及区块链等数字技术体系，实现海量异构数据汇聚与建模分析、工业经验知识软件化与模块化、工业创新应用开发与运行，从而支撑生产智能决策、业务模式创新、资源优化配置和产业生态培育的载体。

工业互联网平台是为满足制造业数字化、网络化、智能化需求而构建的，基于云平台的海量数据采集、汇聚、分析和服务体系，支持生产制造资源实现泛在连接、弹性供给、高效配置。一方面，工业互联网平台是业务交互的桥梁和数据汇聚分析的中心，连接大量工业控制系统和设备，与工业生产和企业经营密切相关。其高复杂性、开放性和异构性加剧其面临的安全风险，一旦平台遭入侵或攻击，将可能造成工业生产停滞，波及范围不仅是单个企业，更可延伸至整个产业生态，从而对国民经济造成重创，影响社会稳定，甚至对国家安全构成威胁。保障工业互联网平台安全，是保障制造强国与网络强国建设的主要抓手。另一方面，工业互联网平台上承应用生态、下连接系统设备，是设计、制造、销售、物流、服务等全生产链各环节实现协同制造的"纽带"，是海量工业数据采集、汇聚、分析和服务的"载体"，是连接设备、软件、产品、工厂、人等工业全要素的"枢纽"。因此，做好工业互联网平台的安全保障工作，是确保工业互联网应用生态、工业数据、工业系统设备等安全的重要保证。

11.1.4　工业互联网的产业经济

工业互联网无疑是对传统工业产业带来的一次重大升级，将传统流程驱动的制造模式转变为数据驱动的数字化、网络化、智能化模式。通过对产品需求、设计、生产、销售及售后等全生命周期数据的实时感知、集成、分析与决策，实现对流程的动态优化，形成生产、制造、销售全产业链条的开发、生产、质量及运维一体化的数字化、网络化、智能化闭环。如图 11-2 所示，工业互联网产业通常分为直接产业和渗透产业。

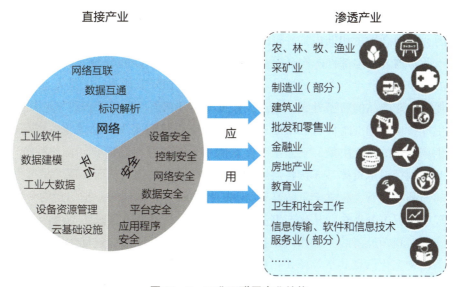

图 11-2　工业互联网产业结构

直接产业由工业互联网技术体系中与网络、平台、安全三大部分相关的产业构成，属于数字产业化范畴。"网络"包括网络互联、数据互通和标识解析体系，通过建设低延时、高可靠、广覆盖的工业互联网基础设施，实现数据在工业各个环节的无缝传递；"平台"下连设备，上接应用，通过海量数据汇聚、建模分析与应用开发支撑工业生产方式、商业模式创新和资源高效配置；"安全"涉及设备、控制、网络、数据、平台、应用程序六大方面，通过建设工业互联网安全防护体系有效识别和抵御各类安全威胁，化解多种安全风险，为工业智能化发展保驾护航。

渗透产业是指通过工业互联网连接生产信息和需求信息，有效实现资源高效配置，促进产业生态协同发展，赋能三大产业数字化转型。

第一产业包括农、林、牧、渔业，是我国的立国之基。农业数字化转型是建设现代化国家不可或缺的部分。工业互联网在农业场景中的创新融合最为丰富，成为驱动农业生态体系数字化、网络化、智能化转型的重要抓手与驱动力。一方面，工业互联网可通过各类传感器、GPS、成像技术、NB-IoT技术等对土壤、农作物、环境温度、空气湿度等各类农业产品生长所需关注的指标进行实时感知和监测，利用监测数据建立相关模型并进行数据分析以实现精准化生产，为农作物"量身定做"生产方案，通过移动通信技术和网络技术对环境调控设备和农机设备等相关农业设施进行智能控制，并提供远程智能化运维服务；另一方面，工业互联网平台能够协助农业部门对上下游供应链系统进行整合对接，构建资源要素共享平台和交易平台，降低信息流动成本，减少信息不对称，同时实现农产品的无缝化、可视化溯源，提高农产品的安全保障水平。工业互联网是推动农业数字化转型的重要支撑。

第二产业包括制造业，采矿业，电力、热力、燃气及水生产和供应业，建筑业。工业互联网对第二产业的发展具有明显的带动作用。其中，制造业是工业互联网应用赋能的主要渗透产业之一，工业互联网可高效深度推动制造业的创新发展。工业互联网将全面改造我国制造业的基因，实现高质量和低成本并行的智能制造。一是基于制造执行系统、频射识别跟踪技术等对工业机器人、零部件、产品等生产要素进行数据监控和分析，实现流程的可视化、生产资源的数字孪生、生产参数的快速转移等功能，从而降低成本。二是人工智能等技术的发展能够促进工业产品的转型升级，通过大数据分析和机器学习等手段将核心知识和生产决策封装为生产模块的标准组件，并不断进行迭代更新，从而实现产品优化、产品创新设计，以及基于生产模型的最优决策。三是工业互联网平台能够发挥制造业"操作系统"的作用，基于工业互联网标识解析体系连接各层级的工业生产服务系统，从而实现产品全生命周期及全产业链的监测和运营，建立上下游高效协同的供应链体系。同时，把用户的个性化需求纳入互联工厂中，促进制造企业从生产型制造向服务型制造转变，实现柔性生产和定制服务。

第三产业对我国经济的主导作用正在不断增强。工业互联网通过优化供应链管理、定制化制造服务、常态化信息共享等模式，推动着第三产业提质、降本、增效，赋能第三产业高质量发展。工业互联网在改进和变革制造业传统生产模式的同时，推动着制造业的中心从生产制造环节转向新零售服务环节，建立以满足消费者个性化需求为导向的新零售工厂，新零售行业也将进入变革深水区。工业互联网+智能运营的新零售将重构生产模式、消费理念、客户关系，进行定制化生产，从功能和体验两个方面满足消费者诉求，建立以消费者特征为基础的精准营销和全域营销，同时搭建智能化和自动化的物流体系，以及在生产、金融、供应链、销售等方面的高效流通链，实现消费方式逆向牵引生产的新零售模式。

总之，我国正在从全球价值链的中低端向中高端迈进，但从产业链整体水平看，我国制造业产业链在全球中仍处于中低端位置，在产业链关键领域和环节存在诸多短板，部分领域的产业链掌控力偏弱。而工业互联网能够助力原有制造体系打破在时间和空间上的约束，促进软硬件、创意、设计等各类资源广泛聚集与高效匹配，优化产业主体协作模式，重构协作链条及流程，带动全产业链生产效率提升和价值增值。另外，工业互联网平台助力制造业形成基于海量数据采集、汇聚、分析的服务体系，有助于做强原有产业，壮大产业链条，带动产业链降本、提质、增效，同时催生出规模化定制、服务化延伸等新模式及新兴业态，推动产业链向微笑曲线两端延展，扩大产业链整体价值规模。

11.2 工业互联网技术体系

随着数字技术体系应用进入纵深发展的新阶段，数据作为新型生产要素和重要战略资源，在工业互联网中正发挥着更大的作用，推动工业互联网技术体系由网络互联体系、地址与标识解析体系和应用支撑体系向网络、平台、数据、安全四大体系演进。工业互联网四大体系既是工业数字化、网络化、智能化转型的基础设施，也是互联网、大数据、人工智能与实体经济深度融合的应用模式，同时也是一种新业态、新产业，将重塑企业形态、供应链和产业链。

11.2.1 工业互联网的网络体系

网络体系是基础，主要作用是把各个工业要素、各个工业环节连接起来，以支持数据的流动，具体包括网络互联、标识解析、数据互通三部分。

网络互联实现要素之间的数据传输，包括企业外网、企业内网。典型技术包括传统的工业总线、工业以太网以及创新的时间敏感网络（TSN）、确定性网络、5G 等技术。企业外网根据工业高性能、高可靠、高灵活、高安全的网络需求进行建设，用于连接企业各地机构、上下游企业、用户和产品。企业内网用于连接企业内部人员、机器、材料、环境、系统，主要包含信息网络和控制网络。工业企业积极运用工业以太网、窄带物联网、5G、边缘计算等新型网络技术和先进适用技术进行内网改造升级。数据互通是通过对数据进行标准化描述和统一建模，实现要素之间传输信息的相互理解，涉及数据传输、数据语义及语法等不同层面。

标识解析体系是工业互联网体系的重要组成部分，是实现工业系统互联和工业数据传输交换的关键支撑。标识解析体系实现要素的标记、管理和定位，由标识编码、标识解析系统和标识数据服务组成，通过为物料、机器、产品等物理资源和工序、软件、模型、数据等虚拟资源分配标识编码，实现物理实体和虚拟对象的逻辑定位及信息查询，支撑跨企业、跨地区、跨行业的数据共享共用。

我国工业互联网标识解析体系采用"国际根节点、国家顶级节点、二级节点、企业节点、递归节点"的分层分级架构，兼容国际主流标识体系，除兼容 DNS 以外，还兼容 Handle、OID、Ecode、VAA 等体系。其中，国际根节点是各类国际解析体系跨境解析的关键节点，国家顶级节点是我国工业互联网标识解析体系的关键枢纽，二级节点是为特定行业或者多个行业提供标识解析公共服务的节点，递归节点是通过缓存等技术手段提升整体服务性能、加快解析速率的公共服务节点。标识解析应用按照载体类型可分为静态标识应用和主动标识应用。静态标识应用以一维码、二维码、射频识别码（RFID）、近场通信标识（NFC）等作为载体，需要借助扫码枪、手机APP等读写终端触发标识解析过程。主动标识应用通过在芯片、通信模组、终端中嵌入标识，主动通过网络向解析节点发送解析请求。

截至目前，五大国家顶级节点建成并稳定运行，日均解析量突破4000万次，二级节点达到156个，覆盖25个省（自治区、直辖市），接入企业超过2万家，已形成产品追溯、供应链管理和全生命周期管理等典型应用模式；递归节点正启动建设，将在11个省市部署；静态标识应用、主动标识应用不断推广。

5G DICT时代，工业互联网体系建设在顶层规划、技术创新、生态融合、标准化活动等方面均取得重大突破。工业互联网标识解析实现从0到1的突破，企业内网改造在加快推进，高质量外网基本实现全国地市覆盖，工业互联网发展局面良好。

11.2.2 工业互联网的平台体系

平台体系是中枢，面向制造业数字化、网络化、智能化需求而构建，支持制造资源实现泛在连接、弹性供给、高效配置。工业互联网平台作为工业全要素、全产业链、全价值链全面连接、汇集和配置的枢纽，推动了生产和服务资源优化配置，促进了制造体系和服务体系再造，在工业数字化转型过程中发挥着核心支撑作用。

随着5G数字技术的创新与普及，以数据为生产要素的平台模式、平台经济正在持续变革和颠覆传统工业形态。在宏观上，平台模式、平台经济通过打造云端开发环境构建开发者社区，引入低代码开发技术，吸引大量专业技术服务商和第三方开发者基于平台进行工业APP创新，依托平台的数字化生态系统之间的竞争优势颠覆了传统工业软件研发体系，变革了传统工业企业竞争方式，重新定义了工业生产关系与组织方式，打破了产业、企业之间的边界，促进制造能力、技术、资金、人才的共享流动，实现生产方式和管理方式的解构与重构。在微观上，平台正在改变企业的设计、生产、管理和服务方式，通过驱动产品、生产、运营及商业模式创新，重塑组织管理体系，重新定义和优化整个价值流程。

工业互联网平台体系包括边缘层、IaaS、PaaS和SaaS四个层级，相当于工业互联网的"操作系统"，有四个主要作用。一是数据汇聚。网络层面采集的多源、异构、海量数据，传输至工业互联网平台，为深度分析和应用提供基础。二是建模分析。提供大数据、人工智能分析的算法模型和物理、化学等各类仿真工具，结合数字孪生、工业智能等技术，对海量数据挖掘分析实现数据驱动的科学决策和智能应用。三是知识复用。将工业经验知识转化为平台上的模型库、知识库，并通过工业微服务组件方式实现二次开发和重复调用，加速共性能力沉淀和普及。四是应用创新。面向研发设计、设备管理、企业运营、资源调度等场景，提供各类工业APP、云化软件，帮助企业提质、增效。

总之，针对工业应用场景，工业互联网平台通过各类机器设备、人、业务系统的互联，促进数据跨系统、端到云的流动，基于数据分析、建模和应用实现数据驱动的生产、运营闭环优化，形成新的业务模式和新的业态。与传统工业 IT 架构相比，工业互联网平台促使流程驱动的业务系统转变为数据驱动的应用范式，为工业企业提供了基于数据的新技术、新方法、新服务和新价值。

11.2.3 工业互联网的数据体系

数据体系是核心，即通过数据的流动、共享、汇聚，形成各种智能化应用，主要包括三大闭环，即生产控制闭环、企业层面的运行决策优化闭环、整个产业链价值链闭环。其中，生产控制闭环应满足生产环节的实时反馈控制要求，需要具有超低时延、超高可靠性等特性。

工业互联网数据主要以工业大数据为核心，主要有以下三个特性。一是重要性。数据是实现数字化、网络化、智能化的基础，没有数据的采集、流通、汇聚、计算、分析，各类新模式就是无源之水，数字化转型也就成为无本之木。二是专业性。工业互联网数据的价值在于分析利用，分析利用的途径必须依赖行业知识和工业机理。制造业千行百业、千差万别，每个模型、算法背后都需要长期积累和专业队伍，只有深耕细作才能发挥数据价值。三是复杂性。工业互联网运用的数据来源于"研产供销服"各环节，"人机料法环"各要素，ERP、MES、PLC 等各系统，维度和复杂度远超消费互联网，面临采集困难、格式各异、分析复杂等挑战。

数据处理是工业智能化的核心环节，包括数据采集交换、集成处理、建模分析、决策优化和反馈控制等功能模块，表现为通过海量数据的采集交换、异构数据的集成处理、机器数据的边缘计算、经验模型的固化迭代、基于云的大数据计算分析，实现对生产现场状况、协作企业信息、市场用户需求的精确计算和复杂分析，从而形成企业运营的管理决策以及机器运转的控制指令，驱动从机器设备、运营管理到商业活动的智能和优化。

我国国家工业互联网大数据中心体系是工业互联网数据资源管理体系的核心。按照"1 + N"的体系，该体系包括一个国家工业互联网大数据中心和 N 个区域分中心、行业分中心。目前，国家工业互联网大数据中心已形成覆盖京津冀、长三角、粤港澳大湾区、成渝双城经济圈的体系化布局，汇聚约 29 亿条工业互联网数据，覆盖约 703 万家企业，基本建成全国一盘棋的工业互联网大数据中心体系。国家工业互联网大数据中心通过构建工业互联网数据资源管理体系，推进工业数据资源整合利用和开放共享，促进数据要素配置市场化进程。通过提供"低成本、快部署、易运维、强安全"的轻量化应用，赋能中小企业快速形成自身数字化能力，有效降低中小企业数字化转型门槛。

数据体系通过工业数据全周期的感知、采集和集成应用，形成基于数据的系统性智能，实现机器弹性生产、运营管理优化、生产协同组织与商业模式创新，推动工业智能化发展。

11.2.4 工业互联网的安全体系

安全体系是保障，即通过构建涵盖工业全系统的安全防护体系，保障工业智能化的实现。工业互联网安全体系涉及设备、控制、网络、平台、工业 APP、数据等多方面的网络安全问题，其核心任务就是要通过监测预警、应急响应、检测评估、功能测试等手段确保工业互联网健康有序发展。

工业互联网安全具体包括设备安全、网络安全、控制安全、平台安全、数据安全、应用安全和综合安全管理，通过涵盖整个工业系统的安全管理体系，避免网络设施和系统软件受到内部和外部攻击，降低企业数据被未经授权访问的风险，确保数据传输与存储的安全性，实现对工业生产系统和商业系统的全方位保护。

与传统互联网安全相比，工业互联网安全具有三大特点。一是涉及范围广。工业互联网打破了传统工业相对封闭可信的环境，网络攻击可直达生产一线。联网设备的爆发式增长和工业互联网平台的广泛应用，使网络攻击面持续扩大。二是造成的影响大。工业互联网涵盖制造业、能源等实体经济领域，一旦发生网络攻击、破坏行为，影响严重。三是企业防护基础弱。目前，我国广大工业企业的安全意识、防护能力仍然薄弱，整体安全保障能力有待进一步提升。

在工业互联网的安全体系中，平台体系安全是核心。工业互联网平台上承应用生态、下连系统设备，是设计、制造、销售、物流、服务等全生产链各环节实现协同制造的"纽带"，是海量工业数据采集、汇聚、分析和服务的"载体"，是连接设备、软件、产品、工厂、人等工业全要素的"枢纽"。高复杂性、开放性和异构性加剧了其面临的安全风险，一旦平台遭入侵或攻击，就可能造成工业生产停滞，波及范围不仅是单个企业，而且可延伸至整个产业生态，对国民经济造成重创，影响社会稳定，甚至对国家安全构成威胁。做好工业互联网平台安全保障工作，是确保工业互联网应用生态、工业数据、工业系统设备等安全的重要保证。

与此同时，工业互联网数据面临的安全风险隐患日益突出。在严峻的全球数据安全形势下，制造业等领域的工业互联网数据已成为重点攻击目标，加之工业互联网具有泛在互联、资源汇聚等特征，导致数据暴露面扩大、攻击路径增多、敏感数据挖掘难度降低，以及数据采集、传输、存储、使用、交换共享与公开披露、归档与删除等全生命周期的各环节都面临安全风险与挑战。此外，云计算、大数据、人工智能、5G、数字孪生、虚拟现实等新技术、新应用，引入了新的数据安全风险隐患。例如，云环境下的单点数据被破坏就可能从局部性风险演变成系统性风险，利用人工智能技术可进行数据伪造、数据挖掘逆向还原，5G 技术实现数据高速传输的同时也带来了网络切片数据安全等新风险，数字孪生、虚拟现实技术面临着虚拟环境数据的安全防护挑战等。2020 年，由国家工业信息安全发展研究中心编写的《工业互联网数据安全白皮书》提出以"技管结合、动静相宜、分类施策、分级定措"作为工业互联网数据安全防护的总体思路，从通用防护、分类防护、分级防护 3 个维度提出工业互联网数据安全防护框架，为工业互联网企业开展数据安全防护能力建设提供指导和参考，如图 11-3 所示。

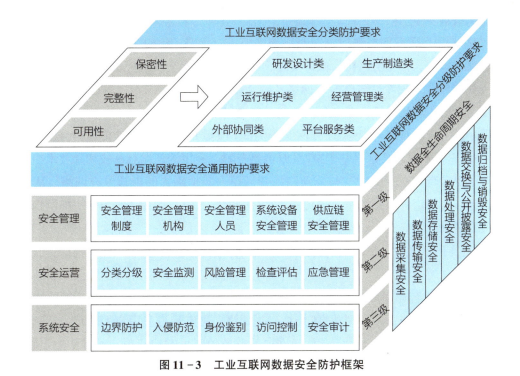

图 11-3 工业互联网数据安全防护框架

总之,安全体系需要和工业互联网发展同步规划、同步部署。三大体系是工业互联网的关键技术设施,把三大体系建设好,基础设施建设相应地会非常好,在这个基础上可以更好地支撑各种创新应用发展。当前,我国工业互联网安全顶层设计不断完善,出现了政策牵引、机制保障、专项带动、供给创新等多种方式,工业互联网安全体系初步建成,威胁监测和信息通报处置不断强化,企业安全主体责任意识显著增强,安全保障能力持续提升。

11.3 数字技术+工业互联网赋能行业数字化转型

党的十九大报告提出"推动互联网、大数据、人工智能和实体经济深度融合",指明了在中国特色社会主义进入新时代的历史背景下,信息技术和实体经济融合发展的方向就是深化互联网+先进制造业,发展工业互联网。以 5G 为核心的数字技术体系与工业互联网的融合创新发展,能够推动制造业从单点、局部的信息技术应用向数字化、网络化和智能化转变,也为 5G 开辟了更为广阔的市场空间,从而有力支撑制造强国、网络强国建设。

11.3.1 5G 行业专网

作为新基建之首,5G 以其大带宽、低时延、高可靠、高连接、泛在网等诸多优势,将全面提升垂直行业生产要素的数字化水平,应用于各行业生产过程中的数据感知、生产决策、操作执行等环节。

5G 专网利用运营商网络频谱资源及移动网络运营优势，针对工业制造、能源矿山、交通物流、港口码头、公检法机构、城市安防、新媒体、医疗及大型企业等场景，为行业用户打造"专建专维、专用专享"的专有网络，融合切片、MEC 等技术，为行业用户提供具有定制化资源和服务质量保障、业务隔离的精品安全网络。

根据建网方式和资源构成，5G 专网又分为 5G 虚拟专网、5G 混合专网以及 5G 独立专网 3 种。5G 虚拟专网产品是指基于 5G 公众网络资源，利用端到端 QoS 或切片技术，为客户提供一张时延和带宽有保障的、与公众网络普通用户数据隔离的虚拟专有网络。从无线基站、传输到核心网用户面及控制面端到端共享公众网络，通过切片技术为用户提供具有特定 SLA 保障的逻辑专网。

5G 混合专网产品指以 5G 数据分流技术为基础，通过无线和控制网元的灵活定制，为行业用户构建一张增强带宽、低时延、数据不出园区的基础连接网络。5G 混合专网的核心网用户面网元 UPF 为行业用户进行私有化部署，无线基站、核心网控制面网元根据客户需求灵活部署，为用户提供部分物理独享的 5G 专用网络，可满足行业用户大带宽、低时延、数据不出园区的需求。该模式下，行业用户网内的业务数据可本地卸载，通过功能定制优化，减小公众网络故障对用户生产业务的影响，保障生产安全。

5G 独立专网产品指利用 5G 组网、切片和边缘计算等技术，采用专有无线设备和核心网一体化设备，为行业用户构建一张增强带宽、低时延、物理封闭的基础连接网络，实现用户网络数据与公众网络数据完全隔离，且不受公众网络影响。

5G 专网可面向不同的需求场景提供定制化的解决方案，以满足差异化的行业需求，如大带宽需求、高可靠性需求、超低时延需求、定制化网络需求、高安全和强隔离需求。针对不同的行业需求会引入不同的组网需求，如低时延需求将可能引入业务加速、本地业务保证、边缘云等组网需求；强隔离需求将引入端到端切片、数据不出场的组网需求。同时，针对不同的行业需求会引入不同的技术手段组合，如 QoS、切片、边缘计算等。在对行业需求的技术层面拆分和精确组合的同时，还需在端到端的专网运营运维上进行全新设计和优化，从而满足专网业务售前、订购、变更、退订等端到端的流程要求。

11.3.2 工业大数据

工业大数据是指在工业领域数字化、网络化转型及应用中所产生的数据，是工业互联网的核心，是工业智能化发展的关键。工业大数据基于网络互联和大数据技术，贯穿于工业的设计、工艺、生产、管理、服务等各个环节，使工业系统具备描述、诊断、预测、决策、控制等智能化功能的模式和结果。工业大数据从类型上主要分为现场设备数据、生产管理数据和外部数据。现场设备数据是来源于工业生产线设备、机器、产品等方面的数据，由传感器、设备仪器仪表、工业控制系统进行采集产生，包括设备的运行数据、生产环境数据等。生产管理数据是指传统信息管理系统中产生的数据。外部数据是指来源于工厂外部的数据，主要包括来自互联网的市场、环境、客户、政府、供应链等外部环境的信息和数据。

工业大数据具有五大特征。一是数据体量巨大，大量机器设备的高频数据和互联网数据持续涌入，大型工业企业的数据集将达到 PB 级别甚至 EB 级别。二是数据分布广泛，分布于机器设备、工业产品、管理系统、互联网等各个环节。三是结构复杂，既有结构化和半结构化的传感数据，也有非结构化数据。四是数据处理速度需求多样，生产现场级要求实现实时时间分析达到毫秒级，管理与决策应用需要支持交互式或批量数据分析。五是对数据分析的置信度要求较高，相关关系分析不足以支撑故障诊断、预测预警等工业应用，需要将物理模型与数据模型结合，追踪挖掘因果关系。

11.3.3 工业智能

工业智能（或工业人工智能）是工业领域中由计算机实现的智能，具有自感知、自学习、自执行、自决策、自适应等特征。工业智能具有不断丰富和迭代自己的分析与决策的能力，以适应变幻不定的工业环境，并完成多样化的工业任务，最终达到提升企业洞察力、提高生产效率或设备产品性能的目的。

将工业智能定义为由计算机实现的智能，具体指在现代计算机的计算能力基础上，在时间和成本可接受的范围内，通过计算机解决问题。目前来看，在可预见的相当长的时间内，计算机将成为研究工业智能的主要物质手段和实现工业智能技术的唯一实体。

工业智能在工业系统各层级、各环节具有广泛应用，其细分应用场景达到数十种，如不规则物体分拣、复杂质量检测、供应链风险管理、融资风险管控、设备运行优化、复杂质量检测等。按照制造系统自下而上、产品、商业的维度，工业智能的应用领域可以总结为五大类，即生产现场优化、生产管理优化、经营管理优化、产品全生命周期和供应链优化，五大类问题具有不同的复杂度和影响因素。

如图 11-4 所示，工业智能主要通过三种方式解决上述问题。一是通过知识图谱和专家系统解决多因素低复杂度问题，在影响因素快速提升的场景，如供应链风险管理、融资风险管控等，知识图谱的作用会更加明显。二是通过机器学习与深度学习解决少因素高复杂度问题，一些传统方法无法有效解决的场景，如极微小故障的检测、不规则物体的分拣等，是深度学习发挥重要作用的领域，而随着场景机理的计算复杂度提升，深度学习则发挥着更大作用。三是通过问题拆解解决多因素高复杂度问题，如产品研发等。而在如安全风险分析、生产排程等因素和复杂度都较低的场景，可以依靠人工经验或成熟的解析法解决，并不需要使用工业智能方法。

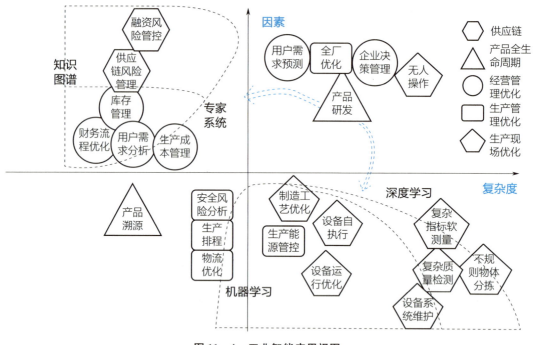

图 11-4 工业智能应用视图

11.3.4 工业区块链技术

工业数字化转型对整个生产制造生命周期提出了诸多挑战，如海量的设备接入使得身份鉴定、设备管理等成为工业安全的隐患。为了实现机器、车间、企业、人之间的可信互联，需要确保设备端产生、边缘侧计算、数据连接、云端储存分析、设计生产运营的全过程可信，从而触发上层的可信工业互联网应用、可信数据交换、合规监管等。

工业区块链技术利用区块链技术将工业互联网产业通过"区块链+工业互联网"为产业链多方构建共同维护的生态型数据库，重塑跨组织的数据共享交换模式，为工业领域数据资产沉淀提供可信塔基，进而促进产业级业务协同，在工业互联网的各个层面对其进行加强，从而实现工业数据共享和柔性监管。

依托工业区块链技术，高度协同的生产单元涉及各种生产设备。这些设备的身份辨识可信、身份管理可信、设备访问控制可信是多方协作的基础，也是实现人与设备、设备与设备之间高效、可信、安全地交换设备信息的关键。同时，对设备的全生命周期管理，需要对设备的从属关系等进行可信的难以篡改的溯源查询，在可能导致的责任认定中提供具有公信力的仲裁依据。

区块链在解决现代工业应用痛点方面前景光明，但也面临不少问题和挑战，不仅需要在技术上、法律上、监管上有所配套，同时需要包括政府、工业链条各参与方及技术提供方等在内的利益相关方共同参与、推动平台建设，区块链标准设立，相关法律和政策制定及信息共享等系列行动，使区块链在工业的应用既能风险可控，又能达到支持实体经济和服务企业的目的，起到良好的社会效益和经济效益。

11.3.5　5G+工业互联网赋能工业数字化转型新模式、新业态

工业互联网应用创新日益活跃，已渗透到包括钢铁、机械、电力、交通、能源等在内的40个国民经济重点行业，形成平台化设计、智能化制造、网络化协同、个性化定制、服务化延伸、数字化管理等新模式、新业态，有力推动制造业高端化、智能化、绿色化发展。

1）平台化设计。平台化设计是依托工业互联网平台，汇聚人员、算法、模型、任务等设计资源，实现高水平、高效率的轻量化设计、并行设计、敏捷设计、交互设计和基于模型的设计，变革传统设计方式，提升研发质量和效率。

2）智能化制造。智能化制造是互联网、大数据、人工智能等新一代信息技术在制造业领域加速创新应用，实现材料、设备、产品等生产要素与用户之间的在线连接和实时交互，逐步实现机器代替人生产、智能化代表制造业的发展。

3）网络化协同。网络化协同是通过跨部门、跨层级、跨企业的数据互通和业务互联，推动供应链上的企业和合作伙伴共享客户、订单、设计、生产、经营等各类信息资源，实现网络化的协同设计、协同生产、协同服务，进而促进资源共享、能力交易以及业务优化配置。

4）个性化定制。个性化定制是面向消费者个性化需求，通过客户需求数据获取分析、敏捷开发设计、柔性智能生产、精准交付服务等，实现用户在产品全生命周期中的深度参与，是以低成本、高质量和高效率的大批量生产实现产品个性化设计、生产、销售及服务的一种制造服务模式。

5）服务化延伸。服务化延伸是制造与服务融合发展的新型产业形态，指企业从原有制造业务向价值链两端高附加值环节延伸，从以加工组装为主向"制造+服务"转型，从单纯出售产品向出售"产品+服务"转变，具体包括设备健康管理、产品远程运维、设备融资租赁、分享制造、互联网金融等。

6）数字化管理。数字化管理是企业通过打通核心数据链贯通生产制造全场景、全过程，基于数据的广泛汇聚、集成优化和价值挖掘，优化、创新乃至重塑企业战略决策、产品研发、生产制造、经营管理、市场服务等业务活动，构建数据驱动的高效运营管理新模式。

第 12 章 5G DICT 时代社会数字化转型

随着全球数字科技革命和产业变革的兴起，数字经济催生出新服务、新模式、新价值，引发各领域、各行业的业务形态变革和产业结构调整，激发政府和社会的数字化变革创新。2021年3月，我国《中华人民共和国国民经济和社会发展第十四个五年规划和2035年远景目标纲要》指出"迎接数字时代，激活数据要素潜能，推进网络强国建设，加快建设数字经济、数字社会、数字政府，以数字化转型整体驱动生产方式、生活方式和治理方式变革"。随着5G、云计算、大数据、人工智能等为主的数字技术体系突飞猛进，万物互联化、数据泛在化的大趋势日益明显，人类社会正在进入以数字化生产力为主要标志的全新历史阶段。

数字技术加速与社会生产要素相结合，不仅驱动社会经济基础和生产方式数字化转型，拉动形成一系列新业态，成为经济增长新动能，而且带来经济形态乃至人类社会形态的数字化转型与革命。能否抓住数字化转型的"时间窗口"，成为决定国家竞争力的关键。世界各国都把数字化转型作为经济发展重点，纷纷通过出台政策、设立机构、加大投入等，加快布局大数据、人工智能等领域，抢抓发展机遇。同时，全球化的大潮势不可挡，数字全球化呼唤构建新的全球数字治理体系，各主要国家积极参与 WTO、G20、OECD 等框架下的数字议程，推动国内规则国际化，全球数字治理规则进入重构关键期。

12.1 社会与经济数字化转型

当今世界正经历百年未有之大变局，以 5G、大数据、云计算、人工智能、区块链等为核心要素的数字技术体系加速创新，全域融入经济社会、民生服务全过程，成为资源要素重组、经济结构重塑、竞争格局重构的关键力量，赋能社会经济与形态数字化转型。

12.1.1 数字技术体系赋能社会数字化转型

数字经济发展速度之快，辐射范围之广，影响程度之深前所未有。数字技术体系加速与经济社会各领域深度融合，不断催生出新产品、新模式、新业态，成为重组全球要素资源、重塑全球经济结构的关键力量。数字技术赋能社会经济数字化转型，以数字化、网络化、智能化为核心驱动，以"数据+算力+算法"形成的智能决策渗透到社会组织运营的方方面面，推动业务、能力与组织模式创新，实现价值不断提升。

在数字化转型过程中，数据要素正在驱动劳动力、资本、土地、技术、管理等要素高效利用，驱动实体经济生产主体、生产对象、生产工具和生产方式深刻变革调整。随着经济社会各领域数字化转型进程的持续加快,数据要素将对经济运行效率和全要素生产率跃升发挥更大作用,注入新的强劲动能。其中,数据中心作为数据产生、汇聚、融合、传输的重要场所,是承载数字技术体系的物理实体,是传统产业数字化转型的催化剂,是数字产业快速发展的动力引擎,是我国新基建的核心组成部分。

数字技术体系有效牵引生产和服务体系智能化升级,促进产业链、价值链延伸拓展,融合发展、产业转型已经成为大势所趋。传统行业低端产能过剩与高端产品有效供给不足等矛盾仍然非常突出,需要进一步发挥信息技术优势,带动生产制造、供应链管理等实体经济重要领域转型升级,全面优化生产、流通、消费、进出口等各个环节,促进加快构建以国内大循环为主体、国内与国际双循环相互促进的新发展格局。

12.1.2 生产方式数字化转型

生产方式是指社会生活所必需的物质资料的获取方式,以及在生产过程中形成的人与自然界之间和人与人之间的相互关系的体系,主要由生产力和生产关系组成,是生产力与生产关系在物质资料生产过程中的辩证统一。数字经济生产方式指以5G、云计算、大数据、人工智能以及区块链为核心的数字化技术体系与社会各行各业的经济形态融合下的生产力与生产关系的组合结构或关系。数字技术体系与经济活动各环节的组合形式构成数字经济生产方式适应性创新的社会行动基础,会随社会经济条件和行业应用场景的不同而呈现不同的内涵,通过重构资源配置方式、重塑经济增长模式、创造数字化社会形态,形成数字经济生产方式的适应性创新特征。

生产方式数字化转型主要是指数字技术体系与社会经济活动融合创新驱动下的生产要素、生产力与生产关系的数字化转型,可推动社会经济产业结构重构与优化,是推动数字经济社会发展的新理念、新形态、新模式,如图12-1所示。其中,生产力数字化转型主要体

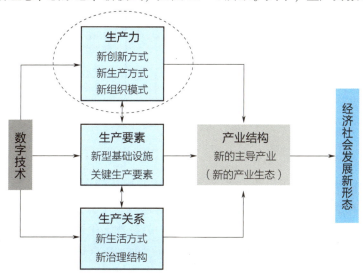

图12-1 数字技术体系驱动生产方式数字化转型

现在人工智能等数字生产力变革带来的生产、组织及创新等新模式、新手段。生产要素数字化转型主要以数据、算力为核心的新型基础设施与关键生产要素的变革与转型。而生产关系数字化转型主要体现在区块链技术等数字治理结构下的新生活方式等。

在生产方式数字化转型过程中，生产要素的数字化转型不仅使数据成为数字经济时代的关键生产要素，更重要的是数据在数字化转型中发挥桥梁性作用，依托算力资源等新基建，通过提高劳动、资本、土地、技术、知识和管理要素之间的协同效率来促进全要素生产率的提升。只有生产要素实现数字化转型，才能加速生产力变革，促进生产力和生产关系的数字化转型。

1. 生产力数字化转型

在数据、算力等新数字生产要素的驱动下，生产力在技术、创新、生产及组织等诸多环节上进行变革，加速生产力数字化转型。如图 12-2 所示，在生产力变革中，技术体系由传统单项技术突破到 DICT 时代数字技术体系的融合技术新生态；创新体系由传统封闭式创新到数字经济时代开放式创新；生产方式由传统自动化生产方式向数字经济时代数字化、网络化、智能化生产转型；组织模式由传统垂直企业组织模式向扁平数字平台生态系统转型。因而，生产力的数字化转型从数据作为新生产要素及对既有生产要素协同的促进、产品具备适应性调整的特征和大数据合作资产的构建三个方面变革生产方式，形成以生产要素、产品及资产的数字化转型为核心的生产力数字化转型的基本结构。

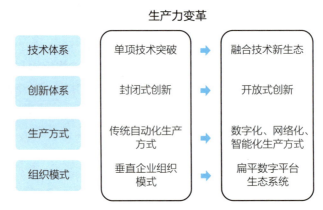

图 12-2 DICT 时代生产力变革

2. 生产关系数字化转型

在数字技术体系的驱动下，生产关系的数字化转型从劳动与劳动关系的数据化及虚拟化、组织制度由科层制向网格制转变和技术契约的形成三个方面变革生产方式。具体而言，劳动、组织制度和契约治理的数字化转型构成生产关系数字化转型的基本结构。生产关系的数字化转型体现在劳动与劳动关系的数字化转型上，即基于区块链等数字技术的劳动与劳动关系的数据化和虚拟化过程。劳动的数字化转型不仅改变了劳动作为生产要素的内涵，而且改变了劳动市场调节劳动供给与需求的生产关系内涵。生产关系的数字化转型也反映在组织制度的数字化转型上。例如，平台型组织、生态型组织、网络化组织、虚拟组织等，均是组织制度数字化转型的表现形式。组织制度的数字化转型本质上是从科层制向网格制转变。

生产关系的数字化转型还体现在契约治理的数字化转型上。契约治理数字化转型的核心是技术契约的形成，即技术契约指数字化技术包含治理特征，形成隐性的行为规范，构成一种中立的第三方契约，不包含人的主观判断。技术契约是基于数字化技术在社会主体之间建立起来的一种新型契约，这种契约对数字经济的机会主义行为具有三种治理价值：一是技术契约对数字经济的治理创新发挥新型商业纽带作用；二是技术契约创造出数字经济中的新型劳动关系；三是通过技术契约与正式契约、关系契约等的组合来有效提升治理效率。当前，区块链技术正在构成技术契约的主要形式。因此，劳动与劳动关系的数字化转型构成生产关系数字化转型的基础，组织制度的数字化转型构成生产关系数字化转型的实现方式，契约治理的数字化转型构成生产关系数字化转型的社会规范。三者相互作用，才能形成经济增长的新动能。

总之，生产方式数字化转型以生产要素、生产力及生产关系数字化转型为核心基础，而生产要素数字化转型是生产力和生产关系数字化转型的基础，生产力和生产关系数字化转型是生产要素数字化转型的结果。

12.2 政府数字化转型

政府作为国家的公共管理部门，在社会演进过程中扮演着重要角色，同时也随着数字经济时代的变迁而进行转型重塑。政府的角色也从农业时代的统治型角色、工业时代的管理型角色向数字时代的服务型角色转变。党的十九届五中全会指出，要发展数字经济，加强数字社会、数字政府建设，提升公共服务、社会治理等数字化及智能化水平，首次明确了数字化发展内涵，即以数字经济、数字社会、数字政府为三大支柱开展数字技术创新与应用。其中，数字政府指政府的数字化转型，对数字经济、数字社会起着牵引性、带动性作用，保障数字经济、数字社会持续安全发展。

12.2.1 政府数字化转型与数字治理

5G DICT 时代，人类社会从传统"人人互联"走向 5G "万物互联"的数字经济时代，以"数字化、网络化、智能化"为核心的数字化转型深入发展，线上及线下深度融合，现实社会与虚拟社会相互交织，政府治理场景的复杂性不断增加。一方面，受数字化、网络化、智能化影响，原有的信息传递规则被打破，信息和数据由单中心传播向多中心传播转变，极大提升了传统治理场景的动态性、复杂性和不可预知性。另一方面，以 5G 通信技术为核心的数字基础设施建设和应用将治理边界从传统线下治理空间拓展至数字治理空间，产生了诸多新的数字治理议题，如数据治理、数字身份安全、数字鸿沟、算法治理等。

个体、企业等社会主体作为政府治理对象，存在方式及日常活动走向线上与线下结合的数字化平台模式，要求政府更新监管手段和治理工具，拓宽治理领域，积极应用5G、大数据、云计算、人工智能等数字技术开展治理活动，提升治理效能。因而，以个体、企业、组织机构等为核心的社会主体数字化转型，尤其是数字化平台生态系统的快速崛起，倒逼政府进行数字化转型。但政府数字化转型又面临着地方政府转型意识薄弱、数字技术人才与管理人才匮乏、数据规范技术标准不统一、网络与数据安全管理水平差等瓶颈，这些问题不解决，就无法整合各级政府的各类官网、数字政务系统，这意味着数字政府建设将面临大量的重复建设，会承受超级庞大的资金压力。

以政务体系和综合治理手段数字化、网络化、智能化为核心的数字治理，强调基于数字平台调度与开放、数据要素协同与合作、政务资源决策和服务，统筹数字经济、数字政府和数字社会协同发展，全方位赋能政府数字化转型。

政务服务数字化转型是政府数字化转型中动力强劲、需求迫切的领域。政务领域是数字新基建的重要应用场景，建设完备的网络基础设施为加快数字政务发展提供了必要支撑，"一网通办""一网通管""一屏通览"等成为数字政务的显著特征，从而实现提高办公效率、简化办事流程、优化政务服务。因而，数字政务是数字技术体系引发的政务服务系统性变革，根本任务是价值体系优化、服务流程创新和重构，核心路径是数字能力建设，关键驱动要素是数据，进一步释放数据的价值，推进政府数据跨层级、跨系统、跨业务互联互通，充分运用数据实现政府治理现代化，助力政府施策精准化、智能化，打造具有国际竞争力的政务环境。

在数字政务的基础上，数字治理将数字科技体系与政府治理相结合，加速治理体系与手段数字化、智能化进程，提升智慧城市能级，使政务服务在人们的身边、指尖、云端成为可能，从而带来全新的生活方式与业态模式。数字治理就是数字经济时代的政府治理新范式，其核心特征是全社会的数据互通、数字化的全面协同与跨部门的流程再造，形成"用数据说话、用数据决策、用数据管理、用数据创新"的治理机制。

因此，在5G DICT时代多元共治的社会治理格局下，个体、企业、社会团体等是治理的重要参与主体和支撑力量，亟须政府数字化转型，坚持以人民为中心、以数据为核心、以统筹为路径、以技术为驱动、以机制为保障，提升数字治理手段与方式及数字社会治理能力，以实现各主体间的良性互动和平等对话，维护社会主义公平正义。

12.2.2 数字政府

"数字政府"最早起源于20世纪90年代提出的"数字地球""数字城市"等概念，随着数字技术体系的创新发展，由"政府信息化"逐渐发展而来，是政府数字化转型的核心抓手。为应对数字时代快速发展带来的机遇和挑战，欧美等先进国家在数字政府建设过程中采用的主要模式是以数据开放为基础、以龙头企业驱动为抓手，构建政府主导、社会参与、开放包容的数字政府平台。例如，美国纽约于2013年提出数据驱动的城市服务目标，并建立政府首席数据分析官制度，打破部门壁垒，开发和构建一个全市的数据交换平台，归集和更新来自不同机构的数据或其他来源的数据；德国法兰克福在数字政府建设方面主要以政府和企业合作的模式推进，大型企业发布城市建设试点项目的计划，符合条件的城市会主动提出申请并参与这些项目的投资和执行。

"十三五"时期，我国政府信息化进入数字政府新阶段，"互联网＋政府服务""放管服"改革深入推进，建设数字政府成为推动政府治理理念、机制和方式变革的核心抓手，有效推进国家治理体系和治理能力现代化。数字政府是一种运用数字技术手段并符合数字经济时代治理理念的政府模式，涉及组织形式、内外关系、行政工具、行政方式、行政程序等多个维度。各地近年来纷纷出台举措，对数字政府的建设进行了有益的探索，在具体领域中进行了一些立法尝试。2018 年，广西、广东两省率先发布数字政府建设规划，标志着数字政府从建设理念走向落地实践。随后各地纷纷成立数字政府建设领导小组和省级大数据管理局，统筹推进数字政府建设、协同政府各部门工作，我国数字政府顶层设计和体制机制建设日益完善。结合地方经验来看，当前数字政府建设重点集中在组织建设、平台建设、数据共享与开放、行政程序变革等几个领域。

数字政府建设是治理能力现代化的重要举措，是"十四五"期间政府数字化转型的重要任务，打造数字政府全治理链与数字经济全产业链并行的局面。2019 年，党的十九届四中全会首次提出"推进数字政府建设"，要求利用信息化手段提高政府机构履职能力。2020 年，党的十九届五中全会再提数字政府建设，并将数字政府作为数字化发展的三大支柱之一，进一步突出数字政府的地位。2021 年，政府工作报告中提出"加快数字社会建设步伐，提高数字政府建设水平，营造良好数字生态，建设数字中国"。2022 年，政府工作报告进一步强调要加强数字政府建设，推动政务数据共享，进一步压减各类证明，扩大"跨省通办"范围，基本实现电子证照互通互认，便利企业跨区域经营，加快解决群众关切事项的异地办理问题。

数字政府建设将数字技术体系与政府政务、治理创新融合起来，以政务数字化转型驱动治理方式变革，全方位推动政务流程再造和模式优化，增强监管调控、应急处置等能力，形成公共服务新模式。广义上，数字政府内涵极广，包括政府信息化、电子政务、"互联网＋政务服务"、数字化治理演变全过程，大致等同政府信息化进程。狭义上，数字政府有别于传统电子政务甚至"互联网＋政务服务"，更加强调数字技术在政府治理中的应用广度和深度，突出智能化、泛在化、主动化特征，是政府对数字技术应用的高阶形态。同时，数字政府关注数字技术对政府文化、制度、理念带来的转变，意图探讨数字时代政府呈现何种形态、扮演何种角色、如何开展治理。

数字政府是国家治理现代化背景下的政府应用数字技术履行职能而展现的一种政府运行模式，本质上是政府治理的数字化转型。在内涵上，数字政府不仅属于技术变革和应用范畴，还涉及政府管理体制机制改革、行政文化变革等多方面；在外延上，数字政府包含数据驱动的政务服务，但更侧重社会治理、城市管理、经济调控、行业监管等政府职能履行的数字化、智慧化，以全方位提升数字化治理能力和水平。

数字政府建设要打破传统的"管理思维"，要秉持"政府即平台"的理念，邀请更多"歌手"，将"独奏"演变成"大合唱"。基于"理顺体制机制、加强多元协作、激励人民参与"的设计思路，探索构建多层级联动、多主体参与的一体化数字政府管理架构。

作为数字时代下的新型国家行政管理形式和现代化治理模式，数字政府是推进经济社会数字化转型、助力新型智慧城市建设和低碳发展、推动经济发展的中坚力量。同时，数字政府建设中的标准不统一、数据安全保护体系不健全、基层数字政务能力不足等问题也进一步凸显。

12.2.3 数字技术加速数字政府建设

数字技术体系的发展及应用在给政府治理及数字化转型带来巨大的挑战与影响的同时，也是提升数字政府效能的关键支撑，可加速数字政府建设与发展进程。

首先，数字技术有利于推动社会服务模式创新和均等化。数字技术能够不断扩展社会服务覆盖范围和用户群体，扩大优质、低成本服务供给，不断提高人民群众的获得感、幸福感、安全感。在教育方面，以慕课为代表的线上教育提供的大量优质视频课件资源、在线答疑及交互性社区，可以有力、有效地促进教育均等化。在医疗方面，数字技术促进远程诊疗、远程手术的广泛应用，让患者能够更加便捷地享受优质医疗资源。在文化方面，数字技术为文化传播带来新活力、新体验。在家政服务方面，数字技术一举打破了信息不对称带来的种种弊端和不便，通过建立覆盖从业人员的数据库，实现同需求方的高效精准匹配，大幅提升了服务满意度。

其次，数字技术有利于推动社会治理模式创新。一方面，在数字技术推动下，以民主参与、集体协作、自组织和自我调节为特征的网络社会正在加速形成。在传统社会组织和结构向扁平化、多中心模式发展演化的过程中，基于在线合作、分享互助的协作社区逐步形成。另一方面，互联网平台成为民众参与政治议程、公共政策和政府感知社情民意的重要渠道。网上听证、网络民意调查等网络化、数字化方式不断拓展公众政治参与的广度和深度。比如，在"十四五"规划编制过程中，通过互联网向全社会征求意见和建议，开门问策、集思广益，取得了很好的效果。政务微博、政务微信让政府同民众实现了"指尖上的对话"。比如，浙江、上海、广东、北京等地通过构建社区一体化融合大平台，整合了社区服务和治理，实现了"上面千条线，下面一根针"的高效精准对接，提升了社会治理的精细化水平。

最后，数字技术有利于推动政府职能转变和效能提升。数字技术助力政府职能转变，在"互联网＋政务服务"上取得非常明显的进展。现在，联通全国31个省（区、市）及新疆生产建设兵团、40多个国务院部门的全国一体化在线政务服务平台已上线试运行，极大提高了政务效率，"最多跑一次""一网通办""异地可办"等依托在线政务服务平台的改革举措成效显著。广东、浙江等地通过上线电子证照，实现了部分政务服务事项"免证办"。随着政府数据资源共享积极推进，全国政务信息共享的大动脉逐步打通，各省级政务数据共享交互平台陆续建成。依托国家数据共享交换平台，各部门提供的在线数据查询核验支撑着跨部门、跨区域数据共享交换。与此同时，政府数据对社会开放不足，数据共享机制尚不完善，数据碎片化、数据孤岛等问题依然不同程度地存在。"十三五"时期我国建成的数字化监管系统成效初步显现，国家"互联网+监管"平台主体上线运行后，实现了对违法行为早发现、早提醒、早处置；全国12315平台正式上线，推动了建立集行政执法监管、经营者自律、社会监督为一体的消费者维权社会共治体系。

总之，运用5G、大数据、云计算、区块链、人工智能等数字技术体系推动政府管理手段、管理模式、管理理念创新，从数字化到网络化再到智能化，让城市更聪明一些、更智慧一些，是推动政府治理体系和治理能力数字化转型的必由之路，以推进国家治理体系与治理能力现代化为主要目标，以推动政府职能全方位数字化转型为主要特征。可见，充分运用数字技术手段提升数字治理能力，既是国家治理体系和治理能力数字化转型的重要内容和应有之义，也是数字经济时代建设数字政府的关键驱动力。

12.3　城市数字化转型

党的十八大以来，我国大力推进以数字化、网络化、智能化为核心的数字化转型发展，建设数字中国、智慧社会。上海、浙江、广东等主要省市先后出台数字化转型的推进政策，国家"十四五"规划中也明确提出"加快建设数字经济、数字社会、数字政府，以数字化转型来整体驱动生产方式、生活方式、治理方式变革"，城市数字化转型上升为国家战略。

12.3.1　数字技术赋能城市数字化转型

虽然"企业数字化转型""产业数字化""政府数字化转型"等概念近年来被多次提及，但全面推进整个城市数字化转型还是一个新的理念。2021年初，上海市提出要"全面推进城市数字化转型"，坚持整体性转变，推动"经济、生活、治理"全面数字化转型；坚持全方位赋能，构建数据驱动的数字城市基本框架；坚持革命性重塑，引导全社会共建、共治、共享数字城市。至此，历经智慧城市、新型智慧城市以及数字孪生城市等理念的发展，我国城市数字化转型正式拉开帷幕。

城市转型是指基于推动城市发展的主导要素变化而导致的城市发展阶段与发展模式的重大结构性转变，是在一段时间内集中发生的具有内在一致性的变化与制度变迁。城市数字化转型是由数字技术体系和数据关键要素驱动的城市发展模式与实体形态的结构性转变，覆盖经济产业、社会生活、政府治理等诸多方面的社会数字化转型。在形态上，城市数字化转型是"以业务价值提升为导向，以机制体制优化为保障，以技术创新应用为手段，最终提升城市面向未来的综合竞争力"的城市发展新范式，突出"业务—技术—环境"三位一体的融合创新，强调通过组织流程、法律法规、体制机制、运营服务等软环境的打造来推动城市的全面发展，提升城市治理能力和治理体系的现代化水平，促进城市产业经济高质量发展，增强市民高品质生活的体验感、获得感。

城市数字化转型不完全等同于过去提出的"智慧城市建设"概念,"建设"是一种从无到有的过程,更多强调技术的、硬件的、实物的建设,而"转型"则强调对原有形态的转变,需要协同推进技术、制度、规则、功能、生态等各个方面的转型。此外,城市数字化转型还需要与城市的其他发展目标有机融合,包括创新城市、人文城市、知识城市、生态城市、低碳城市、韧性城市等发展方向。

在具体构成上,城市数字化转型包括经济数字化转型、生活数字化转型和治理数字化转型三大领域,但这三者的转型并不是相互割裂的,而是相辅相成、协同并进的。首先,经济数字化转型形成新供给,有助于提高经济发展质量,为生活数字化和治理数字化转型提供数字技术条件和经济基础。数字经济是继农业经济和工业经济之后的新经济形态,引起了全球经济环境和经济模式的根本变化,数字经济为政府运用大数据、云计算等信息技术提升政府监管水平与服务能力创造了条件和工具。政府可以利用企业的优势技术对政府内部运作进行迭代升级,同时与企业合作,借助其行业经验和用户基础,共同为公众提供优质、精准、全面的公共服务。其次,生活数字化转型满足新需求,有助于提高城市生活品质,满足市民对美好生活的向往,是经济数字化和治理数字化转型的落脚点。数字世界在很大程度上实现了用户和企业之间的权力平等。用户的个性化得以释放,参与生产活动的热情显著提高,不断从需求端倒逼生产活动改变,"以用户为中心"的理念也从一句营销口号真正转变为企业经营的价值判断。在数字经济时代,公民将以用户的身份成为政府数字化转型的重要对象,提升公民的使用体验和便利性感知成了政府数字化转型的重要出发点和目标,有利于加强政府与公众之间的联系,真正实现政府以民为本、以人为中心的社会公共服务价值。"数字技术在教育文化、医药卫生、社会保障、精准扶贫以及环境治理等领域的广泛应用,有助于推进政府公共服务更加均衡化、普惠化和便捷化,更好地满足人民群众对美好生活的向往。最后,治理数字化转型优化新环境,有助于提高现代化治理效能,为经济数字化和生活数字化转型提供良好的制度供给和发展环境。数字政府的兴起是政府部门对经济演进到数字形态的自我适应,也是深化改革赋能数字经济发展的关键举措。大数据时代实现了主体赋能、主体权力分散与转让、时空延展与流动、社会关系的打破与重构等,为传统的社会治理增加了发展过程中的无限可能与数字动力。政府还可通过向社会开放公共数据供社会进行增值利用和创新应用,从而创造巨大的公共价值,推动数字经济和数字社会的发展。

综上所述,城市数字化转型是由数字技术和数据要素驱动的城市发展模式与实体形态的结构性转变,覆盖经济产业、社会生活、政府治理等诸多方面的转型。数字技术设施建设不等同于数字化,数字化也不等同于数字化转型,城市数字化转型在推进路径上既需要数字技术和数据要素的全方位赋能,也需要流程、规则、功能和生态的革命性重塑。城市数字化转型既不是某一个领域的单方面转型,也不是各个领域的各自转型,而应把整个城市作为一个有机生命体,全面协同地推进城市在经济、生活和治理各个领域的整体性转变。

12.3.2 智慧城市

智慧城市指在已建环境中对物理系统、数字系统、人类系统进行有效整合，从而为市民提供一个可持续的、繁荣的、包容性的综合环境系统。智慧城市是实现数字信息技术应用和应对城市发展新挑战的必然选择，本质是用数字技术手段赋能现代城市，重塑城市发展模式。智慧城市作为数字中国、网络强国、智慧社会、新型基础设施建设等国家战略实施的重要载体，引领着我国城市发展的新方向。

我国智慧城市发展经历了三大阶段，如图12-3所示。第一阶段（2008—2012年）是技术驱动阶段，以智慧城市概念导入为阶段特征。智慧城市概念于2008年底提出，随后引起国际上的广泛关注，并引发了全球智慧城市的发展热潮。这一阶段更多地强调从技术本身解决城市的信息化问题，各领域分头推进行业数字化、智能化改造，整体来看属于分散建设阶段。第二阶段（2012—2015年）是业务驱动阶段，以智慧城市试点探索发展为阶段特征。信息技术和城市发展深入融合，催生了智慧交通、智慧医疗、智慧健康、智慧养老等多领域应用场景。本阶段，在智慧城市部际协调工作组的指导下，各业务应用领域开始探索局部联动共享，智慧城市步入规范发展阶段。第三阶段（2016年至今）是场景驱动阶段，智慧城市发展理念、建设思路、实施路径、运行模式、技术手段全方位迭代升级，进入以人为本、成效导向、统筹集约、协同创新的新型智慧城市发展阶段。本阶段强调"以人为本"，让城市变得"会思考"，以"城市大脑""数字孪生"为核心的城市各领域智慧应用全面深化，应用场景更加丰富、智能、生动。这一阶段更加注重"连接+平台+数据+运营"，实现城市资源的价值最大化，提升城市品质，赋能城市经济高质量发展。

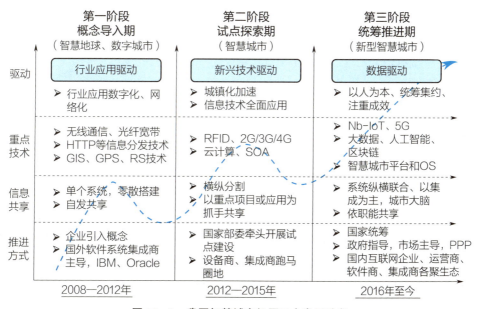

图12-3 我国智慧城市经历三大发展阶段

新型智慧城市，是 DICT 时代贯彻数字经济发展理念，全面推动数字技术体系与城市发展深度融合，实现数据引领和驱动城市创新发展的新路径，是形成智慧高效、充满活力、精准治理、安全有序、人与自然和谐相处的城市发展新形态和新模式。新型智慧城市是数字中国、智慧社会的核心载体。

从智慧城市的发展形态看，数字技术体系的融合与发展使整个社会结构发生了深刻的变化。人工智能成为新的生产力，区块链成为新的生产关系，大数据成为生产资料和生产要素，云计算成为新的生产工具，物联网、互联网、通信网络成为社会的自然环境，软件、算法与算力资源正在重新定义 DICT 时代生产方式，为城市发展开拓了无限想象的空间。随着数据成为数字经济时代的关键生产要素，智慧城市也显现出融合化、协同化和创新化的特征。以 5G 网络更好地连接智慧城市的服务、连接百姓、连接企业，成为智慧城市发展的新能力，新型智慧城市架构如图 12-4 所示。智慧城市系统的能力建设，也将从过去条线形的纵向垂直系统转向以城市为载体的横向融通系统，打破城市范围内的信息孤岛和数据分割，打造全程全时、全模式全响应、"牵一发而动全身"的"敏态"智慧系统，城市也将从二元空间转向三元甚至多元空间，人类社会将变成一个数字化的智能社会、虚实融合的社会、线上及线下相结合的更加智慧的社会。

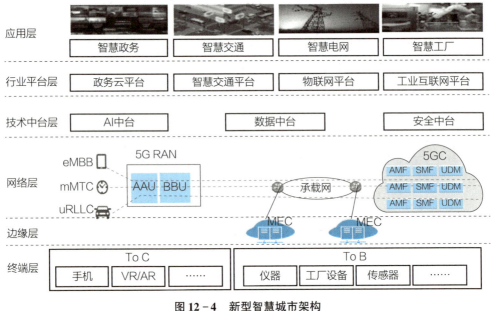

图 12-4 新型智慧城市架构

随着我国"数字新基建"应用落地，作为支撑智慧城市可持续发展的基石，数字技术体系驱动着高新科技更广泛地应用于经济社会各领域，过去单兵作战的方式显得力所不及，只有依靠云、AI、5G 等不同技术和不同领域联合创新，才能使智慧城市数字底座更加稳固。一是多厂商生态化推进云—网—边—端—智协同建设。目前，各大厂商积极开展生态联合，协同推进云—网—边—端—智建设，如华为云发起"5G + X"联创营计划，通过 5G、AI、云计算等技术的全方位赋能和联合创新来帮助互联网企业更好地入局 5G 新基建，助力合作伙伴打造立足新市场的差异化优势。二是巨头发力智能计算，抢占行业算力市场，以算力、算法、数据为核心的先进计算成为企业发展的新动能，各科技巨头加大研发投入、抢滩布局。百度推出太行·弹性裸金属服务器 3.0、沧海并行文件存储 PFS、第五代云服务器实例、智感超清一体机等八大 AI 原生云产品，以及"沧海"存储产品体系与"百舸"AI 异构计算平台两大全新品牌，试图打造 AI 原生的云计算，助力企业在云上实现智能化转型。

根据我国《中华人民共和国国民经济和社会发展第十四个五年规划和 2035 年远景目标纲要》，分级分类推进新型智慧城市继续成为落实数字化战略的重要抓手之一。2020 年以来，智慧城市建设、数字技术应用的重要性愈加凸显。2021 年是我国第十四个五年计划的开局之年，许多城市纷纷开展数字化转型战略部署，带动我国智慧城市产业进一步蓬勃发展。

12.3.3　数字孪生城市

在 DICT 三维认知理论中，数字信息世界为服务物理世界而存在，物理世界因数字信息世界变得高效有序，数字孪生技术应运而生，从制造业逐步延伸拓展至城市空间，深刻影响着城市规划、建设与发展。数字孪生因感知控制技术而起，因综合技术集成创新而兴。在经历了 2017—2018 年的概念培育期、2019 年的技术方案架构期、2020 年的应用场景试点期，2021 年的"整体性落地建设"探索期后，数字孪生城市在城市累积数据上实现量变到质变的过程，将新型智慧城市建设推向了一个新的高度，逐渐成为新型智慧城市建设的主流模式。

数字孪生城市是 DICT 时代数字技术体系在城市的综合集成应用，是实现数字化治理和发展数字经济的重要载体，可提升城市的长期竞争力，实现精明增长、可持续发展。作为建设新型智慧城市的一条新兴技术路径，数字孪生城市是城市智能化、运营可持续化的前沿先进模式，也是一个吸引高端智力资源共同参与、从局部应用到全局优化、持续迭代更新的城市级创新平台。

从功能角度看，数字孪生城市应具备包括物联感知操控能力、全要素数字化表达能力、可视化呈现能力、数据融合供给能力、空间分析计算能力、模拟仿真推演能力、虚实融合互动能力、自学习自优化能力、众创扩展能力在内的九大核心能力。九大核心能力呼应精准映射、虚实交互、软件定义、智能干预四大特征，成为数字孪生城市的标准配置。从技术角度看，数字孪生城市涵盖"云－网－端"三大层次，成为数据驱动决策、技术综合集成的智慧城市综合技术支撑体系。端侧实现群智感知、可视可控；网侧实现泛在高速、天地一体；云测实现随需调度，迭代学习。其本质是通过数据全域标识、状态精准感知、数据实时分析、模型科学决策、智能精准执行构建城市级数据闭环赋能体系，实现城市的模拟、监控、诊断、预测和控制，解决城市规划、建设、运行、管理、服务的复杂性和不确定性。从城市发展看，数字孪生城市是未来实体城市的虚拟映射对象和智能操控体，形成虚实对应、相互映射、协同交互的复杂系统，实现孪生城市的"六化发展"，即支撑城市全要素数字化和虚拟化、城市全状态实时化和可视化、城市管理决策协同化和智能化，实现三类应用场景，即城市规划建设一张蓝图管到底、城市治理虚实融合一盘棋、城市服务情景交融个性主动一站式，驱动城市智能运行、迭代创新。从建设重点看，基于多源数据融合的城市信息模型是核心，即城市全域部署的智能设施和感知体系是前提，支撑孪生城市高效运行的智能专网是保障，实现智能操控的城市大脑是重点。

随着数字技术体系的融合与应用，数字孪生城市建设进入实质阶段，传统智慧城市厂商纷纷布局，积极构建"感知与标识＋空间地理信息＋建模与渲染＋算法与仿真＋虚实交互"的数字孪生城市技术体系，全面推进城市数字化转型。"感知与标识"技术为城市提供数据"血液"传输能力，采集城市实时运行数据，并通过标识与模型集成。"空间地理信息"技术为城市提供集成底板、参照基准和位置服务。"建模与渲染"技术为城市提供基础骨架，实现物理城市的精准刻画与可视化呈现。"算法与仿真"技术不断将城市运行规则、业务模型、深度学习预测结果等模拟仿真，呈现给所有城市用户。"虚实交互"技术为城市用户参与城市治理、获取城市服务提供互动互操作支撑。因而，数字孪生城市是基于城市业务而构建的一个复杂巨系统，应进一步体现数字经济时代特征与问题导向，发挥数字孪生技术精准映射、虚实互动、智能操控等特点优势，瞄准绿色双碳、安全应急等的高契合度、高价值应用场景，创新应用模式，提高应用黏性，推动面向政府（ToG）向面向企业（ToB）和面向个人（ToC）转变，建立应用成效倒逼机制，避免抓轻怕重、过度建设、重复建设等智慧城市建设问题重现。

总之，城市是经济社会发展的重要承载空间，数字孪生城市是发展和带动数字经济的重要载体，助力城市以数字化为引领，推动城市规划建设治理服务整体性转变、全方位赋能、革命性重塑。《中华人民共和国国民经济和社会发展第十四个五年规划纲要和2035年远景目标》明确提出"以数字化助推城乡发展和治理模式创新，全面提高运行效率和宜居度"，要"探索建设数字孪生城市"。随着数字化应用场景的拓展、辐射范围的扩大，以及数字技术向行业应用场景的渗透融合，城市数字化转型触角不断向城市基层和末梢延伸，而街区作为人流、物流、资金流、信息流、商流和价值流承载及交汇流通的核心节点，成为提升城市治理水平、优化政务服务质效、推动产业创新发展、打造数字化生态的主战场。越来越多的城市聚焦街区与行业，将其作为加强需求侧管理、融入"双循环"新发展格局、落实"双碳"目标、实现高质量发展的突破口，为城市数字化转型开辟新的战场。

12.4 农业农村数字化转型

包括农、林、牧、渔业在内的第一产业是我国的立国之基，农业数字化转型是建设现代化国家不可或缺的部分。5G DICT时代，依托数字技术体系，发展工业互联网，全面推进农业农村数字化转型，着力打造数字农业新引擎，激发数字时代新动能，培育数字经济新优势，全面推进乡村振兴，加快农业农村现代化。

12.4.1 农业数字化转型——数字农业

5G DICT 时代，以数字技术体系为基础的工业互联网是推动农业数字化转型升级的重要支撑。数字农业是依托 5G、云计算、大数据、人工智能、区块链等为核心的数字技术体系，在工业互联网平台上将遥感、地理信息系统、全球定位系统等科技手段与地理学、农学、生态学、植物生理学、土壤学等基础学科有机地结合起来，实现在农业生产过程中对农作物、土壤从宏观到微观的实时监测，以及实现对农作物生长、发育状况、病虫害、水肥状况及相应的环境进行定期信息获取，生成动态空间信息系统，对农业生产中的现象、过程进行模拟，达到合理利用农业资源、降低生产成本、改善生态环境、提高农作物产品和质量的目的。

在数字农业中，数字技术利用各类传感器、GPS、成像技术、NB-IoT 技术等对土壤、作物、环境温度、空气湿度等各类农业产品生长所需关注的指标进行实时感知和监测，利用监测数据建立相关模型并进行数据分析来实现精准化生产，为农作物"量身定做"生产方案，通过移动通信技术和网络技术对环境调控设备和农机设备等相关农业设施进行智能控制，并提供远程智能化运维服务。同时，工业互联网平台能够协助农业部门对上下游供应链系统进行整合对接，构建资源要素共享平台和交易平台，降低信息流动成本，减少信息不对称，同时实现农产品的无缝化、可视化溯源，提高农产品的安全保障水平。

数字农业将数据作为农业生产要素，是对农业对象、环境和全过程进行可视化表达、数字化设计、信息化管理的现代农业。数字农业使数字技术与农业各个环节实现有效融合，对改造传统农业、转变农业生产方式具有重要意义。

数字农业还包括利用数字技术和数字化手段在农业的生产、流通、运营环节的融合和利用，实现合理利用农业资源，降低生产成本，改善生态环境，提高农作物产品和质量，提升农产品的附加值和市场品牌影响力，利用数字化手段提升农产品的营销能力，降低市场运营成本，提升农产品的溢价能力，利用信息化和数字化方式提升农业产品的竞争力。

数字技术给农业农村发展带来了新的机遇，促进农村新产业、新业态、新商业模式的发展及农村公共服务的创新供给，加速农业农村数字化转型，顺应数字经济时代变革的必然趋势。但是，较城镇地区相对落后的网络设施与服务水平、相对较慢的产业数字化进程、相对滞后的数字技能培育体系，限制了数字技术向农业农村渗透的广度与深度。为加快我国农业农村数字化转型，应合理布局和加快推进农村网络设施建设，补齐农村数字基础设施与服务短板；加速新产业、新业态、新商业模式在农村的发展，推动互联网从消费领域向生产领域全面扩张；构建面向农村的数字技能普及体系，缩小城乡之间分享数字红利机会和能力的不平等，让新一轮科技革命能够更多、更公平地惠及农业、农村、农民。因此，农业农村数字化转型的核心关键在于农村、农民数字化转型。

总之，数字农业主要表现为数字技术在农业的生产、物流、营销和金融等环节的融合应用，并不断进行着创新实践，从而有力促进了农业产业的数字化转型，提供了农业现代化发展的新引擎。

12.4.2 农村数字化转型——数字乡村

《中共中央 国务院关于实施乡村振兴战略的意见》《数字经济发展战略纲要》提出，要大力发展数字农业，实施数字乡村战略，推动农业数字化转型。2019年12月25日，为贯彻落实《中共中央 国务院关于实施乡村振兴战略的意见》《乡村振兴战略规划（2018—2022年）》《数字乡村发展战略纲要》，加快推进农业农村生产经营精准化、管理服务智能化、乡村治理数字化，农业农村部、中央网络安全和信息化委员会办公室制定并印发了《数字农业农村发展规划（2019—2025年）》。

数字乡村是5G DICT时代数字化、网络化、智能化在农业农村经济社会发展中的应用，属于农民数字化技能的提高而内生的农业农村现代化发展和数字化转型进程，既是乡村振兴的战略方向，也是建设数字中国的重要内容。其关键在于数据感知、算法赋能、精确执行3个环节。

1）数据感知。"数据"作为感知化、物联化和智能化世界的微观构成，在农业农村数字化转型中具有基础性作用。"数据"收集需要依靠数据感知设施的建设，即通过5G、物联网及工业互联网等数字技术获取数据信息，为农业农村数字化转型提供信息依据。数字农业的技术逻辑起点就是通过研发和建设各类农业射频识别技术设施、农业传感器设施、遥感设施和市场信息感知设施等，将大数据技术应用于获取的大量数据上，开发出各种精准农业模型与系统，从而实现对农业生产经营过程中的自然环境、运输环境、市场环境等全面的感知和精准的掌握，为农业快速应对环境变化提供数据基础。

2）算法赋能。随着大数据与人工智能时代的到来，算法正在日益融入农业农村，并从虚拟屏幕走向田间地头。算法是发挥数据效能的关键，是构建数字农业"智能大脑"的核心技术。而且，随着机器学习和人工神经网络的兴起，算法将呈现出基于自主学习而独立进化的发展态势，这将为数字农业的精准化、自动化和智慧化提供无限可能。从技术层面来看，算法和数据相互支撑、相互促进，共同构成智能化时代的一体两面。一方面，算法在数据的不断输入下变得更加精准和智能，算法逻辑更加优化；另一方面，随着算法的不断优化，数据的价值能最大程度地发挥。我国数字农业基于算法的"智能大脑"，是基于我国农业现实需要和典型特征的本土化技术实践过程，即基于具体的场景需要开发相应逻辑的算法，并形成适合现实需要的"智能大脑"。

3）精准执行。数字乡村要通过对数据的收集和智能分析决策达成精准的执行，这样才能实现对农业生产经营环境的应对，发展农村数字经济。这一过程中，精准执行是数字农业应对生产经营环境多样性和不确定并发挥效能的最后一个环节，是将数字农业"智能大脑"运算指令实施到农业生产、物流、营销、金融等各环节和各领域的关键。

12.4.3 乡村数字治理

乡村治理是国家治理的基石，是乡村振兴的重要保障。5G DICT 时代，以云计算、大数据、人工智能、区块链等为代表的数字技术为乡村数字治理提供了新的手段和方式，为乡村社会治理注入了新的活力和动力，可推进乡村治理体系和治理能力现代化。

乡村数字治理运用数字化机制、平台，推动治理数字化，赋能农村管理，能够提升治理效能。数字化治理可引导乡村治理思维理念的转变，通过创新治理工具助推乡村治理转型，实现乡村治理现代化，以智便民，让每个人都可享受数字化带来的便利，打通办事"最后一公里"。具体展开如下几点：

1）系统完善农民数字素养培育体系。整合政府、企业、学校、社会机构等各类资源共建数字乡村，培养数字型人才。升级换代农村的学历教育、职业教育，开设数字技能培养课程。大力实施面向新型农业经营主体、返乡农民工、留守妇女等群体的电子商务、网络直播、普惠金融等培训，以及面向农村中老年群体的计算机、手机使用技能培训。

2）系统提升数字基础设施和数字综合服务体系。首先，因地施策，提档升级乡村数字基础设施，在具备基础条件和现实需求的乡村加速布设人工智能、5G、物联网、大数据、区块链等数字新基建，将先进的数字技术下沉到"田间地头"，与农、林、牧、副、渔业深度融合与创新。其次，完善农业数字综合服务体系，健全以农技推广机构为供给主体，以市场力量为重要补充，且高等院校、科研机构等广泛参与的协同服务体系，个性化、智能化推介农业科技、信贷保险、病虫害防治、农机及产品销售等服务信息给广大农户与新型经营主体。

3）以工业化和信息服务化思维促进农业数字化转型。农业数字化转型存在两种相互依存的发展路径：第一，遵循工业化逻辑，强化对传统农业生产的技术性改造，以追求专业化生产和规模经济效应；第二，以信息服务化重塑农业产业价值。数字化的农业生态需要加工"农业数据"这一新生产要素，把数据变成农产品和品牌价值的一部分，发挥数字便捷化、敏捷性、互动性优势，以实现农业生产策略、农产品流通与零售、支付和融资等功能增值，切实推动农业现代化转型。

总之，乡村数字治理利用数字技术体系，落实联合、统筹、数据共享等关键环节，形成治理机制的改革和互通联合，形成系统化的"治理网络"。同时，打造应急管理智慧化，完善一系列智能预报警系统，对自然灾害（如对极端天气）的信息监测更加有把握性。

第13章 5G DICT 时代企业数字化转型及案例

当今世界正经历百年未有之大变局,以新一代信息技术为核心的新一轮科技革命和产业变革加速兴起,整体呈现出"变格局、高技术、强产业、优政策、新经济"五大趋势特征,推动工业经济向数字经济加速转型过渡,从以专业化分工为核心的规模经济发展范式向以多样化创新为核心的数字经济发展范式转变,为我国强国建设带来重大历史机遇。

"十四五"期间是我国企业数字化转型的关键时期,处于转型期的企业在进行组织赋能模式创新和业务突破的同时,也必然会在数字化战略规划、管控模式、业务融合、安全隐私等方面遇到新的挑战。企业需要有效的数字化转型理念与治理方式来应对一系列数字化新风险。

13.1 企业数字化转型

13.1.1 我国企业转型历史

改革开放以来,我国企业大体经历了三次转型,如图 13-1 所示。第一次转型的触发点是我国的改革开放和加入 WTO,企业从资源垄断经营转向开放市场竞争,土地、劳动力等要素纷纷投向高增长性业务,产业实现规模化发展。第二次转型的触发点是深度参与经济全球化竞争,依靠全球性资本投入以及科学技术的引进和再创新,形成具有较强市场竞争力的核心业务和产业。第三次转型以数字化、网络化、智能化为核心,触发点是我国强国建设和国际形势深刻变化,亟须依托数据要素强流动性和传播零边际成本打通产业链供应链,重构和定义产业发展新规则。

企业数字化发展进程与转型变革同频共振。改革开放伊始,企业推进自动化、机械化,提升效率,降低成本,走向快速规模化扩张道路;步入规模发展与信息化交汇期,企业将数字技术深度融入业务流程,全面提升全球价值链上的综合竞争力;进入新时代,企业数字化发展以数字技术为引领打造数字新能力,推动传统业务创新变革,构建数字时代新商业模式,开辟数字经济新价值和发展新空间。

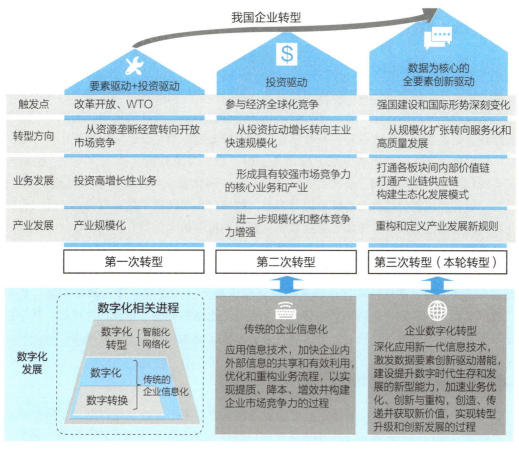

图 13-1 我国企业三次转型对比

13.1.2 企业数字化转型概念

DICT 时代，数字科技革命和产业变革日新月异，加速了社会生产生活方式数字化转型和社会治理体系变革。企业作为社会的核心主体之一，在数字经济时代的社会、政府、城市加速数字化转型的过程中同样面临着严峻的数字化转型挑战。社会、政府、城市等数字化转型使得企业生存环境和治理对象数字化。同时，企业生产经营活动数字化、网络化、平台生态化发展，采用数字技术手段对组织内部人员、组织、业务、流程、基础设施、数字资产等各要素实施数字精确管控，建立数字化治理机制，也会推动政府与社会的数字化进程，加速数字经济时代全面到来。

企业数字化转型是企业与数字技术体系全面融合创新、全方位提升效率的转型过程，是利用数字技术体系使企业各要素、各环节全部数字化、网络化、智能化、平台化，推动企业数据、技术、业务、人才、资本等要素资源配置优化，推动业务流程、生产方式重组变革，从而提高企业经济效率，降低企业运营成本，通过将企业业务数字化，实现传统模式的转型升级，最终达到提高生产效率的一种转型过程。新基础设施的建设和新业务模式以及与之匹配的新生态体系的建设的关键在于企业数字化治理实施。

13.1.3　企业数字化治理

数字化治理是对数字化转型过程中的安全、隐私保护等核心风险的管控，以及整体组织形态、运营管理模式的优化调整，是对数字化转型过程中生产关系的重塑，兼顾风险防范和效能提升。企业数字化治理指建立与数字化转型下的新型能力建设、运行和优化相匹配的企业数字化治理机制，应用架构方法，推动人、财、物，以及数据、技术、流程、组织等资源、要素和活动的统筹协调、协同创新和持续改进，强化安全可控技术应用以及安全可控、信息安全等管理机制的建设与持续改进等内容。数字化转型和数字化治理协调一致，保障了企业数字化转型健康发展，驱动了企业数字化转型的价值最大化。

全球数字经济的浪潮下，开展数字化转型已成为各行业企业谋求生存发展的必由之路。我国经济已经由高速增长转入低速增长和高质量驱动的阶段，在此阶段下，推动云计算、大数据、人工智能等数字化技术体系与实体经济深度融合，大力推进建设数字中国、数字政府、数字社会，企业数字化转型势在必行。在面对产业结构调整、资源环境挑战、数字技术与创新带来的行业颠覆与机遇时，我国各行业企业犹如逆水行舟，不进则退。

13.2　中小企业数字化转型

《"十四五"数字经济发展规划》中明确提出大力推进产业数字化转型，实施中小企业数字化赋能专项行动。在我国，中小企业是国民经济和社会发展的生力军。目前，国际、国内经济环境复杂多变，中小企业面临要素成本上升、创新发展动能不足、国内外市场竞争加剧等问题。中小企业数字化转型已不是"选择题"，而是关乎生存和长远发展的"必修课"。

13.2.1　中小企业的类型及特点

所谓"中小企业"，是指在我国境内依法设立的人员规模、经营规模相对较小的社会经济实体，包括中型企业、小型企业和微型企业。"专精特新"中小企业是指具有"专业化、精细化、特色化、新颖化"特征的中小企业。

我国中小企业具有经营范围广、行业齐全、点多面广等特点，是大众创业和创新的重要载体，尤其是"专精特新"中小企业，在促进经济增长、增加就业、科技创新和社会和谐稳定方面发挥着不可替代的作用，对国民经济和社会发展具有重要的战略意义。一般来说，中小企业具有以下四项基本特征：

1）经营规模小，抗风险能力差。中小企业资产规模小、自有资本少、市场占有份额低、融资能力差、现金流量少、产品科技含量低，主要依靠低成本、低价格、薄利多销赢得市场，市场敏感度强。

2）管理水平弱，融资能力不足。受制于企业盈利水平，中小企业管理层为了维持持续经营，会更多地关注企业经营利润，无暇也不愿意倾注更多的精力和成本用于企业治理体系和治理能力建设。中小企业往往会出现岗位设置、人力资源、内部制度、财务管理、内部控制等内部治理体系薄弱的现象，如内部管理流程不规范、财务数据不清晰、内外部信息不对称、金融机构风险评估等级低等，严重影响了中小企业的融资能力。

3）经营方式灵活，创新能力不够。中小企业规模小，生产运营投入资金少，产品技术含量相对低，市场适应性比较强，对市场变化比较敏感。同时，中小企业人员较少，组织结构相对简单，决策程序简化，决策效率高，管理者的经营决策落地实施快。一旦市场需求发生变化，企业能够随之快速进行调整，转型快、经营方式灵活。

4）市场主体众多，发展潜力强大。随着市场经济的建立和完善，以多种所有制为主体的中小企业得到了快速发展，经营范围涉及了一、二、三产业，覆盖了国民经济的各个领域，是大众创业、万众创新的主要载体。

相比普通中小企业，"专精特新"中小企业更加突出以下优势：

1）"专"，即专业化。"专"是指采用专项技术或工艺，通过专业化生产制造专用性强、专业特点明显、市场专业性强的产品。其主要特征是产品用途的专门性、生产工艺的专业性、技术的专有性和产品在细分市场中具有专业化发展优势。

2）"精"，即精细化。"精"是指采用先进适用的技术或工艺，按照精益求精的理念，建立精细高效的管理制度和流程，通过精细化管理，精心设计并生产精良产品。其主要特征是产品的精致性、工艺技术的精深性和企业的精细化管理。

3）"特"，即特色化。"特"是指采用独特的工艺、技术、配方或特殊原料研制生产具有地域特点或特殊功能的产品。其主要特征是产品或服务的特色化。

4）"新"，即新颖化。"新"是指依靠自主创新、转化科技成果、联合创新或引进吸收及再创新方式研制生产具有自主知识产权的高新技术产品。其主要特征是产品（技术）具有创新性、先进性，具有较高的技术含量，较高的附加值和显著的经济、社会效益。

13.2.2 中小企业数字化转型难点

与大企业相比，中小企业普遍存在规模小、抗风险能力差、自有资金不足、社会融资困难等问题。在数字化转型上，中小企业普遍存在对数字化转型概念认知片面，生产经营各环节数字化转型简单、分散、低阶，无法打破传统思维等问题，主要体现在以下三点：

1）转型工具使用单一。企业数字化转型的工具既包括传统的 IT 软硬件，也包括与最新数字化技术体系相匹配的平台生态系统。《中华人民共和国国民经济和社会发展第十四个五年规划和 2035 年远景目标纲要》提出的"上云用数赋智"行动中，"上云"是数字化转型中最基本的环节，如果没有"上云"这一步，就无法实现"赋智"，更不用谈数字化转型。尽管意识到数据在数字化转型中的重要作用，但多数中小企业的转型工具只是停留在单纯的软硬件应用阶段，对"上云用数赋智"等新型工具并不了解或重视程度低，转型工具的使用非常单一，这与中小企业对数字化转型概念认知的片面化有着不可分割的关系。因而，由于缺乏对数字化转型概念通盘的理解，不但直接影响了企业对工具的选择和使用，也影响到数字化转型过程中的数据安全及其保障工具。

2）转型收益感知缺失。大多数中小企业都处于成长期，它们不仅重视成本收益比率，而且十分重视对新市场的开拓。但由于缺乏对数字化转型概念的通盘理解和数字化转型落地工具，企业并没有认识到数字化转型能够带来的好处，于是在推进数字化转型的过程中也就显得十分踌躇。尽管一些企业认为公司收入提升、研发周期缩短、客户增加、客户满意度提升与数字化有关系，但并不是非常确定这些成果是否真的来自数字化转型。随着智能制造的广泛宣传，多数企业尝试在部分生产线施行智能制造的数字化转型改造，并对提升生产效率高度认可，但除此之外，企业对于其他环节的数字化转型能够带来的收益则较为模糊。当前企业在自主开展数字化转型的成本收益分析时，主要困难是对数字化投资的预算和风险评估能力不足，对推动数字化投资的回报周期和效果缺少认知和信心。对于中小企业来说，任何决策都有可能带来关门的风险，由于感知不到具体的收益，因此不敢大张旗鼓地推动生产或其他环节的数字化转型。

3）转型动力来源和支持资源匮乏。由于对数字化转型的概念认知不够全面，没有合适的转型工具，看不到具体的转型收益，因此转型的动力就没有那么充足，同时又缺乏相应的资源支持。大多数中小企业的转型动力主要来自公司高层的积极推动，除此以外，来源于企业所在地政府的宣传和政策推动。多数地方政府为中小企业开设了数字化转型促进中心或服务平台，并且通过组织行业数字化转型经验的交流活动向企业推广数字化转型的成功经验。除了企业高管和政府的推动，中小企业数字化转型的另一动力来源就是企业的上下游合作伙伴。为了配合上下游合作伙伴的数字化供应链管理，企业开始在产品生产、仓储物流等方面进行数字化转型以保证合作的持续性。

然而，除了这些动力，企业内部似乎并未形成全员上下推动数字化转型的企业文化，主要原因是企业自身缺乏数字化转型的人才，因此很难在内部形成推动力量。一方面是因为成本预算的限制；另一方面是由于数字化转型属于新的科技领域，中小企业对于人才的吸引力要明显弱于大型企业。现有员工文化程度偏低，对新鲜事物的接受较慢，但是又招不到合适的人才，因此拖累了公司数字化转型的进程。尽管尝试着组织适合员工的数字化转型培训，但依然由于员工的接受程度低而进展缓慢。除了人才的短缺，资金的短缺也是一大问题。由于数字化转型本身存在初始投入大、投资回收期长的特点，再加上中小企业固有的融资难问题，因此资金短缺是推进企业数字化转型的重大阻碍。大多数中小企业所在地政府为中小企业提供的财政支持主要表现在税费的减免上，缺乏类似于专项基金式的直接资金支持。

中小企业的数字化转型如果只靠每个企业单打独斗，那么很难取得成功，需要更多的助手来帮忙。因此，需要与数字化转型相关联的各类主体搭建起服务中小企业数字化转型的生态伙伴体系，从技术、工具、人才、资金等方面推动中小企业数字化转型。数字化转型的目的是让数据成为提升企业盈利水平的生产要素。与数据打交道经验丰富的互联网科技企业要成为中小企业数字化转型的得力助手，做好生态共建和产业共创，为中小企业的数字化转型连接更多的合作伙伴，用融合创新提供前沿技术，降低中小企业数字化转型门槛，丰富中小企业数字化转型的工具箱。

13.2.3　中小企业数字化转型策略

要提升中小企业数字化转型的效果，解决人才和技术基础薄弱、供给能力不足等问题，需要从产业链入手，建立"一链、多点、全面"的集群式推进模式，即发挥链主企业在数字化转型中的引领带动作用，初期以产业链上的"专精特新"企业为重点推广示范，最后实现产业链和产业集群的全面转型。

1）"一链"：发挥链主企业在生产工艺、质量标准、技术创新等方面的引领作用，以链主企业的数字化转型作为启动，基于产业链数据融通和技术共享，开展数字化基础设施与解决方案建设，实现"以链促转"，提高整体链效。

2）"多点"：以链上"专精特新"企业为重点，探索共生、互补、互利的数字化合作模式。鼓励"专精特新"企业与链主企业、服务商共建数字化技术及解决方案社区，并加强数字化转型实践的分享、交流。

3）"全面"：在重点企业标杆示范的基础上，升级和共享数字基础设施，充分考虑应用场景的适配性和安全性，筛选出优质的数字化服务商和更有效的解决方案，推动产业集群全面数字化转型。

"一链、多点、全面"模式要发挥效果，需要有三个主要的抓手，即明确典型场景、适配普惠产品、伴随式服务。

1）明确典型场景。由于中小企业的行业分布广，基础能力差异大，可谓千企千面，因此，找到数字化转型的典型场景，发挥示范引领作用，增加企业内部共识就很有必要。当前比较受关注的有三种趋势：一是从单点应用的碎片化过渡到深度融合的一体化；二是数字技术与业务的融合；三是行业云平台基于数据采集、汇集和分析支撑泛在的连接与计算。

2）适配普惠产品。由于各类数字化服务产品良莠不齐、供需错配，中小企业面临较高的转型门槛，企业试错成本较高。应充分利用当前人工智能、大数据、云计算、物联网、区块链等新兴技术的快速发展，主推适配性强、普惠性高、轻量级定制化的服务和产品。

3）伴随式服务。围绕"数字化赋能资源易获得性"的目标，结合企业转型需求，依托本地化服务机构为中小企业提供本地化、一站式、全流程的伴随式服务。

综上，数字化转型概念的重塑、低门槛转型工具的探索以及生态伙伴体系的搭建都将极大地帮助中小企业数字化转型的破局。但是，在破局的过程中，还需要政府的最优化政策作为中小企业数字化转型的守护神。

13.3　国有企业数字化转型

数字经济成为5G DICT时代的主战场，国有企业作为数字经济战场的主力军，充分发挥海量应用场景及沉淀了大量行业数据的优势，促进数字技术与实体经济深度融合，探索和总结以场景为中心的数字化创新经验及成功方法论，并形成了数字经济新商业模式。以场景为中心的数字化创新是做大、做强我国数字经济的基础。

13.3.1　国有企业的类型与地位

国有企业是我国国民经济的重要支柱，是中国特色社会主义的重要物质基础和政治基础，也是我们党执政兴国的重要支柱和依靠力量。国有企业是我国公有制经济主体的主要代表，在 70 多年的发展历程中与国家命运始终紧密相连。国有企业历经初步形成、市场化改革、深化改革以及高质量发展阶段，取得了辉煌成就。

国有企业是指国务院和地方人民政府分别代表国家履行出资人职责的国有独资企业、国有独资公司以及国有资本控股公司，包括中央和地方国有资产监督管理机构和其他部门所监管的企业本级及其逐级投资形成的企业。按照国有资产管理权限划分，国有企业分为中央企业（由中央政府监督管理的国有企业）和地方企业（由地方政府监督管理的国有企业）。

作为一种生产经营组织形式，国有企业由国家对其资本拥有所有权或者控制权，这决定了国有企业的行为需要以国家的意志和利益为核心。因此，国有企业兼有商业性和公益性的特点，其商业性体现为追求国有资产的保值和增值，其公益性体现为国有企业的设立通常是为了实现国家调节经济的目标，起着调和国民经济各个方面发展的作用，是国民经济发展的中坚力量，是中国特色社会主义的支柱。国有企业的特殊地位和作用具体体现在以下几点：

1）国有企业是国民经济的主导力量，是社会主义经济的重要支柱。无论是中央企业还是地方国有企业，在国民经济和地方经济中都占有绝对优势，国有企业是维护和巩固社会主义公有制性质、引领国家经济发展的主导力量。国有企业不但提供了煤炭、石油、电力、钢铁等基础能源，承担着生产公共产品、建设重大工程项目、推动国家技术创新等职责，而且还肩负着优化产业结构、引领经济发展、带动其他所有制经济健康发展的重任，是推动经济发展当之无愧的主力军、排头兵和突击队。

2）国有企业是共产党的执政之基，是维护政治稳定的核心力量。国有企业是党中央、国务院决策部署的坚决拥护者和忠实履行者，是保障国家政策贯彻落实的主要阵地。国有企业是社会稳定的"压舱石"，承担了大量社会功能和责任，提供大量的就业岗位，支持和帮助大学生就业，维护了国家的政治及社会稳定。

3）国有企业是推动改革开放的主要力量，是社会责任的主要履行者。国有企业成为我国改革开放事业的主要推动力量，从实行承包责任制到实行股份制，再到上市，国有企业克服重重困难、负重前行，为我国经济、国防、民生和精神文明建设作出了巨大贡献。此外，国有企业与其他所有制企业相比，承担着更多的社会责任，是支持经济发展、公益事业、对外援助的重要力量。在遭遇特重大自然灾害和重大突发事件时，国有企业总是冲在最前线，组织力量全力救援，捐钱捐物，树立了社会主义国家在世界人民心目中的团结友爱、坚强有力的良好形象。

4）国有企业是先进思想文化的载体和源泉。几十年来，国有企业创造了"大庆精神""铁人精神""两弹一星精神""载人航天精神""青藏铁路精神"等。这种企业文化不仅能提高企业竞争力，而且成了我国社会主义先进文化的重要内容和生动体现，给经济和社会发展提供了强大的精神力量。国有企业文化所体现的主人翁、创新、拼搏、团结、民主和科学精神，对全社会的文化需求、文化氛围和文化创造产生了巨大影响。

5）国有企业带动民企共同发展，在相互合作中实现共赢。在国民经济布局中，国有企业大多数属于原料和基础工业，关乎国计民生。民营企业大力发展后续加工业，为国有企业生产的原材料开拓了市场。实际上，一直以来，国有企业还为民企培养和输送了大批管理人才、技术人才和生产一线技工；民企的发展又增强了国有企业发展的工业基础。总之，我国国有企业和民营企业的互补性大于竞争性。

当今世界正处于百年未有之大变局，国际形势风险，经济下行压力加大。我国发展处在重要战略机遇期，国有企业的发展也处在重要战略机遇期，从长期看，机遇与挑战并存，机遇大于挑战。需要进一步全面深化国有企业改革，妥善处理好监管者（出资人）、企业管理层、企业职工和客户等相关利益者的关系，优化国有企业监管制度，持续有效减少信息不对称，最大限度降低委托代理成本，激发国有企业活力，实现新时代国有企业高质量发展，做强、做优、做大国有企业，把握和引领数字技术变革趋势，多措并举推动国有企业数字化转型。

13.3.2　国有企业数字化转型背景

随着"数字中国""网络强国"和"新基建"等国家重大战略部署的加快推进，国有企业数字化转型成为大势所趋，伴随着新一代信息技术的创新应用，业务运营模式的变化更迭、网络安全工作面临着新的挑战。

新一轮科技革命和产业变革正在迅猛发展，全球经济正处在一个前所未有的变轨期。国有企业需充分发挥国有经济主导作用，主动把握和引领新一代信息技术变革趋势，引领和带动我国经济在这轮转型变革中占据国际竞争制高点。

1）数字化转型是企业高质量发展的重要引擎。数字经济代表了未来经济的发展方向，已成为经济增长的核心要素和企业竞争的关键领域。国有企业是引领及带动经济高质量发展的中坚力量，加快数字化转型将加速推进新技术创新、新产品培育、新模式扩散和新业态发展，推动企业更广、更深融入并完善全球供给体系，促进我国产业迈向全球价值链中高端。

2）数字化转型是构筑国际竞争新优势的有效路径。新一代信息技术是新一轮科技革命的核心力量，孕育着产业变革的巨大潜能，是我国构筑竞争优势、抢占发展主导权的关键领域。加快数字化转型，将推动国有企业的生产方式、业务形态、商业模式等产生颠覆式重构，有机会发挥后发优势，实现换道超车，抢占新一轮产业竞争制高点。

3）数字化转型是构建创新驱动发展格局的有力抓手。新一代信息技术是全球创新最活跃、应用最广泛、辐射带动作用最大的创新领域，在当前复杂多变的国际及国内新形势下，加快数字化转型将有效激发国有企业创新活力，降低国有企业创新门槛和成本，加快构建实时、开放、高效、协同的创新体系，走出一条具有中国特色的创新驱动发展之路。

因此，要坚决贯彻习近平总书记关于推进数字经济和实体经济融合发展的重要指示精神，落实党中央、国务院关于推进新一代信息技术和制造业深度融合、打造数字经济新优势等决策部署，增强国有企业推动数字化转型的责任感、使命感、紧迫感，凝聚国有企业数字化转型共识，加强国有企业数字化转型工作指引，多措并举推动国有企业数字化转型，助力经济高质量发展。

13.3.3 国有企业数字化转型现状与核心

1. 国有企业数字化转型现状

近年来，国有企业矢志拼搏、锐意进取，积极推动数字技术体系创新应用，加快推进生产经营数字化，着力培育数字新模式、新业态，为数字化转型工作奠定了良好开局。

1）打造数字化研发体系，促进产品服务创新。国有企业积极开展差异化、场景化、智能化的数字产品和服务创新，打造基于协同平台的研发创新体系，中央企业中有多数研发单位实现了三维数字化建模和仿真，极大提升了研发创新效率和用户服务水平。

2）大力推进智能制造，促进生产方式创新。国有企业着力开展数字化车间、智能工厂建设，推动生产现场全要素和全过程的自动感知、实时分析和自适应优化，提高资源优化配置水平，赋能企业提质增效。

3）积极培育新模式、新业态，促进商业模式创新。国有企业积极开展以用户为中心的商业模式变革，形成一批具有代表性的创新模式和新型业态，电子商务规模不断扩大，基于平台的产业协同生态初步形成，服务化延伸、个性化定制、网络化协同等新模式及新业态成为企业重要的利润增长点。

4）加快建设工业互联网，促进产业链供应链创新。国有企业积极开展工业互联网平台建设，充分发挥作为产业龙头的作用，构建全要素、全产业链、全价值链全面连接的"核心枢纽"，带动中小企业协同发展，助力构建以国内大循环为主体、国内及国际双循环相互促进的新发展格局。

5）全力开展协同攻关，促进核心技术创新。国有企业聚焦"补短板"，加快卡脖子技术协同攻关，在卫星导航、操作系统、工业软件等领域形成"突破口"，推动5G、数据中心、人工智能等新型数字基础设施建设，致力于打造国际先进、自主可控的新一代信息技术基础平台，提升核心技术创新水平。

2. 国有企业数字化转型核心

国有企业开展数字化转型工作，需要以数据驱动为核心的治理数字化、管理数字化和人才数字化为基础，通过业务数字化融合创新，形成数字化转型能力的理论思路，支撑产业数字化转型和数字产业化拓展，具体表现在：

1）治理数字化。针对国有企业跨部门、跨专业、跨领域的数据资源情况，按照"汇集

—融合—治理—应用"的建设方法，构建大数据中心，设计并实现主数据与融合模型，发现数据问题、优化数据质量，建立快速的数据服务化能力，形成多业务维度下的数据资产目录，建立全过程的数据资产管理规范，结合管理要求开展数据考核与评价体系建设，持续进行数据运营工作。

2）管理数字化。国有企业数字化转型是一个自上而下的全面工作，明确实行数字化转型一把手负责制。传统的组织形态已很难适应数字化转型时代的需求，需要开展体制机制创新，优化组织机构和职能，建立数字化管理组织、制度、流程、规范等，包括数据管理组织与业务协同组织，探索敏捷组织建设，以灵活的组织架构支持业务的快速变化。

3）人才数字化。数字化人才是兼具数字化技术与生产业务技能的复合型、创新型人才。国有企业可通过建立人才战略，完善人才培养、评级、轮岗、激励机制，开展信息人员学习业务技能、业务人员学习信息技能，进行双向交流学习与共同促进，营造人人积极拥抱数字化的企业发展氛围。同时，通过外引资源来吸引企业迫切需求的外界优秀人才。

4）业务数字化。从产业全链路端到端视角，通过对企业的人、财、物、产、研、运、供、销、服、客、货、场等关键对象活动的掌握，实现业务一体化、业务共享化、业务可追溯、业务知识库、运营监控体系等类型的数字化应用，赋能业务变革与创新。

5）服务数字化。由于国有企业横跨多个行业和领域，在服务数字化转型过程中，各企业的起点和现状不一样，企业的诉求也不一样，所以企业可以根据自己的情况选择去做全面彻底的服务数字化转型，还是聚焦在某一点来做局部的提升和改善。

13.3.4　国有企业数字化转型原则

1）坚持价值导向。坚持将企业持续发展的价值效益作为核心评判依据，有效平衡、兼顾实效性价值与中远期发展价值，建立覆盖数字化转型重大投资决策、应用决策、成效评价及绩效考核的建设与治理体系，不断激发企业转型动力和活力。

2）坚持深化改革。把握好生产力和生产关系协同优化、持续变革的规律和趋势，结合国资国企深化改革步伐，同步推进新一代信息技术应用和组织管理机制变革，破除传统业务发展的瓶颈，加速推进业务数字化改革试点和最佳实践复制，为新技术、新产品、新模式、新业务的发展完善环境、留足空间。

3）坚持数据驱动。将数据作为新的生产要素，深化数据资源的开发利用，促进以数据为核心的新型产品与服务创新，以信息流带动技术流、资金流、人才流、物流，在更大范围加快各类资源汇聚和按需流动，带动提高全要素生产率和创新水平。

4）坚持创新引领。加强数字时代核心能力建设，推进新一代信息技术及其应用产品集中攻关，推动和支持创新成果及能力的输出，不断加强技术和产品迭代优化和创新。聚焦本质安全需要，推动实现从企业到完整产业链的安全可靠。

5）坚持统筹推进。导入先进的系统化管理体系，做好企业数字化转型蓝图与推进路线图的顶层设计与过程把控，以应对整体数字化运营带来的高度复杂性与风险性，确保战略、业务、技术等的一致性和协调联动，促进整体协同效应的发挥。

6）坚持开放合作。树立开放、包容的发展理念，加强资源和能力开放共享，有效利用全球先进技术与实践，补齐发展中的能力短板，加快基于平台的能力社会化输出，构建互利共赢的合作生态，又好又稳地加快数字化能力建设。

13.3.5　国有企业数字化转型总体思路

国有企业数字化转型成为国家政策要求和企业自身业务发展的一个必然阶段，结合国有企业涉及业务领域范围广、承担的社会职能强等各方面的特殊性，国有企业数字化转型的理论思路可为各行业领域的企业起到示范带动作用。

1. 提高三个基本认识

国有企业推动数字化转型首先要做的就是理念和认识的转型。一是数字化转型是一项涉及数据、技术、流程、组织等的复杂系统工程，要注重深化对数字化转型艰巨性、长期性和系统性的认识，加强战略性统筹布局；二是数字化转型的当前工作重心是充分发挥数据要素的驱动作用，打通全产业链、全价值链、全创新链，共建产业发展生态，获得价值增量发展空间，要强化数据驱动、集成创新、合作共赢等数字化转型理念，加强多线条协同并进；三是数字化转型不仅是一把手工程，更是涉及全员、全要素的创新活动，要充分激发基层创新活力，营造勇于、乐于、善于数字化转型的氛围，强化上下一盘棋。

2. 夯实四个转型基础

国有企业要从技术、管理、数据、安全四个方面加强对标，夯实数字化转型基础。一是技术基础。数字化转型的本质是新一代信息技术引发的系统性变革，新一代信息技术作为通用使能技术，需要不断强化其技术赋能作用及与其他专业技术的融合。二是管理基础。数字化转型不仅仅是技术渗透和融合的问题，更是一项优化管理模式以适应技术变革的问题，要导入系统化管理体系，有效获取预期的转型成效。三是数据基础。纵观历史，历次转型的核心都是动力转换，数据已成为第五大生产要素，要充分发挥数据要素驱动作用，打破传统要素有限供给对企业增长的制约。四是安全基础。安全是发展的前提，要加强安全可靠和信息安全两方面的基础工作，强化本质安全。

3. 把握四个转型方向

国有企业要从真正获得转型价值出发，从产品、生产运营、用户服务、产业体系四个方面系统推进数字化转型。一是产品创新数字化。与价值创造的载体有关，要加强产品和服务创新及产品研发过程创新，以不断提高产品附加价值，缩短价值变现周期。二是生产运营智能化。与价值创造的过程有关，要加强横向及纵向全过程贯通，实现全价值链、全要素资源的动态配置和全局优化，提高全要素生产率。三是用户服务敏捷化。与价值创造的对象有关，要以用户为中心，实现全链条用户服务，最大化为用户创造价值，提高用户满意度和忠诚度。四是产业体系生态化。与价值创造的生态合作伙伴有关，要加强与合作伙伴之间的资源、能力和业务合作，构建优势互补、合作共赢的协作网络。

4. 突出三个赋能举措

国有企业要站在服务于经济全面转型的高度，勇于担当，加强核心技术攻关和资源能力的社会化输出，提升整个经济社会的数字化转型价值。一是新型基础设施建设。积极开展新型基础设施投资和建设，带动产业链上下游及各行业丰富应用场景。二是关键核心技术攻关。加快攻克核心短板技术，着力构建国际先进、安全可控的数字化转型技术体系。三是发展数字产业。合理布局数字产业，培育行业领先的数字化服务龙头企业。

5. 打造四类企业标杆

国有企业要聚焦主业创新设计具有产业领先竞争力的端到端价值链，推动集中攻关，打通关键性业务场景，加强标杆示范推广，提升数字化转型内生动力。一是制造类企业示范样板。以智能制造为主攻方向，提升研发、设计和生产智能化水平，加快推进工业互联网。二是能源类企业示范样板。加快建设推广智能现场，强化能源资产规划、建设和运营全周期运营管控能力。三是建筑类企业示范样板。重点开展建筑信息模型、三维数字化协同设计、人工智能等的集成应用，提升数字化技术与建造全业务链的深度融合。四是服务类企业示范样板。着力推进智慧营销、智慧物流、智慧金融、智慧旅游、智慧供应链等建设，提升客户体验和客户黏性。

6. 部署三个实施策略

国有企业要构建以能力为主线的数字化转型战略布局和实施体系，加强数据、流程、组织、技术四要素统筹和协同创新，有效推进数字化转型工作。一是加强顶层规划。开展数字化转型，首要任务就是要制定数字化转型战略，并将其作为发展战略的核心内容。条件成熟的企业，数字化转型战略和发展战略可合二为一。发展战略制定要加强竞争合作优势、业务场景和价值模式等分析。国有企业依托数字化转型服务平台（http://gq.dlttx.com）加强诊断分析、发现问题、找准方向。二是强化协同推进。开展数字化转型，新型能力建设是贯穿始终的核心路径，通过能力建设，统筹规划、科技、信息化、流程等管控条线，支持业务按需调用能力，以快速响应市场需求变化。三是做好资源保障。开展数字化转型，还应建立相匹配的治理体系并推进管理模式持续变革，以提供资源和管理保障，包括领导机制、管理机制、资金机制、人才机制等。

总之，在国有企业数字化转型过程中，一方面要坚持做好企业自身内部的全体系转型升级。国有企业因其自身组织决策和企业治理架构的特点，在数字化转型中更需要践行新发展理念、构建新发展格局、勇担数字经济和实体经济融合发展的重任，营造勇于、乐于和善于数字化转型的文化氛围。国有企业体制机制改革是趋势和创新点，组织与管理的推动必不可少。另一方面，要创新推动国有企业赋能和带动区域经济发展的转型升级。数字化转型的关键驱动要素是数据，国有企业既要管理好、使用好自身的数据要素资源，促进自身的数字化转型，更要充分发挥国有企业的使命担当，承担和履行政府公共数据资源要素面向社会企业有序供给的重任，构建起全社会数字经济发展变革所需的要素流通体系，打造服务于社会企业数字化转型所需的高价值公共数据运营服务机制，为数字经济和实体经济的融合发展提供安全的、持续的、可信的资金、资源、数据等要素保障。

13.4　国有企业数字化转型案例

国有企业数字化转型正在有序推进，越来越多的国有企业公布了数字化转型的战略方案或路线图，见表13-1。

表13-1　部分国有企业数字化转型案例

国有企业名称	数字化转型战略	数字化转型目标与关键措施	所属领域
中国电信	"云改数转"战略	加快建设"高速泛在、天地一体、云网融合、智能敏捷、绿色低碳、安全可控"的智能化综合性数字信息基础设施	通信
中国移动	聚焦"四个三"战略内核	成为数智化转型的先锋、智慧服务的基石、自主创新的表率、数据赋能的专家	通信
中国联通	数字经济主航道	将"大联接、大计算、大数据、大应用、大安全"作为主责主业；加快构建"多元共建、互补互促、跨界融合、竞合共生"的数字生态；创建贯穿创新链、产业链、价值链的全新生态体系；构建"全覆盖、全在线、全云化、绿色化、一站式"数字化服务	通信
中国大唐	打造数字大唐，建设世界一流能源企业	成为"广泛数字感知、多元信息集成、开放运营协同、智慧资源配置"的智慧能源生产商，初步建成"数字大唐"，形成具备数字化能力的自有核心团队，助力世界一流能源企业战略目标的实现	能源
中国信科	分类推进	全面统筹、推进数字化转型管理体系建设；聚焦重点、推进生产经营数字化升级；分类指导、务实推进集团数字化转型工作，针对试点单位（烽火通信、光迅科技、中信科移动）、各特通产业单位以及其他单位的不同产业特点和企业发展阶段，分类型提出相应的推进要求；夯实基础、强化数据管理和安全保障	通信
中国电子	数字CEC	把握数字化转型带来的机遇，全面推进"数字CEC"建设；用数字化提高效率，用数字化提升能力，用数字化降低成本，用数字化加强风控，谋划好中国电子改革发展各项工作，实现从"物理量变"到"思想质变"的飞跃	电子信息

(续)

国有企业名称	数字化转型战略	数字化转型目标与关键措施	所属领域
中钢集团	建设"数字中钢""智慧中钢"	提出了"十四五"数字化转型"1344"规划思路,即以建设"数字中钢""智慧中钢"为总体目标;落实"1344",提出了六项原则和九条工作措施,总体架构是"1+3+5+N";从"管控服务数字化、网络安全体系化、实体产业智能化"三个维度推进数字化转型;着力夯实数字技术平台、数据治理体系、大数据应用平台和网络安全防护平台四个基础;加快推进产品创新数字化、生产运营智能化、用户服务敏捷化、产业体系生态化四项创新,赋能集团高质量发展	钢铁
宝武钢铁	数智重塑未来钢铁,从"老大"变"强大"	一是大力推进"新基建""新技术"创新,打造生态圈互联互通基础设施底座;二是大力推进"新保障"创新,构建完善的数智研发体系及大数据治理体系;三是大力推进"新生态"创新,打造行业领先的数字化服务龙头企业,持续为用户创造价值	钢铁
中国稀土	绿色化、数字化、智能化	深入推进稀土资产实质性重组,加快资源、资产和业务布局优化,发挥1+1+1>3的"聚合效应";推动形成"合理开发、有序生产、高效利用、技术先进、集约发展"的产业发展格局;加快企业绿色化、数字化、智能化改造升级	材料
鞍钢集团	打造"数字鞍钢"	"数字鞍钢"建设围绕自动化、信息化、数字化、智慧化建设制定"四化"攻关指标;聚焦"智慧管理、智慧生产、数字产业创新发展"三条路径;全面优化升级"管控、钢铁、矿山、钒钛、交易、金融、物流、技术"八大体系;到2025年,鞍钢集团两化深度融合整体水平大幅提升,大数据、人工智能等新一代信息技术得到深入应用	钢铁
中国黄金	推进冶炼全流程数字化管控	推进冶炼全流程数字化管控,部分企业通过数字化建设减少一线人员10%以上,进一步提质、增效	矿业
中国盐业	"数字化"仍是关键	推动产业的"数字化"仍是关键;推动信息化与业务的深度融合,为企业发展赋能;充分利用新工艺和大数据参与健康中国行动;创新行业价值,主动服务国家能源战略,不断拓展延伸盐的产业链和价值链,寻求新的增长点	盐业
中国建材	进一步强"根"铸"魂"	重创新、促转型,进一步强"根"铸"魂";系统推进数字化转型,实施现代产业链链长行动计划,加快全级次信息化管理系统和数字化运营管理平台建设,全面启动司库体系建设	材料
中国钢研	科研生产数字化	提升管理信息化水平,推进科研生产数字化、智能化;加强顶层设计,不断拓展材料数字化研发转型和材料数据服务的广度和深度	材料

（续）

国有企业名称	数字化转型战略	数字化转型目标与关键措施	所属领域
有研集团	核心业务统一管控平台	强化集团信息化顶层设计，制定完成集团"十四五"信息化规划；大力推动数字经济和实体经济融合，促进企业数字化、网络化、智能化发展；推进面向终端用户需求快速响应的数字化制造技术，实现自身高质量发展	材料
中国电建	构建工程数字化生态圈	"十四五"期间，把"数字融合能力"作为集团总体战略六大能力之一；围绕管理数字化与业务数字化，借助"电建云"推动传统工程企业步入数字时代，构建面向数字时代的新电建；推动建筑业从产品建造向服务建造转型，通过"产品+服务"方式，在建造过程增加建筑产品的数字化衍生服务，围绕"三场（市场、现场、内场）、三资（资源、资产、资本）、三链（价值链、产业链、供应链）"进行服务；建立"工程建设命运共同体"，构建工程数字化生态圈	建筑
中国电科	数字化转型专项行动	聚焦大数据、物联网、人工智能等新一代信息技术，加大科技攻关力度，提升基础创新能力，支撑数字经济新产业、新业态、新模式发展；全力推进产业数字化转型，持续推动民用航空、轨道交通、智慧气象、智慧公安等成熟产业数字化能力提升，加快培育智慧司法、航天信息、应急管理、生态环境、卫生健康等新兴产业的数字化动能；支撑数字政府建设，打造"云+数+应用+生态"的数字政府电科模式，承建国家政务服务平台及"互联网+监管"系统，构建横向到边、纵向到底的全国一体化政务服务平台体系；开展数字化转型专项行动，全面启动"数字电科"建设，统筹规划技术路线和发展路径	电子信息
国家电网	抢抓数字新基建机遇，推动电网数字化转型	加快推进全业务、全环节、全要素数字化发展；围绕能源电力数字化，有力支撑能源互联网建设；加快电网向能源互联网升级，提升能源综合利用效率；深化大数据、区块链等技术在营销服务领域的应用推广；围绕能源数字产业化，积极打造能源互联网产业生态圈；深化北斗、5G等技术集成应用，加快能源电商、智慧车联网等的创新发展	能源
国家电投	全面建成"数字国家电投"	到2025年，基本建成综合智慧能源生态体系，数字化水平达到能源行业"国内领先"；到2035年，集团公司数字化水平达到能源行业"世界一流"，全面建成"数字国家电投"	能源
中广核	引入"云大物移智链"技术	将全面引入"云大物移智链"等新技术，加快智慧核电、智慧矿山、智慧新能源建设；实施云化战略，构建泛在互联、云端一体、灵活强大的坚实技术底座；中广核认为，数字化转型的核心是人的认识和专业的团队，专业人才培养被定位为未来的重点任务之一	能源

（续）

国有企业名称	数字化转型战略	数字化转型目标与关键措施	所属领域
中核集团	核工业数字化、智能化	按照"点、线、面、体"的路径逐步推进。要以科技创新为核心，重点在数字化运营、数字化生产和数字化生态方面着力，要在"产业+科技"上积极布局；必须把自主创新摆在更加突出的战略位置，加快解决关键核心技术受制于人的"卡脖子"问题；切实增强底线思维，强化风险意识，利用安全可靠的技术，加强平台、系统、数据等安全管理，提升核工业数据信息的本质安全水平；要以数字化需求为重点，以丰富的数字化实践培养人才	能源
华润集团	实现"智慧华润2028"	"十四五"时期，全面推进数字化转型和智能化发展；在集团成立90周年（2028年）之际，初步实现智能化，数据资产、平台资产价值充分发挥，对外市场化赋能，创新能力大幅提升，成为数字化、智慧化发展的先行者	能源
中国华能	打造统一的智慧能源数据平台	第一阶段为战略规划、夯实基础阶段（2021年3月底前）：统一规划企业数字化转型战略，出台《数字化转型总体规划》；构建企业数据治理体系，统一数据结构、数据编码，形成共性元数据、根数据；实现所有风电、光伏数据接入智慧能源数据平台；完成瑞金智慧电厂示范项目建设 第二阶段为重点突破、引领示范阶段（2021—2022年）：以风电、光伏数据中心为基础，完成水电、燃机、火电、核电等数据接入，形成统一的智慧能源数据平台；形成全流程、全业务元数据管理和全生命周期数据治理服务能力；完成主要产业和企业管理重点业务的数字化转型 第三阶段为巩固提高、全面转型阶段（2023年）：中国华能全面实现数字化转型，数据驱动成为发展的重要动力，数据共享、数据服务贯穿上下游产业链，形成多产业链、多系统集成的智能化生产、管理、决策体系和生态	能源
南方电网	数字电网	以数字电网、数字运营、数字能源生态建设推动公司向"数字电网运营商、能源产业价值链整合商、能源生态系统服务商"战略转型；建设数字电网，应用新一代数字技术对传统电网进行数字化改造；实施"5G+智能电网"建设，研发应用融合5G的智能电网端到端关键技术，使我国电力工控领域核心芯片从"进口通用"向"自主专用"转变	能源
中国石油	锚定"中国数字石油"	锚定"数字中国石油"建设目标；围绕"业务发展、管理变革、技术赋能"三大主线，坚持"价值导向、战略引领、创新驱动、平台支撑"的总体原则，推动数字技术与油气产业深度融合；深化管理体制改革，加快人力资源的数字化转型；重塑经营管理、综合管理架构和流程	能源

（续）

国有企业名称	数字化转型战略	数字化转型目标与关键措施	所属领域
中国石化	推进五大体系建设	大力推进数据治理工作，建立健全数据标准体系、数据资源共享与数据资产管理机制；建设集团级、企业级数据资源中心和统一的数据中台、数据服务平台；加强大数据、人工智能等专业人才培养，提高全员数字化素养和应用技能，推动业务数字化和数字化业务创新，培育数字新业态、新产业，发展数字新产品、新服务	能源
国家管网	构建"一个数字管网"	面向五类用户（员工、资源方、客户方、服务方、监管方），构建"一个数字管网"的极致用户体验；对齐"建运维研"作业，拉通端到端业务流程，打造覆盖全业态、全场景安全高效的智慧管网；聚焦价值创造，构建交易平台，推动商业模式创新，开展数字化运营，发展平台经济，驱动收入增长；打造数字平台，构建"安全可信、开放生态、智慧运营、敏捷高效"的平台能力，快速响应业务需求；收放结合，实现集团数据资产及IT资源的集中管控（收）、应用及业务的快速创新（放）	能源
中国海油	加大新技术应用力度	围绕勘探、开发、生产等核心业务，加大5G、北斗导航、AI等新技术的应用力度，提高生产作业时效和安全保障能力；加快推动"新基建"，持续提高海上通信链路的覆盖范围、宽带和保障能力；突出抓好数据标准建设，加强数据集成共享，构建一体化经营管理平台和共享服务平台；突出抓好海外信息化能力建设，加大海外IT共享服务支持力度	能源
中国中化	打造智慧中化，突破核心技术	加快线上中化、智慧中化的建设步伐；打造全在线、全连接、全协同的数字化环境；致力于打造一体化产业园区；重点打造10条优势产业链和5条潜力产业链；在科技创新、产品创新上重点发力，在种子、化工新材料等领域突破核心技术	化工
哈电集团	数字哈电	加快"数字哈电"建设，持续加大数字化资源投入；加快推进集团公司数字化转型，围绕"三个系统"战略布局，加快推进"三商"转型，实施"三步走"战略安排；围绕"三商"转型，在数字企业、数字生产、数字产品和数字产业化实体建设上用劲发力；加快突破智能装备、智能运维、智能制造等关键核心技术；着眼构建以新能源为主体的新型电力系统，聚焦高效煤电、风电、抽水蓄能、储能、数字化电力装备等重点领域，整合产业资源，调整并完善业务布局；立足设备制造核心优势，利用数字技术进行全方位、全链条改造提升，不断提升自主研发、产品设计和设备试验能力，推动装备制造向中高端迈进	能源
中国能建	数字能建	将数字化转型作为公司信息化的主要方向；以"云大物移智链"等信息技术为支撑，强化顶层设计和统筹协调，聚焦全面产业升级、"30·60"目标实施、新基建、数字电网、智慧能源等，全面提升数字化支撑企业管理和经营决策能力，全面推进产信融合，努力向"数字能建、智慧能建"全面迈进	能源

（续）

国有企业名称	数字化转型战略	数字化转型目标与关键措施	所属领域
国家能源集团	智慧国家能源	深入实施数字化转型战略，建设"智慧国家能源"；加快构建智能生产、智慧管理、智慧运营体系，不断深化先进信息技术在集团能源生产、输送、交易、消费各环节以及企业管理各方面的创新应用；探索5G、云计算等新一代信息技术的创新应用，抢占"智慧＋能源"的技术制高点，全方位推进智能矿山、智能电站、智能运输和智能化工建设；打造世界一流的"一体化集中管控、智能化高效协同、可视化高度融合"协同调度指挥智能化平台	能源
中国华电	数字华电	以建设"数字华电"为核心实施创新驱动，重点在数字电厂、数字煤矿、数字工程、智能供热等业务方向布局；实施数字化转型2025行动计划，按照"365"发展路径，加快推进数字化转型；建立数字化转型专门组织，推动全面数据治理工作；深化应用数字化计划，利用"新一代信息技术"实现"生产智能化"；基于数字电厂、数字营销等领域的试点经验，打造以"数字区域"和"数字新能源"为代表的数字化转型示范工程，形成数字化转型从点到线及到面的突破	能源
三峡集团	数字化创新	聚焦主营业务，全面推进产业数字化创新；围绕乌东德、白鹤滩水电站等重大水电工程，持续升级数字大坝，全面打造智能建设；推进智慧电厂建设，深化5G、人工智能、物联网等技术规模化应用，实现流域梯级水电站全生命周期管理；面向长江生态保护，深入推进智慧水务平台建设，在数字化转型中探索治水新机制、新标准、新技术、新政策；深化企业大数据平台建设，健全数据治理体系，实现数据资产集中、高效管理，全面提升公司运营管控辅助决策支持水平	能源
中煤集团	数字中煤	以数字化转型为总方向，以工业互联网平台建设为总抓手，大力推动管控数字化、生产智能化、业务协同化、数据资产化、产业生态化的"数字中煤"建设，不断增强中煤集团"五力"协调提升，赋能高质量低碳创新发展；装备板块立足信息化、智能化、数字化"三化"发展方向，不断致力于煤矿智能化系统集成和智慧矿山建设	能源
中国煤科	打造煤炭工业"智慧大脑"	推动"核心业务向科技创新转型、科学研究向行业进步转型、产业发展向数字经济转型、装备制造向智能服务转型"四大转型；发展智慧矿山产业，打造煤炭工业"智慧大脑"；促进研发数字化转型，成立中央研究院，组建矿山大数据研究院、智能矿山研究院等专业研究机构；推进设计及开发数字化转型，积极应用BIM、CIM、GIS等数字化技术搭建三维协同设计平台；推动生产制造数字化转型，发展智能制造、高端制造，提升核心产品上云能力；发展服务数字化转型，通过"上云用数赋智"大力发展服务型制造	能源

（续）

国有企业名称	数字化转型战略	数字化转型目标与关键措施	所属领域
航天科技	建设"数字航天"	建设"数字航天"，推动航天数字化产品、数字化研制、数字化管理和数字化产业协同发展；推动航天技术应用及服务产业向数字化转型升级，打造"航天+"产业形态；着力推动航天产品向高可靠、可重复、智能化方向发展；推进科研生产模式转型升级，打造航天智能制造体系；推进精益化管理，逐步构建以流程主导和数据驱动的企业管理模式	航空航天
中国航发	打通数字化应用"最后一公里"	构建新一代信息技术支撑下的产业生态体系，打通数字化应用"最后一公里"；实现航空发动机产业优势资源快速汇聚，提升航空发动机研发、制造、试验、服务全过程的自主创新能力和协同发展能力；支撑以产品研发体系为核心内容的AEOS（航空发动机运营体系）建设，加速航空发动机核心业务与数字化技术的深度融合	航空航天
中国中车	聚焦"一平台三能力"	从"更先进、更高速、更智能、更绿色、更安全、更舒适"方面追求中国装备、中国速度和中国创造的新台阶；围绕数字化制造、数字化运营、数字化产品、数字化服务，以中车的"七个优势"（即专业优势、整体优势、技术优势、人才优势、资本优势、供应链管控优势、成本优势）助力高端装备数字化转型；以"工业互联网平台"为支撑，聚焦"一平台三能力"进行数字化转型	交通
东风汽车	重构全产业链条，提供数字化服务	数字化将重构汽车研发、制造、营销、渠道、服务等全产业链条，为传统汽车行业赋予新动能；在产品端，通过数字化手段，让传统汽车进化成智能汽车，为用户提供各种各样的数字化服务	交通
中国一汽	推动核心业务数字化	以实现行业领先为目标，围绕"业务赋能、产品智能、生态智慧、数据增值"，以中台为核心，以数据为引擎，以产品诞生、订单交付、客户服务三大主流程为主线，全力推动数字化转型，实现核心业务的数字化、价值化、创新化，支持企业运营"实时在线、及时分析、智能管理"	交通
中国南方航空	建设世界一流航空运输企业	以数字化转型助推高质量发展，不断向建设世界一流航空运输企业的目标迈进；以数字化保障航空安全，将科技创新作为安全七大体系之一，推动安全管理从"人盯人"向"盯系统"转变，为安全管理赋能；以智能化提高运行效率，打造统一运行指挥信息平台，统一数据、标准和流程，为航路优化、航班编排、飞行跟踪、航延优化、机型调配、精益维修、航材库存优化等业务决策提供数据支撑；以数字化提升服务质量，持续打造"南航e行"；以数字化推动绿色发展；以数字化提升管理水平，开展对标世界一流管理提升行动，将科技信息作为十个领域的重点任务之一	交通

(续)

国有企业名称	数字化转型战略	数字化转型目标与关键措施	所属领域
中远海运	打造一流综合物流供应链服务生态	以数字化转型为契机，努力打造全球一流综合物流供应链服务生态；以"技术+场景"为核心，围绕产业链持续推动数字化、智能化，将区块链和物联网技术应用到公司主业中；同时推动有关行业规则与标准建设，包括推动基于区块链的国际贸易及航运相关标准的制定，推动国际运输征信体系建设等	物流
中国商飞	数字化商用飞机基础能力中心	搭建数字化的协同建模仿真平台；构建集成统一的采购数字化管理平台，推动大飞机制造产业采购数字化转型，打造更高效、敏捷的数字供应链；打造一批数字化领军人才和创新团队，初步形成"数字飞机"产品和服务；建设大飞机数字港生态圈，实现共享业务智能化，努力发展为世界知名的数字化商用飞机基础能力中心	航空航天
中国航天科工	数字航天	加快数字航天建设，进一步明确数字化转型任务分工，将数字航天建设纳入各单位战略进行统一研究部署。六个方面重点工作：深化顶层设计、加强统筹推动；加快智慧企业建设；深化数字化系统工程体系建设；加强"航天云"新型基础设施统筹建设；推动数字产业高质量发展；提升数字航天网络安全防护能力。加大数字航天建设经费投入等资源保障，加快培育高水平、创新型、复合型数字化人才队伍，丰富数字化发展的企业文化	航空航天
航空工业	推进"数·智航空"工程	把建设"数·智能力体系"作为发展主线；加强顶层设计、体系规划，推进"数·智航空"工程；内外部供应链全面上云，形成数字供应链，在"云"上构建"数字航空"	航空航天
中国通号	数字工程	大力加强智能产线建设，推动人工智能与工业制造的深度融合，以智能制造助力交通强国建设；深入推动数字工程建设，强化BIM创新应用研发，打造数字示范工程，助力在安九、张吉怀、连徐等10余个项目数字化施工、智能建造；强化智能设备应用，自主研发智能作业、调测和维护施工装备68项，智能布线机器人、轨道电路模拟器、智能工装；以加快数字化转型为契机，加快提升工业制造信息化、智能化水平，提升适配能力，优化产能布局，健全安全质量体系建设，推行全生命周期可追溯管理	交通
中国中铁	数字中铁	推进"数字中铁"和"智慧中铁"建设；建设"数字中铁"，初步架构为"八大业务平台、两大数据中台、一个大数据平台"；大力推进"智慧工地"建设，推进"机械化换人"和"自动化减人"，推动"智慧工厂、数字车间"建设；推动全面集成，全面启动信息贯通工程，实现"横向贯通、纵向穿透、内外互联"的数字化	建筑

（续）

国有企业名称	数字化转型战略	数字化转型目标与关键措施	所属领域
中国铁建	从集中统一、智慧建造、数字沉淀三个方向进行	集中统一：集中建设统一的公共服务，提升供给侧质量；以统一的一体化技术平台为底座，将各级单位的各个系统纳入同一个大平台。智慧建造：全面深化以 BIM 技术为核心的数字化智慧建造技术研究，面向生产端打造工程建设"数字孪生"智慧建造模式；开展标准体系和可视化交互协同平台建设，推动重点领域创新和应用。数字沉淀：以 BIM 及数字孪生技术为核心形成企业解决方案库；以大数据及 AI 为核心，形成基于数据模型的智慧经验库	建筑
中国交建	数智化升级	突出数字化转型，加快建设数字化企业；加快推进以财务云为抓手的管理数字化转型；加快以信息化、数字化为支撑的管理变革，实施数字化转型三年计划；统筹推进"一云、一网、三中心、三体系"建设，打造全球一体化"智慧运营"体系；加快由传统管理向数智化管理转变，以数智化升级为公司在未来竞争中赢得先机	建筑
中国物流	打造智慧物流、数字供应链	大力发展专业物流、智慧物流、绿色物流、应急物流、共享物流；推进产业数字化、数字产业化，共建共享物流大数据平台；发展流通新技术、新业态、新模式，助推产业转型升级	物流
中国医药集团	提出"1336"推进机制	提出集团数字化转型愿景和"1336"推进机制建议。集团及各产业板块树牢一个"数字国药"愿景目标；建立"管理、业务、技术"三类职能协同推进的组织和工作机制；打牢"资源共享、架构统一、安全可靠"的信息化硬基础；实施"管控数字化、产业数字化、数字产业化"三维发展路径；落实"体系化顶层设计、集约化平台建设、集约化基础底座、体系化发展数据、体系化网络安全、体系化治理管理"六项重点任务	医药
国机集团	数字国机	建设"数字国机"，发展"国机智造"；继续在智能制造领域积极探索，以数字化、网络化、智能化为主线，大力推进新一代信息技术与制造业深度融合；大力实施"传统产业数字化赋能和智能产业数字化蓄能"行动	交通
兵器装备集团	围绕"数字兵装"推进三大任务	实施"1343"数字化转型战略；围绕"数字兵装"一个总体目标，聚焦主责主业，全力推进"战略管控、智能制造、数字经济"三大任务；构建"数据驱动战略监管体系""产业链一体化协同创新体系""创新平台支撑体系""数字化能力与安全保障体系"四大创新体系；实现由传统制造向服务型制造、由劳动密集型向技术密集型、由生产制造型向科研先导型三个转变；建设以汽车产业链、光电信息为代表的产业创新生态圈和数字经济产业发展新格局	机械
中国一重	从制造向"制造+服务"转变	一是强化顶层设计，围绕"数字一重""智造一重"，制定数字化转型规划和实施路线图；二是强化组织创新；三是强化应用数字技术；四是强化资源保障	机械

(续)

国有企业名称	数字化转型战略	数字化转型目标与关键措施	所属领域
中林集团	打造数字化林业	打造现代林业产业链链长,加强顶层设计,强化科技创新,系统推进数字化转型发展;加速构建新型产业园区集群,加快推进木材产业园区、港口、物料等综合性服务平台建设,着力推动园区转型升级,更好地向信息化、数字化、智能化发展;打造数字化林业,内部提升信息化管理水平,外部增强大数据网络体系,提升治理能力;利用卫星大数据及实施监控科技育林,实现林业信息化、现代化;扎实推进标准化建设,大力推广节水抗旱造林、测土配方施肥等实用技术,适宜地区加大营林和产品加工机械化、自动化和智能化科技投入,努力提高森林资源经营的标准化和规范化水平	林业
中国建筑	推进五大体系建设	推进信息系统、数据资源、信息化基础设施、网络安全、信息化治理五大体系建设;全力推动集团一体化管控新系统建设,促进层级化管理向平台一体化管理转变,促进条线化管理向共享化管理转变,支撑经验化管理向数据化管理转变;赋能业务"数字化、自动化、智能化"转型升级;打牢"资源共享、架构统一、安全可靠"的信息化硬基础	建筑
保利集团	做数字产业化"领头雁"	集中融合力量,做数字产业化"领头雁";明确提出"建设一流,追求卓越"的战略目标和"5678"重点任务,其中,科技创新是"八个力"中的驱动力,并明确了"百千万亿"的奋斗目标	地产
中国咨询	打造数字智库	积极推动数字智库建设,促进数字化、智能化转型发展,从而有效支撑产业布局优化,推动企业管理模式创新;深入贯彻落实党中央"打造国家高端智库"的指示精神,提出"数字智库"建设目标,着力塑造中咨数字平台,通过高水平汇聚宏观数据、行业数据、企业数据、区域数据、政策法规数据,提供更加安全、可靠、高水平的数字化智库服务,支撑高质量发展,服务数字中国建设	综合
招商局集团	实现"数字化招商局"	"十四五"末初步实现"数字化招商局",各个板块的服务、运营、产品达到全数字化、全线上化、全透明化、全合规化;共享技术基座包括云和大数据、底层广泛的连接、边缘计算和数据汇集,解决产业布局分散、保证数据资产等问题;打造技术、数据与业务能力中台,进行业务协同和数字共享中台的建设,实现流程敏捷化,通过一个以移动端为主的招商随行工作协同平台,覆盖整个集团;实现数字化转型"四提升",即客户服务数字化、生产运营数字化、内部管理数字化和生态模式数字化	综合
中国诚通	数字化转型标杆示范	开展集团数字化转型部署工作;通过推动新一代信息技术与产业深度融合发展,推动数字产业化、产业数字化,实现中国诚通企业数字化、智能化转型;致力打造成为国有资本运营公司数字化转型标杆示范	金融

参考文献

[1] 西贝尔. 认识数字化转型 [M]. 毕崇毅, 译. 北京: 机械工业出版社, 2021.

[2] 中国信息通信研究院. 移动运营商: 数字化转型的机遇 [Z]. 2016.

[3] 工业互联网产业联盟. 生物医药企业数字化转型白皮书 [Z]. 2021.

[4] 达尔曼, 巴克浮, 舍尔德. 5G NR 标准: 下一代无线通信技术 原书第2版 [M]. 刘阳, 朱怀松, 周晓津, 译. 北京: 机械工业出版社, 2021.

[5] 华为企业架构与变革管理部. 华为数字化转型之道 [M]. 北京: 机械工业出版社, 2022.

[6] 成生辉. 元宇宙: 概念、技术及生态 [M]. 北京: 机械工业出版社, 2022.

[7] 朱嘉明. 元宇宙与数字经济 [M]. 北京: 中译出版社, 2022.

[8] 郭上铜, 王瑞锦, 张凤荔. 区块链技术原理与应用综述 [J]. 计算机科学, 2021, 48 (2): 271-281.

[9] 纪金玉. 法定数字货币对商业银行的影响探究 [J]. 现代商业, 2021, 592 (3): 109-111.

[10] 钟洲, 郝芮琳. 数字货币反垄断问题研究 [J]. 技术经济, 2021, 40 (1): 91-98.

[11] 陈妍伶. 未来数字货币的特点、前景及应对策略探讨 [J]. 中国集体经济, 2021, 657 (1): 94-95.

[12] 叶伊玲. 区块链数字货币原理与发展现状 [J]. 现代商业, 2021, 613 (24): 113-115.

[13] 李真, 刘颖格, 戴祎程. Libra 稳定币对我国货币政策的影响及应对策略 [J]. 西安交通大学学报 (社会科学版), 2020, 40 (3): 55-63.

[14] 黄德俊. "钻石模型"视角下我国数字内容产业发展途径研究 [J]. 科技管理研究, 2013, 33 (17): 113-117, 121.

[15] 中国科学院科技战略咨询研究院, 等. 电力"新基建"发展模式和路径研究 [Z]. 2021.

[16] 腾讯研究院. 数字化转型指数报告 2021 [Z]. 2021.

[17] 阿里云研究中心. 数字化转型与智能创新 100 个案例 [Z]. 2022.

[18] 章玉贵. 全球数字货币竞争生态与我国数字货币发展前瞻 [J]. 人民论坛·学术前沿, 2020 (11): 36-42.

[19] 何大安. 数字经济模式与厂商投资经营 [J]. 社会科学辑刊, 2020, 251 (6): 167-176.

[20] 赵新宇, 朱锐. 数字经济推动新旧动能转换的理论逻辑与路径选择 [J]. 经济视角, 2020 (6): 8-17.

[21] MA 标识代码管理委员会. MA 标识体系白皮书 [Z]. 2021.

[22] 中国工业互联网研究院. 工业互联网创新发展成效报告 (2018—2021 年) [Z]. 2021.